KB261341

사람도 살리고 교회도 살리는
전인치유목회 이야기

믿음이란
한 알의 밀알이 땅에 떨어져 죽음으로 많은 열매를 맺음과 같이
진리의 열매를 위하여 스스로 죽는 것을 뜻합니다.
눈으로 볼 수는 없으나 영원히 살아 있는 진리와
목숨을 맞바꾸는 자들을 우리는 믿는 이라고 부릅니다.
「믿음의 글들」은 평생, 혹은 가장 귀한 순간에
진리를 위하여 죽거나 죽기를 결단하는
참 믿는 이들의, 참 믿는 이들을 위한, 참 믿음의 글입니다.

전인치유목회 이야기

이박 행

전인치유적 신앙관과 목회철학이 필요한 시대

사회가 많이 사나워졌다. 고통 지수는 과거보다 높고, 숨 막히는 경쟁 속에 자살자는 늘어 가며, 사람들은 방탕한 쾌락을 추구하며 헤어나지 못하고 있다. 아울러 이러한 이유들로 발생되는 각종 현대병과 난치병, 그리고 심리적 고통은 이루 말할 수 없이 크다. 이러한 때에 우리 기독교와 교회의 사명은 더욱 커지고 있는데, 이번에 마침 출간된 이박행 목사의 《사람도 살리고 교회도 살리는 전인치유목회 이야기》는 우리에게 큰 위로와 더불어 사명을 깨닫게 한다.

이 책은 단순한 이론적 지식이나 책상머리의 깨달음을 기록한 것이 아니라 삶의 현장, 위로의 현장에서 직접 겪은 체험을 담은 책이라 더 큰 감동이 있다. 이 책에는 천혜의 아름다움을 간직한 깊은 산 속에 자리 잡은 '복내전인치유선교센터'를 찾아온 수많은 환자들과 함께 울고 기뻐하고 감격했던 이야기와 시골 목회의 감동이 담겨 있다. 그들 중 다수는 말기 암 환자였고, 난치병·우울증·울화병에 걸린 사람들, 인간관계에서 내적으로 상처받은 사람들, 그리고 시골의 순박한 늙은 성도들도 있었다. 이 책에는 말기 암 환자들이 불과 수개월 만에 완벽히 치료된, 의사들도 믿지 못할 놀라운 사례들도 있고, 축귀(逐鬼)와 같은 영적 체험에 대한 실제적인 이야기도 많다.

그러나 그런 사례들과 어울려 이 시대에 얼마나 한 영혼에 대한 '사랑'이 필요한지를 절감하게 하는 이야기들로 가득 차 있다. 이를테면, 이 목사가 수년 동안 방 안에 틀어박혀 단 한 번도 나온 적이 없는 심각한 우울증 환자인 청년을, 매주 월요일마다 하루도 빠짐없이 무려 1년 3개월이나 방문해 결국 그 영혼이 치유되었다는 이야기가 있다. 이러한 내용들은 오로지 수적 부흥과 성장 이데올로기에 흠뻑 빠져 있고 그런 부흥 비결을 담은 책들과 성공술이 최고의 인기를 끌고 있는 이 시대에, 우리에게 진정으로 뜻있는 가치와 전인적인 치유의 필요성을 깨우쳐 준다.

우리 사회와 교회를 휩쓰는 상업주의와 업적주의의 파도 속에서 복음의 본질을 놓치기 쉬운 지금, 진정한 부흥과 회복과 성장은 어떠해야 하고 그 본질은 무엇이어야 하는가? 이에 대해 이 책이 우리에게 시사해 주는 바가 많다고 믿는다. 바로 지금이 이 책에서 강조하고 있는 전인치유적 신앙관과 목회철학이 필요한 시대라고 생각하며, 한국 교회와 그리스도인들에게 이 책을 강력히 추천한다.

김의원(전 총신대학교 총장)

전인치유, 새로운 교회운동으로서의 가능성

광주에 있는 호남신학대학교에 있으면서 전남대학교에 강의를 나간 적이 있다. '현대종교'라는 과목이었다. 그 강의에서 이박행 목사를 만났다. 당시 이 목사는 전남대학교의 '기독교회 및 선교단체협의회' 실행의장이었다. 그 일이 인연이 되어 이제까지 서로 연락하며 지내고 있다. 9년 전쯤, 이 목사가 '복내전인치유선교센터'를 설립하면서는 일 때문에라도 자주 만나게 되었다. 전인치유(全人治癒) 및 전인구원(全人救援)이란 용어는 내 신학적인 지평과 잘 융합되는 개념이어서, 그의 이런 노력에 금방 호감이 갔다. 기독교의 구원은 영혼 구원에만 국한되지 않는 것으로, 영과 육 및 개인과 사회를 포괄하는 총체적인 것임을 성경은 강조한다. 이박행 목사가 사역하고 있는 복내전인치유선교센터는 이런 전인구원의 입장을 지향하고 있다.

이 책의 1부 '환자의 삶에서 치유자의 삶으로'는 저자의 간증으로서, 전인치유선교센터를 복내 천봉산에 세우게 되는 자신의 신앙 역정을 그리고 있다. 그의 약한 몸은 하나님의 은총이 없이는 지탱될 수 없었다. 그는 건강에 찾아든 여러 번의 위기 상황에서 하나님의 신유은사를 체험하곤 했다. 그의 삶은, 영혼뿐 아니라 약한 몸까지도 살리시는 하나님의 은총을 몸소 체험하는 삶이었다. 그의 전인치유운동은 이런 그의 신앙체험과 연속성을 갖는다. 그의 신앙은 저 세상만을 강조하는 피안적 신앙이 아니며, 오늘의 이곳에 역사하시는 하나님을 체험하는, 살아 움직이는 신앙이다.

2부 '상한 맘과 병든 몸을 이겨 낸 사람들'에서는 복내전인치유선교센터의 치유사역에 대해 설명한다. 물론 기도를 통해 우리의 질병이 치료될 수 있다. 그러나 아무 노력도 하지 않고 무턱대고 하나님의 은총만을 기대하다 보면, 자칫 무속적 신앙이 될 수 있다. 하나님의 신유은사를 일방적으로 바라며 의사의 진료를 거부하는 그릇된 신앙도 있다. 그러나 복내에서의 전인치유운동은 하나님이 베푸시는 은총의 기적과 함께 인간 편에서의 준비 또한 강조한다. 인간 편에서의 의학적인 노력도 중요하다는 것이다. 하지만 그 의학적인 노력을 좁은 범위로 국한하지는 않는다. 전인치유운동은 몸의 건강이 우리의 정신과 영혼의 건강에 직결되어 있음을 강조한다. 하나님의 치유사역이 역사하기 위해서는, 하나님에 대한 믿음이 요청된다. 그 믿음은 이웃을 내 몸과 같이 사랑하라는 하나님의 명령을 행하는 믿음으로서, 하나님과 이웃과 자신에 대한 사랑의 회복을 통해 우리의 몸이 평안을 얻게 됨을 강조한다.

복내전인치유선교센터를 방문하는 환자들은 주로 말기 암 환자들로 세상의 의학으로는 더 이상 치료 불가능한 분들이다. 그들은 이곳에 와서 안식을 얻고 어떤 경우에는 건강을 회복하기도 한다. 오늘 우리나라의 병원들에는 이들을 위한 시설이 부족한 바, 복내는 이를 위한 대안적 돌봄을 실험하는 곳이다. 사실 현재 복내에는 이런 환자들을 충분히 돌볼 만큼의 의료시설과 의료진이 확충되어 있지는 못하다. 그러나 그런 모든 시설을 완비한 후 일을 시작하려고 했다면, 아직도 그 일을 시작하지 못했을 것이다. 이런 의미에서 복내는 우리나라의 의료체계를 향한 하나의 예언적 메시지를 담고 있다.

마지막 3부에서는 '전인치유목회의 이론과 실제'를 다루고 있는데, 저자는 여기서 신학과 의학이, 과학과 종교가, 신앙과 실천이, 마음과 몸이, 목사와 의사가 만나는 장을 마련하고 있다.

남이 하지 않는 새로운 목회의 장을 열기란 결코 쉬운 일이 아니다. 우리는 그의 사역에 있었던 많은 어려움과 유혹들을 그의 글에서 발견하게 된다. 물론 그가 이런 사역을 시작하게 된 배경에는 김영준 박사를 비롯한 많은 분들의 앞선 생각이 있었다. 그러나 이러한 생각들을 새로운 교회운동 차원에서 사역으로서 시작한 데는 그의 결단이 자리하고 있다. 이제 주변에 있는 우리를 통해, 그의 새로운 사역이 좌절될 수도 있고 아름다운 열매로 맺혀질 수도 있다. 혹 그가 결실을 거두게 된다면, 그것은 그만의 노력의 결과는 아닐 것이다. 많은 주변의 도움이 요청되는 시점이다. 나는 그의 사역을 통해 하나님의 구원의 모습이 더욱 또렷하게 표현되리라 믿는다. 그리고 그것은 그와 함께 역사하시는 하나님의 능력을 통해서만 기능할 것이다.

노영상(장로회신학대학교 교수)

차 례

사랑으로 이루어 가는 치유의 역사

복내에서 전인치유사역을 시작한 것이 1995년이니까 벌써 9년의 세월이 흘렀다. 이 사역은 신장염과 간염으로 지루한 투병생활을 해 오던 소년 시절, 이를 극복하는 과정에서 받은 소명에 연유하고 있다. 이후 하나님께서는 사회선교를 통한 민족공동체의 치유에 관심을 갖도록 하셨다.

1980년 광주항쟁 직후 대학에 다니고 있던 나는 사회구원을 이루기 위해 사회주의운동을 하는 조직에 몸담았다. 하지만 이에 허구와 한계를 느끼고 복음주의 학생운동으로 전향했다. 그런 다음, 개인의 영혼뿐만 아니라 역사와 문화의 주인이신 하나님을 기쁘시게 하고자 비폭력 저항운동을 주도했다. 하나님께 약속했던 목회자의 소명을 이루기 위해 입학한 총신대 신대원에서는 원우회장으로 있으면서 학내의 곪은 상처를 도려내기 위해 몸을 아끼지 않았다.

졸업 후에는 성경적인 원리에 따라 다스려지는 국가경영을 실현하기 위해 김진홍 목사님의 지도를 받아 '두레연구원' 설립을 주도하여 인재양성에 힘쓰기도 했다. 한편 교회 일치와 갱신을 위해 '전인건강운동연합'과 '기독지성인단체연합'을 결성하여 활동했다. 어느 누가 보아도 열정적인 삶이었다.

그런데 이렇듯 지칠 줄 모르고 질주하던 내 삶에 제동이 걸렸다. 간 질환이 재발한 것이다. 결국 모든 꿈을 접고 전남 보성에 있는, 광야와 같은 천봉산 골짜기로 요양을 내려와 친구들과 함께 '요벨공동체'를 이루었다. 그러나 얼마 안 가 공동체는 깨어지고 우리 가족만이 덩그러니 남게 되었다. 열일곱의 식구 가운데 네 명만 남은 그곳은 고독하기 그지없었다. 하지만 고독은 오히려 하나님 앞에서 나 자신을 철저히 돌아볼 수 있게 했다. 교회갱신과 사회선교를 부르짖었지만 정작 내 영혼은 피폐해져 가고 있었던 것이다. 하나님께서는 좌절과 고독의 시간을 통해서 내 영혼을 담금질하셨다. 낮엔 산길을 거닐거나 나무들 사이에 앉아 침묵의 시간을 가졌고, 밤이면 홀로 예배당에서 하나님께 부르짖었다.

"이제부터는 영혼을 사랑하는 참된 목자가 되겠습니다. 사랑이 아니면 아무것도 하지 않겠습니다. 사랑하지 않으면 나의 영혼이 질식할 것 같습니다. 어떤 처지에 있는 영혼이라도 이곳에 오는 자라면 하나님이 보내신 줄 알고 진실로 사랑하겠습니다……."

기도 외에는 아무것도 할 수 없는 그때에 하나님께서는 일하시기 시작했다. 암을 비롯한 불·난치병 환자들이 골짜기로 찾아든 것이다. 오랫동안 질병에 갇혀 있었던 그들의 눈을 바라보면서 나도 모르게 눈물을 글썽였다. 그들의 아픔이 내 아픔이 되었다. 환자들을 끌어안고 눈물과 땀으로 온몸을 적시며 기도했다. 그들과 더불어 생활하면서 사랑으로 섬겼다. 바로 그때 기적이 일어났다. 사랑의 기적이었다.

환자들이 비단 질병에서 나음을 입었을 뿐만 아니라 마음과 영혼에 사랑이라는 뜨거운 불을 안고 새로운 삶을 발견하게 되었다. 세상을 향해 '사랑의 혁명'을 일으키기 시작한 것이다. 나는 이런 일들을 경험하면서 하나님께서 약한 자를 통하여 그분의 뜻을 이루어 가심을 온몸으로 배울 수 있었다. 결국 개인과 공동체의 치유는 사랑의 영성으로 완결된다는 것을 깨우쳐 주신 것이다. 나는 사랑의 삶이야말로 하나님이 기뻐하시는 산 제사임을 진심으로 고백하게 되었다.

지난 9년여 동안, 황무지와 같았던 전인치유사역을 일구어 왔다. 어느 정도 사역의 기초를 다지고 나니, 새로운 도약을 시도해야 할 때라는 생각이 들어 이 글을 쓰기 시작했다. 아울러 여기까지 인도하신 하나님의 사랑을 잊지 않고 간직하고 싶었다. 아무쪼록 이 책이, 환난의 떡과 고난의 물을 주셨으나 참된 진리를 만나게 하시는 하나님의 사랑을 전하는 데 쓰이기를 바란다. 그리고 암을 비롯한 불·난치병 환자들을 전인적인 사랑으로 도울 수 있는 재활 및 요양센터에 헌신할 일꾼들을 불러일으키는 데 쓰이기를 바란다. 나아가 한국 교회와 신학교 그리고 선교병원들이 21세기 전인치유선교의 새 물결을 받아들이는 데에 작은 불씨가 되었으면 한다. 그리하여 이 민족이 건강하고 행복한 나라가 되어 모든 족속을 복음으로 섬길 수 있기를 소망한다.

2004년 2월
천봉산에서 사랑의 공동체를 꿈꾸며
이박행

1부 환자의 삶에서 치유자의 삶으로

너의 오성(悟性)을 따라 살지 말고

오성을 넘어서 살아야 한다.

무지하라. 그러면 내가 참 지식을 주리라.

무지가 참 지식이니라.

가는 길을 알지 못하는 것이 가는 길을 참 아는 것이다.

나의 지식은 너를 무지하게 만들리라.

아브라함은 방향을 모르고 자기 고향을 떠났다.

자신을 나의 지식에 맡기고 자기 지식을 버렸던 것이다.

그리하여 옳은 길을 걸어 옳은 목적지에 도달하였다.

이것이 십자가의 길이다.

너 자신이 발견할 수 있는 길이 아니다.

내가 소경 같은 너를 인도해야 할 것이다

너 자신이 택한 일이 아니다.

너의 의지와 생각과 욕망을 거슬러

너에게 가까이 오는 자 그를 따라나서라.

—마르틴 루터

죽음과 삶을 넘나들며

외할머니의 힘

이제는 목사가 되어 전인치유사역에 헌신하고 있는 나는 외가(外家)로부터 기독교 신앙을 물려받았다. 외할아버지는 검은 모래로 유명한 여수 만성리 해수욕장 근처에 있는 조그만 초등학교의 교장선생님이셨다. 초등학교 시절, 나는 방학이 되면 어김없이 외가에 내려갔다. 주로 기차를 타고 갔는데 만성리역은 여름 휴가철에만 기차가서는, 낭만 있는 간이 정거장이었다.

어머니가 장녀인데다가 내가 첫손자였기 때문에 외할머니는 나를 무척이나 사랑해 주셨다. 할머니는 신앙생활에 열심이셨는데, 그 사연은 이렇다. 아주 오래 전, 그러니까 외삼촌이 다섯 살 때 뇌염에 걸렸는데 외할머니는 그 아들을 살리기 위해 필사적으로 하나님께 매달리셨다고 한다. 치료받지 못한 외삼촌은 평생을 불구자로 사셨지만 덕분에 할머니는 하나님께 큰 능력을 받았다. 외할머니께서 얼마나 뜨겁게 신앙생활을 하셨는지 지금도 그 모습이 눈에 선하다.

어느 여름 날 밤, 외할머니께서 내게 장래 희망을 물으셨다.

"박행아! 나중에 커서 어떤 사람이 되고 싶니?"

"음…… 외할머니가 제일 좋아하는 목사님이 될 거예요."

그 순간 외할머니는 너무나 기뻐하셨다. 그날 이후로 내 마음에는 목사의 길을 가야 한다는 생각이 언제나 떠나지 않았다.

세월이 흘러 서른두 살이 되던 해, 목사가 되기 위해 목사고시를 준비하던 때였다. 어느 날 잠깐 꿈을 꾸었는데, 외할머니께서 찾아와서 내게 입을 벌리라고 하셨다. 외할머니는 조그맣고 빛나는 금덩이를 내 입에 넣어 주셨다. 잠에서 깨어난 뒤에도 꿈처럼 느껴지지 않을 만큼 그 일이 너무나 생생했다. 당시 외할머니는 지병인 당뇨로 노쇠해져 죽음을 앞두고 계셨다. 이 꿈 이야기를 전해들은 가족들은 외할머니가 생을 마감하면서 외손자에게 정금과 같은 믿음을 전수해 주신 것이라 믿었다. 내가 목사안수를 받던 날, 가장 기뻐하신 분도 물론 외할머니이셨다. 그러나 좋은 꿈 한 번 꾸었다고 저절로 믿음이 생기는 것이던가! 마치 요셉이 꿈 때문에 고난으로 점철된 밑바닥을 전전했던 것처럼 내 삶에도 죽음과 같은 진한 고통이 여러 차례 찾아들었다.

소변에 피고름이

가장 먼저 찾아든 고통은 중학교 3학년 때 있었다. 아침에 일어나려는데 몸이 불처럼 달아오르고 편도선은 풍선처럼 부어올라 침을 삼키는 것조차 힘들었다. 밤새 허리가 끊어질 것 같은 통증이 찾아들어 불면에 시달려야 했다. 온몸이 몽둥이찜질을 당한 것처럼 고통스러웠다. 여기저기 안마를 하고 전신에 파스를 발랐지만 효과는 없었다. 처음에는 단순히 몸살감기겠거니 했지만 날이 갈수록 증세가 악화되어 얼굴과 손발까지 퉁퉁 부었다. 약을 사다 먹었지만 증세는 나아지지 않았다. 마침내 나는 전남대학병원으로 실려 가게 되었다.

한 달 동안 입원 치료를 받자 부기가 많이 빠지면서 좀 회복된 듯했다. 담당의사는 아직 퇴원하기엔 이르다고 만류했지만, 병원생활이 너무 지루했던 나는 기어이 의사를 설득해 퇴원을 했다. 그러나 이날의 고집은 이후 큰 고통의 화근이 되었다. 일상생활을 하던 중, 처음 나타났던 증세들이 또다시 보이기 시작했다. 염치 불구하고 다시 의사를 찾아갔으나 몸은 쉽사리 회복되지 않았다. 소변주머니에 채워지는 내 오줌은 늘 노란색 거품이었다. 빠져나가지 말아야 할 단백질이 소변을 통해서 배출되고 있었던 것이다.

병세에 차도가 없자 주치의는 정확한 병명과 진행상태를 파악하기 위해 신장 조직검사를 결정했다. 조직검사가 있던 날, 입원실에는 하얀 가운을 입은 사람들로 가득했다. 주치의를 따라온 수련의들이었다. 소아과에서는 흔치 않은 신장 조직검사였기에 수련의들로서는 좋은 실습 기회였던 것이다. 10센티미터가 넘는 주사바늘이 몸 깊숙이 들어와 신장 조직을 뜯어 갔다. 마취주사를 맞았기 때문에 별 통증은 느끼지 못했지만, 소변에 피고름이 섞여 나오는 후유증이 생겼다. 검사 결과는 '사구체신장염'. 노폐물을 걸러내고 필요한 영양분은 재수용해서 간으로 보내야 하는데 그 기능이 망가진 것이다. 더욱 비관적인 것은 사구체는 인체의 세포 조직 중에 가장 섬세한 기관이기 때문에 한 번 망가지면 처음으로 돌아가기 힘들다는 사실이었다. 설상가상으로 오랫동안 호르몬제를 투여한 부작용으로 씨름선수처럼 온몸이 붓기 시작했다.

더 이상 병원치료를 기대할 수 없자 가족들은 퇴원을 결정하고 한

방 치료를 시도했다. 하지만 그것도 별 효과가 없었다. 결국 대부분의 말기 환자들이 하는 것처럼 나도 민간요법에 의지할 수밖에 없었다. 말린 개구리를 삶아 국물을 내서 수시로 마시기도 하고, 미꾸라지를 넣은 호박을 삶아 식사 대신 떠먹기도 했다. 옥수수 수염을 삶아 물 대신 마시기도 했다. 그러나 증세는 오히려 악화되어 마침내는 복수가 차 올라 숨쉬기조차 어렵게 되었다. 누워서 잠을 이룰 수 없어 이불을 포개고 엎드린 채 밤을 지새웠다. 어느 날은 소변 끝에 핏물이 흘러내렸다. 아직 소년이었지만, 이 사실을 가족들에게 알리지 말고 서서히 죽음을 준비해야겠다고 생각했다. 지루하고도 고통스런 투병생활에 너무나 지쳐 있었던 것이다. 가족들에게 더 이상 짐이 되는 것도 싫었다. 그렇게 나는 생에 대한 의욕을 상실한 채 하루하루를 버티고 있었다.

하얀 가운을 입은 할머니

병고로 하루하루 낙담하여 살아가던 나는, 현신애 권사님이 인도하는 신유집회가 광주에서 열린다는 소식을 듣게 되었다. 당시 현 권사님은 치유사역 분야에서 가장 활발하게 활동하시던 분이었다. 나는 왠지 그곳에만 가면 살길이 있을 것 같았다. 살고 싶은 마음에 주위의 도움을 받아 현 권사님이 인도하시는 집회장으로 향했다. 그러나 예배당에 들어서는 순간 보게 된 그 충격적인 장면이란! 죽음을 마주하며 마지막 남은 한 가닥 줄에 사력을 다하고 있는 군상들이 켜켜이 웅크리고 있었다. 발 디딜 틈 하나 없이 그 넓은 마루가 죽음보다 더 죽음을 느끼게 하는 사람들로 가득 차 있었다.

그곳은 암을 비롯한 각종 불치병과 난치병으로 꺼져 가는 영혼들이 찾아온 인생 종착역이었다. 풍선처럼 팽팽하게 복수가 차 올라 터져 버릴 것 같은 간암 환자, 16년 동안이나 일어나지도 못하여 사지가 오그라든 류머티즘 관절염 환자, 악성 뇌종양이 눈으로까지 전이되어 얼굴이 썩어 가고 있던 여덟 살 남자아이가 지금도 눈에 선하다. 병원은 물론 가족들에게까지 버림받고 몰려든 사람들이었다. 내가 갔을 때는 어디 누울 자리 한 곳 찾을 수 없었다.

어쩔 수 없이 예배당 한가운데에 이불을 방석 삼아 앉았다. 집회가 시작되고 30분 정도 박수를 치면서 찬송을 뜨겁게 부르고 나니 목사님이 나와서 말씀을 전하셨다. 이어서 하얀 모자에 하얀 가운을 입은 할머니가 단상으로 나와서 간증 설교를 하셨다. 바로 현신애 권사님이셨다. 현 권사님은 연세에 비해 힘 있게 자신의 간증을 전하고 다른 여러 치료 사례들도 소개하셨다. 환자들을 힐끗 바라보니 자신들에게도 그런 일이 일어나기를 바라면서 '아멘'으로 장단을 맞추며 혼신을 다해 듣고 있었다.

간증이 끝나고 마루로 내려온 현 권사님은 치유를 간구하는 환자들의 머리와 등을 툭툭 치고 지나가셨다. 그들은 현 권사님이 지나갈 때면 안수하는 손을 끌어다가 자기 환부에 갖다 댔다. 드디어 현 권사님이 내 앞을 지나가면서 안수를 해 주셨다. 손이 내 머리에 닿는 순간, 나는 생명의 기운이 북돋아 오른 듯 더욱 간절한 기도를 드리게 되었다.

"하나님! 저를 치료해 주시면 질병으로 고통 받는 이들에게 복음을 전하는 하나님의 종이 되겠습니다."

잠시 잠깐 앉아 있는 것조차 힘들던 내가 두 시간이 넘는 집회 동안 앉아 있을 수 있었다는 것 자체가 이미 기적이었다. 그뿐인가! 입맛이 없어 죽도 몇 수저 못 넘기던 내가 하얀 쌀밥에다 절인 깻잎을 얹어 밥 한 공기를 깨끗이 비워 냈다. 신장염 환자에게 지나친 염기 섭취는 치명적이기 때문에 짠 음식을 삼가는 것은 기본이었다. 그런데 그 짠 깻잎으로 밥을 싸 먹었으니 누구보다도 놀란 사람은 바로 나였다. 그리고 다음날 아침, 나는 뜻밖에 별 탈 없이 거뜬한 몸으로 일어날 수 있었다. 집회가 진행되면서 하루하루 건강이 나아져 갔다. 나는 '살길이 여기 있구나!' 생각하고 아예 이불보따리와 쌀부대를 짊어지고 현 권사님의 집회가 열리는 곳이면 전국 어디든 마다 않고 열심히 따라다녔다.

그 결과, 하나님의 은혜로 나 자신도 모르는 새 몸이 많이 회복되어 새 학기에는 환자복 대신 교복을 입고 학교에 갈 수 있었다. 내 손에는 이불보따리와 쌀부대 대신 책가방이 들려 있었고, 다시는 만나지 못할 줄 알았던 친구들도 만날 수 있었다.

오월의 광주

병고에 시달리면서도 나는 무사히 고등학교에 진학하였고 어느 새 고3이 되었다. 1980년, 광주에서는 연일 민주화를 요구하는 시위가 이어졌다. 밤에도 횃불을 든 시위 행렬이 계속되었다. 학교 담 밖으로 시위대들이 전투경찰에게 구타를 당하며 끌려가는 것이 보였다. 그리고 마침내, 도청 앞에서는 민주화를 요구하는 광주 시민들과 계엄군이 대치하게 되었다. 공수부대원들의 잔인한 시위 진압에 분노한 광주 시민들은 너나 할 것 없이 죽음을 무릅쓰고 뛰쳐나왔다. 이미 학교는 임시휴교령이 내려진 상태였고, 나도 그 무리 중에 한 사람으로 있었다.

시위가 점점 격렬해지면서 대형버스를 탄 시위대가 도청을 사수하려는 공수부대를 향해 돌진하였다. 그러자 공수부대원들은 시민들을 향해 무차별 총격을 가하기 시작했다. 여기저기서 총에 맞은 시민들이 피 흘리며 죽어 갔으나 광주 시민들은 물러서지 않았다. 도리어 광주 인근 지역에 있던 무기고를 급습하여 무장하게 되었다. 빨간 머리띠를 두르고 소총으로 무장한 시위대가 탄 트럭이 점점 늘어났다. 광주 시민들은 환호하며 시위대를 위해 긴급으로 김밥이나 빵을 제공했다. 누가 시켜서 한 일이 아니었다. 시민 전체가 자원하는 마음, 단순하게 말하자면 죄 없이 죽어 간 이웃들에 대한 빚진 마음 때문이었다. 당시 무참히 죽어 간 많은 사람들은 이념 운동을 전문적으로 하는 사람들이 아니었다. 민주화운동이니 독재타도니 하는 말들도 사실 광주의 정신을 이용하려는 정치세력들이 덧씌운 용어들이다.

열흘간의 무정부 상태가 지속되었다. 시일이 지나면서 각종 유언비어가 난무하는 가운데 정부는 헬리콥터를 통해서 "시위대는 해산하고 집으로 돌아가라"는 선무 방송을 하고 전단을 뿌려 댔다. 이에 대응하기 위해 시민군 측에서도 자체 전단을 제작하여 뿌리고, 차에 스피커를 설치하여 물러서지 말고 최후의 순간까지 함께 가자고 호소하였다. 그리고 5월 27일 새벽, 집에서 잠을 자던 나는 총성이 울리는 것을 들었다. 결국 끝까지 도청에 남아 있던 시위대는 장렬하게 산화(散花)하였다. 마지막까지 남은 사람들 대개는 이름 모를 평범한 이들이었다. 그들의 죽음은 한 알의 밀알이 땅에 떨어져 죽어서 많은 열매를 맺은 것처럼 훗날 민주화를 앞당기는 데 결정적인 역할을 하였다. 지금도 오월이 오면 질곡의 역사가 가슴에서 꿈틀거리는 것만 같다.

방황의 시간

광주민주화운동이 있던 다음해, 나는 전남대학교에 진학하였다. 일반대학에서 교양을 쌓고 어학훈련을 하고 나서 하나님과의 약속대로 신학을 공부할 계획이었다. 건강이 좋지 않던 내가 대학에 입학하자 온 집안이 기쁨으로 떠들썩했다. 그러나 캠퍼스 분위기는 사뭇 달랐다. 광주민주화운동의 여파로 대학은 전쟁터와 같은 살벌한 분위기였다. 전투경찰들이 학생회관에 고정 배치되어 학생들을 감시하고, 학생들은 감시를 피해 사회변혁과 민주화를 위해 마르크스주의로 무장하고 비밀조직을 결사하였다. 나는 '고전독서회'라는 위장 이념 서클에 가입하였다. 조직원들은 매일 아침, 경찰의 눈길을 피하기 위해 이리저리 자리를 옮겨 다니며 사회주의 사상이 담긴 원서를 강독하였다. 낮에는 감옥에 들어갈 각오로 데모를 하면서 민주화와 독재타도를 외쳤다. 가슴에 불이 붙은 나는 친구들을 찾아다니면서 선동하였다.

"민주주의는 피를 먹고 자라는 나무야. 희생 없이 무슨 일이 이뤄지겠어! 공부 열심히 해서 너 혼자 잘 살면 그만이냐?"

어릴 때부터 주위 사람들에게 말수가 적고 온순하다는 이야기를 많이 들어온 내가 설치고 다니다 보니 친구들의 호응도 꽤 좋았다. 학생들은 연일 5·18광장에 모여 비상총회를 개최하고 데모를 시도했다. 이를 저지하는 전투경찰을 향하여 보도블록을 깨서 던지면 곧이어 '타-당-탕' 하고 최루탄이 발사되었고, 우리는 매캐한 연기에 눈물을 흘리며 혼비백산 도망 다녔다.

그 시절 대학은 학문의 전당이라기보다는 차라리 전쟁터를 방불케 했다. 학생들의 가방에는 교과서 대신 이념서적이 들어 있었고, 도시락 대신 화염병과 주먹만한 돌이 들어 있었다. 함께 데모하던 친구들이 전경들의 곤봉과 최루탄에 피를 흘리며 닭장차로 끌려가기 일쑤였다. 경찰에 끌려간 친구들은 죽도록 맞기도 하고, 적극 가담자로 판명되어 감옥생활을 하기도 했다. 그 중 가장 마음 아팠던 것은 얼

 사람도 살리고 교회도 살리는 전인치유목회 이야기

마 전까지 학교에서 같이 생활하던 학생들이 전경으로 입대하여 곤봉을 들고 우리들과 대치하는 것이었다.

'도대체 이념이 무엇이기에 친구를 향해 화염병을 던져야 한단 말인가?'

얼마 동안 사회주의운동에 주력하다 보니 차츰 내면에서 갈등이 일기 시작했다. 무엇보다 유물론적인 이념체계와 모태부터 형성된 신앙관이 정면으로 충돌했다. 이때쯤 유물사관의 결론이 영혼과 하나님을 부정하고 있음을 깨닫게 되었다. 그렇다면 자본주의의 '부익부 빈익빈'을 극복하여 경제평등을 이루고, 군사독재정권에 대항할 수 있는 성경적인 대안은 없는지 스스로 묻게 되었다.

그러는 중 운동권의 폭력성과 거짓 선전 및 선동으로 운동에 대한 신뢰가 깨어졌다. 투쟁 목적을 성취하기 위해 수단과 방법을 가리지 않는 운동원들의 비양심적인 이중성에 실망했다. 어떤 이유로도 폭력은 정당화될 수 없다는 양심의 소리가 내 마음속에서 맴돌았다. 고민 끝에 나는 독자적인 길을 가기로 결심했다. 그리고 그 해 말, 핵심 조직원 양성을 위한 동계 합숙 엠티에 참여시키려는 선배들의 집요한 권유를 끝내 뿌리쳤다.

운동권에서 이탈하면서 나는 큰 후유증을 겪어야만 했다. 대학가의 주류에서 탈락한 낙오자 혹은 배신자라는 자괴감 때문에 운동권에서 만났던 친구들을 한동안 피해 다니기도 했다. 하지만 그렇게 피해 다니며 살 수만은 없었다. 복잡한 심경을 달래기 위해 합창단에 들어가 통기타를 메고 다니며 대학생활의 낭만을 즐겼다. 마음 편하게 대할 수 있는 친구들도 몇몇 사귀며 나름대로 또 다른 세계에 몰입하게 되었다.

한편으로는 영혼을 좀먹는 술과 담배를 배웠고 이성교제에도 깊이 빠지게 되었다. 어릴 때부터 들어온, 주색잡기를 멀리해야 한다는 어머니의 충고는 흘러간 옛 노래가 되고 말았다. 아버지 때문에 어려움을 당했던 어머님의 애절한 부탁이었는데 말이다. 나는 얼마나 술을 좋아했는지 40일 동안을 연속 마셨던 기억도 있다. "성령에 취하지 말라. 이는 방탕한 것이니 오직 술에 충만함을 받으라"는 사탄의 속삭임에 끌려 다녔던 것이다. 생활이 이토록 문란해졌으나 여전히 성가대와 주일학교 교사를 하고 있었으니 그 얼마나 외식적인 삶이었던가!

혼란스런 대학생활을 정리하기 위해 2학년을 마치고 군대에 입대한 나는 휴전선 최전방 GOP 철책선으로 배치되었다. 그리고 6개월쯤 지난 어느 날, 온몸이 불덩어리처럼 뜨겁게 달아올라 체온을 재어 보니 42도나 되었다. 해열제를 투여했지만 차도가 없었다. 나는 앰뷸런스에 실려 응급 후송되었다.

깨어 보니 야전병원 침대였다. 정밀진단 끝에 발등에 잡힌 고름 때문임을 알게 되었다. 딱딱한 군화를 신고 행군을 할 때 생기는 '봉와직염'이었다. 군인들에겐 흔한 병이지만 치료시기를 놓치면 다리를 절단해야 되는 무서운 병이었다. 마침 담당군의관이 고향에 계신 아버지의 친구 아들이라며 내게 각별히 신경을 써 주었다.

어느 정도 병세가 회복될 즈음, 나는 휠체어를 타고 병원 내의 군인교회에 나가 예배를 드렸다. 살아서 예배를 드릴 수 있다는 감격에 눈물로 감사의 찬양을 불렀다. 부모를 떠난 야곱이 벧엘에서 눈물로 돌베개를 적시고 있을 때에 꿈에 나타나셨던 그 하나님을 생각했다. 내가 어려운 처지에 있을 때마다 하나님께서 돕는 천사들을 보내셔서 나를 돌보신다고 생각하니 그저 감사한 마음뿐이었다.

쇠고기와의 전쟁

제대를 하고 토플강의를 들으며 복학을 준비하던 무렵이었다. 하루가 다르게 의욕이 떨어지면서 아침에 일어나면 머리가 무겁고 온종일 피로했다. 광주기독병원에 가 정밀검사를 한 결과, GOT·GPT가 꽤 높은 '만성활동성B형간염'이라는 판정이 나왔다. 치료시기를 놓쳐서 만성질환이 되었다고 했다. 치료를 소홀히 하면 간경화 또는 간암으로 발전할 수도 있는 무서운 병이었다. 입원하여 치료를 받는데도 의료진들은 회복에 대해 그다지 기대하지 않는 듯했다. 결국 마음을 안정하고 쇠고기를 꾸준히 먹어 단백질을 보충하라는 처방 아닌 처방을 받고 퇴원하게 되었다.

안정을 취하라는 의사의 처방대로 복학을 포기했다. 그리고 지긋지긋한 쇠고기와의 전쟁을 시작했다. 아침에는 쇠고기 미역국, 낮에는 쇠고기 불고기, 저녁에는 쇠고기 동그랑땡을 끊임없이 먹었다. 행복한 고민이라고 할지 모르겠지만, 매일 쇠고기 한 근씩을 의무적으로 먹어야 한다고 생각해 보라. 나중엔 쇠고기가 걸려 있는 푸줏간만 지나쳐 가도 소름이 돋을 지경이었다.

수개월이 지났지만 병세는 호전될 기미가 없었다. 고민과 두려움으로 차츰 신경이 예민해지기 시작했다. 이런저런 고민으로 뒤척이다 보니 불면증이 생기고 말았다. 불면증은 간염보다 더 고통스러웠다. 이렇게 잠 못 이루고 있을 때에 성경을 읽으면 잠을 이루게 된다는 이야기를 듣게 되었다. 잠을 청해도 잠이 오지 않아 아예 잠자는 것을 일찌감치 포기하고 성경을 읽기 시작했다. 창세기를 지나 출애굽기를 읽는데도 잠은 오지 않았다. 드디어 레위기로 들어가면서 하품이 나오기 시작했다. 뜻 모를 내용이 반복되어 무척 지루하게 느껴졌기 때문이다. 그날 밤 나는 참으로 오랜만에 깊은 단잠을 잤다. 아침에 일어나니 그렇게 행복할 수가 없었다. 아직도 그때의 일이 하나님의 은혜였는지 정말 지루해서였는지 명쾌하게 가릴 수는 없지만 어찌됐든 성경을 읽다가 모처럼 잠을 잔 것만은 틀림없는 사실이다.

그런 후로 성경 읽기에 재미를 붙이게 되었다. 성경을 꾸준히 읽으면서 하나님에 대한 믿음이 회복되기 시작했다. 성경을 읽다 보니 자연스럽게, 아직 젊은데 인생을 이렇게 초라하게 마감해서는 안 되겠다는 생각에 이르렀다. 집을 떠나 기도생활에 전념할 수 있는 곳으로 가기로 결심하고 가족들에게 말씀드렸다. 그 당시 신앙생활을 하지 않으시던 아버지는 노발대발하셨지만 어머니와 동생들은 내 손을 잡고 합심으로 기도해 주었다.

오순절에만 하나님이 계실까?

건강이 회복될 기미가 없어 나는 무작정 전주 근교에 있는 현신애 권사님의 집회소를 찾아갔다. 그러나 안타깝게도 현신애 권사님이 노쇠하셔서 예정된 집회가 없었다. 그렇다고 그냥 집으로 돌아갈 수도 없었다. 서슬 퍼런 아버지의 얼굴이 떠올랐다. 그때, 언젠가 들은 기억이 있는 휴전선 밑에 있는 오산리기도원이 생각났다. 서울에 도착하여 여의도순복음교회 앞에서 파주의 기도원까지 가는 셔틀버스에 몸을 실었다. 맨 뒷자리에 앉아서 앞을 보니 똑바로 앉아 계신 분이 별로 없었다. 혹시 시신들을 싣고 공동묘지로 가는 장의차에 탄 것이 아닌지 의심스러울 정도였다. 새삼 내 신세가 처량했다. 눈에서는 하염없이 눈물이 흘러내렸다.

'아직 살아야 할 날이 많은 청년 때에 무슨 몹쓸 병을 얻어 이런 장례 행렬에 끼어 있단 말인가? 살아서 이 산을 내려갈 수 있을까?'

버스 안에서는 유난히 구슬픈 찬송가가 계속 울려 나왔다.

 사람도 살리고 교회도 살리는 전인치유목회 이야기

"그 귀한 세월 보내고 이제 옵니다/ 나 뉘우치는 눈물로 주여 옵니다/ 나 이제 왔으니 내 집을 찾아/ 주여 나를 받으사 맞아 주소서."

오산리기도원에 도착한 나는 우선 그 웅장한 규모에 놀랐다. 더욱이 수천 명의 사람들이 금식하면서 은혜를 사모하고 있으니 더욱 놀랐다. 금식이 교양선택이 아니라 전공필수였다. 나는 이런 분위기에 압도되어 금식을 하지 않을 수 없었다. 영양이 부족하면 간 상태가 악화될 수도 있다는 의사의 권면을 잠시 잊어버리기로 했다. 집회 시간마다 말씀 선포와 함께 뜨거운 찬송과 기도가 계속되었다. 조용한 분위기에 익숙한 나는 이질감이 느껴졌다.

'주여 삼창'으로 시작되는 방언 통성 기도에 눌려 내 목소리는 자꾸 기어들어가 모기소리만하게 나왔다. 기도 줄을 겨우 잡았는가 싶었는데 나도 모르게 엉뚱한 기도를 하고 있었다.

"주여! 나의 남편을 구원해 주십시오."

나에게 무슨 남편이 있단 말인가? 옆에 앉은 자매님의 기도를 나도 모르게 따라 하고 있었던 것이다. 이렇게 헷갈려서는 도저히 안 되겠다 싶어 맨 뒷자리로 빠져나갔다.

'에이, 나는 내 방식으로 하나님 만날란다. 오순절교회에만 하나님이 계시냐?'

이렇게 이틀이 지났으나 배에서 연신 꼬르륵거리는 소리만 들렸지 아무런 응답이 없었다.

하지만 시간이 지나면서 육신의 기운이 빠지고 완고한 자아가 서서히 무너지더니 성령님이 내 안에서 말씀하시기 시작했다. 죽음의 위기를 진정으로 받아들인다면 교파를 뛰어넘어 하나님을 만나야 하지 않겠느냐는 성령님의 탄식이 느껴졌다. 게다가 내가 집을 떠나올 때 중학교 2학년이던 막내아우가 드렸던 기도가 가슴에 되새겨졌다.

"하나님! 저희 형님, 친구들처럼 학교 다시 갈 수 있도록 꼭 치료해 주셔야 해요. 형님을 건강한 모습으로 다시 볼 수 있게 도와주세요."

나는 교만으로 성령님을 제한했던 것을 뉘우치고, 더 이상 주저해서는 안 되겠다는 결심으로 자리를 박차고 일어나 맨 앞자리로 갔다. 집중해서 기도하려고 했지만 쉬운 일이 아니었다. 여전히 옆 사람 기도에 내 기도가 묻히곤 했다. 궁리 끝에 '주기도문' 을 반복해서 암송했다. 수십 번을 되뇌는 중에 드디어 기도 문이 열리기 시작했다. 나는 목숨을 걸고 병을 고쳐 달라고 몸부림치며 기도했다. 그때 성령님께서 내 마음에 감동을 주시기 시작했다.

"사랑하는 박행아! 너는 무엇을 얻기 위해 기도하느냐?"

"아니, 하나님! 제가 목청껏 기도했는데 안 들립니까? 제 병을 좀 고쳐 주세요."

"박행아, 너에게 영생의 확신이 있느냐?"

"하나님도……. 그런 당연한 것을 왜 물으세요?"

"그런데 너는 육신의 건강에만 매달리는구나."

"그럼, 어떻게 기도하란 말이에요?"

"박행아! 죽고 사는 것은 나에게 맡겨라. 이후로는 영생을 소유한 자로서 합당한 삶을 살게 해 달라고 기도해라."

"어떻게 사는 것이 영생에 합당한 삶인가요?"

"하나님을 사랑하고 네 이웃을 네 몸과 같이 사랑하는 것이란다."

그 순간 나는 전율하고 말았다. 설교 때마다 들어 온 말씀이 내 자아가 깨어지면서 비로소 깨달아진 것이다. 내주하시는 성령님과 깊은 교제를 하면서 내 영혼은 엄청난 지진을 겪게 되었다. 그때부터 내 기도는 이렇게 달라졌다.

"하나님! 제가 하나님의 사랑을 알게 하시고, 사랑을 나눌 수 있는

 사람도 살리고 교회도 살리는 전인치유목회 이야기

사람을 만나게 하시고, 사랑할 수 있는 곳에 머물게 해 주십시오.”

'영생을 얻는다' 는 것이 무엇인가? 요한복음 3장 16절에 나온 '영생'이란 말은 헬라어로 '조에 아이오니온'인데, 이 말에는 세 가지 의미가 담겨 있다. 첫째, 신적인 생명(divine life)이다. 둘째, 영원한 생명(eternal life)이다. 셋째, 우주적인 생명(universal life)이다. 즉 영생을 얻는다는 것은 하나님을 사랑함으로 그분과 연합하여 신적인 생명을 얻고, 유한한 시간에 갇혀 있던 인간들이 하나님의 영원한 시간 속으로 편입되며, 하나님의 범우주적이고 무한대한 사랑의 마음을 품고 선교와 봉사의 인생길을 걷게 된다는 것이다. 나는 이 엄청난 영생의 가치를 모르고 이제껏 한낱 썩어질 것만을 구하며 살고 있지 않았는가? 육신에 매여 있는 자아를 십자가에 못박고, 예수님처럼 이웃과 하나님을 위해 사랑을 나눌 때에 생명은 더욱 충만해지는 것이다.

암 환자의 기저귀를 빨며

나는 약속한 금식 기간을 무사히 마치고 하나님의 사랑을 나누며 살아야겠다는 결심으로 기도원을 떠날 채비를 했다. 그때에 50세 정도 되는 아주머니 한 분이 양쪽으로 부축을 받아 기도원에 온 뒤 바로 내 옆에 자리를 펴고 누웠다. 말기 자궁암 환자였다. 친척이나 보호자도 없이 바닥에 덩그러니 놓여 있있다. 형편을 들어 보니, 화교 출신으로서 어렵게 생활을 꾸려 온 분이었다. 어느 날 갑자기 하복부에 통증이 있어 병원에 가서 진단을 받아 보니 자궁암 말기라고 하더란다. 그 뒤로 세 차례나 어려운 수술을 받는 등 최선을 다했으나 더 이상 치료 불가능 하다는 최후 통보를 받았다. 그러던 중 기적적인 회생을 바라며 기도원에 찾아오신 것이다.

무더운 여름철, 자궁에서 뿜어 나오는 악취는 숨을 쉴 수 없을 정도였다. 은혜를 받겠다고 다투어 앞자리를 차지하던 사람들이 한 사람 한 사람 자리를 걷고 떠나 버렸다. 그들 대부분은 예언, 투시, 방언, 입신 등의 은사를 가지고 있었다. 하나님께 은혜를 달라고 입에 거품을 물고 기도하던 사람들이지만, 부담스러운 환자가 곁에 오니 슬슬 피해 버리는 것이었다. 나도 이미 짐을 챙기고 있었기 때문에 무심코 떠나려고 했다. 그러나 누군가 내 옷자락을 잡아당기는 것이 아닌가? 순간적으로 이곳에 내가 더 머무르기를 하나님께서 원하신다는 것을 느꼈다.

'사랑할 수 있는 사람을 만나게 해 달라고 기도하지 않았느냐? 내가 너에게 보낸 불쌍한 여인을 네 어머니처럼 간호해 드려라. 내가 너의 기도에 응답해 주었는데 너는 어디로 가느냐?'

나는 성령님께서 주신 감동을 외면할 수가 없었다. 주저 없이 가방을 내려놓고 아주머니를 보살펴 드리기 시작했다. 아주머니 배에는 수술 실밥 자국이 선명하게 남아 있었다. 혼자서 소변을 가릴 수 없어서 기저귀를 채워 드렸다. 수시로 기저귀를 확인하고 손빨래를 해서 뜨거운 햇빛에 뽀송뽀송 말려 갖다 드렸다. 그리고 시간이 나는 대로 말씀을 읽어 드리고 찬송을 불러 드렸다.

"내 몸의 약함을 아시는 주 못 고칠 질병이 아주 없네/ 괴로운 날이나 기쁜 때나 언제나 나와 함께 계시네/ 언제나 주는 날 사랑하사 언제나 새 생명 주시나니/ 영광의 기약이 이르도록 언제나 주만 바라봅니다."

이틀이 지나자 아주머니도 금식을 하겠다고 하셨다. 다들 만류했으나 입장을 굽히지 않았다.

"암으로 죽으나 굶어서 죽으나 매한가지 아니겠어요?"

아주머니가 금식하신다는 말에 내게 고민이 생겼다. 막 금식을 마친 뒤였기 때문에 밥상이 눈앞에 아른거렸다. 그러나 환자가 금식하는데 보호자가 배부른 사랑을 할 수는 없는 일이었다. 결국 나는 아주머니와 함께 다시 금식하기로 결심하였다. 훗날 안 사실이지만, 내 체질은 사상체질로 분류하면 태양인으로서 육식보다는 채식이 좋다. 그런데 의사의 말에 따라 쇠고기를 죽기 아니면 살기로 먹었으니⋯⋯. 나보다 더 나를 잘 아시는 하나님께서 금식기도원으로 나를 불러 내어 3일간 금식시킨 뒤에 그것도 부족하다고 판단하셨는지 아주머니를 붙이셔서 금식을 연장시켜 주신 것이다.

며칠이 지나면서 주변 사람들이 나를 칭찬하기 시작했다. 사실 친어머니도 이렇게 섬기지 못하는 나였다. 봉사하는 겉모습만 보고 내가 매우 경건한 사람인 줄로 오해한 나머지 함께 교회를 개척하자고 권유하는 사람도 있었다. 어떤 분은 사귀는 자매 없으면 당장이라도 사위 삼고 싶다고도 했다. 이런 칭찬을 듣다 보니 내게서 서서히 교만이 고개 들기 시작했다. 동시에 기쁨이 사라져 갔다. 시간이 지나면서 사랑의 열기는 식어 갔고, 의무감 때문에 마지못해 하는 봉사생활은 말할 수 없이 괴로웠다.

나는 영혼의 사랑과 기쁨을 회복시켜 달라고 다시 간절히 기도하였다. 육체의 건강을 잃었을 때보다 더 큰 상실감으로 하나님께 매달렸다.

"하나님! 왜 제게서 기쁨을 빼앗아 가셨습니까? 내 영혼을 만족하게 하옵소서."

그때, 연세가 꽤 드신 여 전도사님이 베드로전서 4장 7절에서 11절 말씀으로 내게 권면해 주셨다.

"만물의 마지막이 가까왔으니 그러므로 너희는 정신을 차리고 근신하여 기도하라. 무엇보다도 열심으로 서로 사랑할지니 사랑은 허다한 죄를 덮느니라. 서로 대접하기를 원망 없이 하고 각각 은사를 받은 대로 하나님의 각양 은혜를 맡은 선한 청지기같이 서로 봉사하라. 만일 누가 말하려면 하나님의 말씀을 하는 것같이 하고 누가 봉사하려면 하나님의 공급하시는 힘으로 하는 것같이 하라. 이는 범사에 예수 그리스도로 말미암아 하나님이 영광을 받으시게 하려 함이니 그에게 영광과 권능이 세세에 무궁토록 있느니라. 아멘."

선한 청지기로서 겸손한 마음을 계속 유지하기 위해서는 꾸준한 기도생활이 반드시 뒤따라야 한다는 것과 사랑의 마음 없이는 봉사 생활의 보람을 누릴 수 없다는 사실을 깨닫게 해 주셨다. 그리고 모든 것이 주님의 것이며, 나는 청지기로서 그분의 심부름꾼이라는 것도 깨닫게 하셨다. 무엇을 하든지 하나님의 영광을 위하여 한다는 목적을 놓치지 말라는 말씀이었다. 나 자신을 돌아보며 회개하자 다시 기쁨을 회복시켜 주셨다.

한 달 정도 지나자 아주머니도 원기를 많이 회복하셨다. 부축을 받으며 산책도 하고, 화장실 출입도 자유롭게 할 수 있게 되셨다. 나는 아주머니가 혼자서 생활하시는 데 불편이 없는 걸 확인하고 광주로 내려왔다.

혈우병 청년

광주로 내려온 나는 청년부에 소속되어 주일학교 교사로, 성가대원으로 열심히 활동했다. 마침 우리 교회에 영국 OMF의 임익선(한국명) 선교사님이 파송되어 오셔서 강해설교를 듣고 큐티 훈련도 받을 수 있었다. 형제들과 함께 매일 두 시간이 넘도록 말씀을 묵상하고 나누면서 하나님과 동행하는 즐거움을 누렸다. 그리고 학교에 나가서 후배들을 위한 성경공부 모임을 만들고, 기도로써 캠퍼스 복음화 사역을 도왔다. 그러던 어느 날, 교회 후배 중에 혈우병으로 고생하는 형제가 있다는 소식을 들었다. 그 형제는 다섯 살 때부터 상처가 나면 피가 멈추지 않아 살얼음을 걷듯 살아오고 있었는데, 최근에는 고등학교 졸업장만 간신히 받고서 방에 틀어 박혀 있다는 것이었다.

형제 집에 가 보니, 어두컴컴한 방에 혼자만의 동굴을 만들고 스스로 갇혀 있었다. 체중이 45킬로그램 정도로 무척 야윈데다가 한쪽 다리는 절고 머리카락은 귀와 눈을 덮었다. 형제는 나를 똑바로 보지 못하고 머리카락 사이로 흰자위를 보이며 곁눈질하였다. 교회에서 왔다고 하니 더욱 경계하는 눈치였다. 기도 열심히 한다는 분들이 봤더라면, 귀신을 물리쳐야 한다며 몸을 붙들고 때리면서 기도했을 것이다. 하지만 성급하게 처리하면 안 되겠다는 생각이 들어 나는 가만히 앉아 마음으로 기도하다가 그냥 나왔다. 다음 방문 때도 우두커니 앉아 형제의 얼굴만 물끄러미 바라보았다. 그랬더니 답답했는지 형제가 먼저 입을 열었다.

"형! 왔으면 무슨 말이든지 해야 할 것 아니에요?"

"그래, 뭐 해 줄까?"

"아무거나 하고 싶은 거."

"내가 좋아하는 찬송가 불러 줄까?"

"그래요."

나는 찬송가를 뒤적이며 형제의 마음을 밝혀 줄 수 있는 곡을 찾아보았다. 찬송가 406장을 마음을 다해 불러 주자 형제의 얼굴에 긴장이 풀렸다. 이때다 싶어 진지하게 하나님의 사랑에 대해 말해 주었다. 형제는 하나님이 사랑이시라면 나를 이렇게 내버려 둘 수 있느냐

면서 퉁명스럽게 대꾸했다. 나는 형제에게, 다음 만날 때까지 요한일

서 말씀을 반복해서 읽어 보라고 권하고 집을 나섰다.

일주일 후, 다시 그 형제를 찾아가니 환한 얼굴로 나를 맞아 주었

다. 형제는 내가 읽기를 부탁한 요한일서를 헤아릴 수 없을 정도로

많이 소리 내어 읽었노라고 했다. 무슨 일이 일어난 것인가? 그랬다.

성경을 읽는 중에 글씨가 사랑의 불이 되어 그의 굳은 마음을 녹인

것이다. 사도 요한이 예수님 품에 안겨서 느꼈던 사랑의 숨결이 그에

게도 찾아온 것이다.

의욕을 회복한 형제는 대학에 들어가고 싶다고 했다. 몸이 불편하

여 입시학원에 나갈 수 없는 형제를 생각해 영어 참고서를 사서 수개

월 동안 개인지도를 해 주었다. 그의 머리가 좋아서였을까? 얼마 후

엔 그의 실력이 눈에 띄게 향상되어 있었다. 형제는 밤이면 교회에

나와 철야기도도 하기 시작했다.

하지만 모든 일이 순조롭기만 한 것은 아니었다. 어느 날인가 적십

자병원 응급실에서 연락이 왔다. 형제가 폭음을 해 장출혈이 일어났

다는 것이다. 혈우병을 앓고 있는 사람에게는 치명적인 상황이었다.

병원에선 조금만 늦었으면 이 세상 사람이 아니었을 거라고 했다. 갖

은 고생 다 해서 살려 놓으니 몸을 함부로 놀려 이 지경이 되었다는

생각에 분노가 치밀었다. 그러나 링거를 꽂고 침대에 누워 사경을 헤

매고 있는 그를 마냥 미워할 수는 없었다. 나는 매일 형제를 방문하

기로 약속하였다.

하루는 찬양 연습 때문에 시간이 너무 늦어 형제를 방문하기 어려

운 처지에 놓였다. 내일 가면 되지 했지만, 혹시 형제가 밤새 나를

기다릴지도 모른다는 생각이 들어 자정이 넘었지만 병원으로 향하

였다. 장미 한 송이를 사 들고 병실 문을 살며시 열었다. 자고 있으

면 왔다갔다는 표시로 머리맡에 두고 나오려는 계획이었다. 그런데 놀랍게도, 형제는 그때까지 잠을 자지 않고 나를 기다리고 있었다. 장미를 손에 쥐어 주고 그 손을 감싸 안고 기도하였다. 내가 찾아가지 않았다면 형제는 그 밤 얼마나 고독에 몸부림쳤을까? 돌아오는 발걸음이 깃털처럼 가벼웠다. 인생의 고통을 나눌 수 있는 친구가 될 수 있다는 것은 얼마나 행복한가! 그리고 오랜 세월이 지난 후, 우연히 이 형제와 전화 통화를 하게 되었다. 그는 자신처럼 어려움에 처해 있는 사람들을 위한 기도처소를 마련하기 위해 금식기도를 하고 있었다.

복음주의 학생운동가가 되어

오산리기도원에서 돌아온 뒤로 건강이 차츰 회복되어 나는 다시 학교에 다니게 되었다. 1986년 3월은 호헌 철폐 및 이한열 열사 추모 열기가 온 나라를 뒤덮고 있을 때였다. 그러나 교회는 문을 굳게 닫고 사회문제에 눈을 감고 있었다. 특히 한국 교회의 주류인 보수교단이 사회문제에 좀처럼 반응을 보이지 않았다. 이에 대해 사회참여를 통한 신앙고백이 이루어져야 한다는 흐름이 복음주의 학생운동권을 중심으로 일어나기 시작했다. 점차로 깨어 있는 목회자들을 중심으로 민족문제에 대해 교회가 책임을 통감하고, 온건하고 합리적인 사회참여를 모색해야 한다는 공감대가 형성되었다.

나는 대학 내 기독학생 동아리와 교회의 대학부로 구성된 '기독교회 및 선교단체협의회'를 창립했다. 창립총회를 주도하고 초대실행의장직을 맡게 되어 복음주의 학생운동을 이끌어 나갔다. 전국적인 복음주의 학생운동대회에 참석하여 학생운동에 대한 나름대로의 입장을 피력하기도 했다. 이때에 믿음의 동지들을 만났고, 서로 의기투

합해서 총동아리연합회를 통한 캠퍼스 문화선교를 시도했다. 효과적인 복음전도를 위해서는 친복음적인 환경을 만들어야 한다는 생각 때문이었다. 이들과의 만남은 훗날 '요벨공동체'를 이루게 했고, '복내전인치유선교센터'의 밑거름이 되었다.

우리는 특히 캠퍼스에서 기승을 부리고 있던 통일교 등 사이비 이단에 대해 단호히 대처해 나갔다. 5·18민주화운동 기념일을 맞이해서는 왜곡된 역사를 바로 세우기 위한 금식기도회를 개최하기도 했다. 당시로서는 감옥에 들어갈 각오가 없는 한 엄두도 못 낼 일이었다. 한편 폭력과 주체사상에 물든 좌파 학생운동에 대해 기독교적인 관점으로 견제하기도 했다. 기독학생들을 결집해 최루탄과 화염병이 날아다니는 교정에서 무저항 시위를 벌이기도 했다. 당시 내 모습이 양극단의 흑백논리에 젖어 있던 이들에게는 무기력하게 보였을지도 모르지만, 나는 이념보다는 생명 그 자체가 소중하다는 신념이 있었다.

6월 민주항쟁 때는 이념과 종파를 초월해서 비상대책특별위원회에 참여, 비폭력 저항운동을 전개하기도 했다. 노태우 전 대통령의 6·29선언이 발표되던 날, 우리는 얼마나 감격했는지 모른다. 그 해 말, 직선으로 대통령을 뽑을 때는 공명선거감시단을 결성하여 감시 활동을 벌였다. 이때 금권, 관권이 동원된 부정선거라는 판단을 한 학생들은 광주의 대표 교회라 할 만한 광주중앙교회 6층을 점거하여 단식농성을 벌이기도 했다. 교회 설립 후 초유의 사건이 벌어진 것이다.

최루탄과 화염병이 난무하던 당시 현실에 비춰 볼 때 결코 쉬운 일이 아니었다. 그러나 이 모든 일에 '예수님이라면 어떻게 하실까?'를 생각하며 감당했다. 아울러 내 행동의 중심에는 "하나님이 우리의 창조주이신 동시에 심판주이시기 때문에 우리 인간 사회 어디서나 정의와 화해를 구현하시고 인간을 해방시키려는 하나님의 관심에 동참해야 한다"는 '로잔언약'이 담겨 있었다.

하늘이 붙여 주신 사람들

운명적인 만남

청년 시절, 나는 주일학교에서 고3 여학생들을 가르치고 있었다. 하루는 분반공부를 하는데, 다른 아이들보다 성숙해 보이는 자매 한 명이 앉아 있었다. 공부를 마치고 이야기를 나누어 보니, 자매는 내가 군대에 가 있는 동안 고등부 교사로 활동하다가 지금은 서울 근교에서 봉사생활을 하고 있었다. 자매는 전에 자신이 맡았던 학생들이 보고도 싶고, 현재 지도하는 선생님이 어떤 사람인지도 궁금해서 우리 교회를 방문했다고 했다. 우리의 첫 만남은 이렇게 시작되었다.

그날 이후 자매가 우리 교회에 다시 출석하면서 서로 간에 자연스러운 만남이 잦아졌다. 하루는 청년회에서 금요철야기도회를 열었는데, 두 사람씩 기도제목을 나누고 짝기도를 했다. 그런데 우연찮게 그 자매와 짝이 되어 기도제목과 성경말씀을 나누게 되었다. 자세히 기억할 수는 없지만, 어려운 사람들과 사랑의 공동체를 이루어 살고 싶다는 얘기를 나누었던 것 같다. 다른 짝들은 기도를 마치고 다들 집으로 돌아갔으나 우리는 그 시간이 짧게만 느껴졌다. 그래서 저녁에 시작된 첫 교제가 다음날 새벽까지 이어졌다.

새벽예배를 드리고 식당으로 자리를 옮겨 아침식사를 하는데, 자매의 젓가락 움직이는 솜씨가 무척이나 서툴렀다. 나는 반찬을 집어 자매의 밥그릇 위에 먹기 좋게 얹어 주었다. 그러자 자매의 눈에서 눈물이 흘러내렸다. 나는 조용히 손수건을 건넸다. 하지만 이 만남이 인생의 동반자로 평생을 함께할 운명적인 출발이 될 줄은 정말 꿈에도 몰랐다.

자매의 기억에는 어두운 사건들이 있었다. 아버지가 사람을 극도로 경계하신 탓에 학창시절 자매는 친구를 마음 놓고 집으로 데려올 수 없었다고 한다. 아버지는 친척들과의 교류도 거의 끊은 채 혼자 살아오셨다. 쌀장사와 작은 복덕방을 하면서 어렵게 모은 돈을 지나치게 절약하는 구두쇠이셨다. "최씨 호주머니에 들어간 돈은 절대로 나오는 법이 없다"는 말이 있었을 정도니까.

반면에 어머니는 천사 같은 마음씨를 가지셔서 동네 분들을 위해 아낌없이 나누는 것을 즐거움으로 여기고 사는 분이었다. 떡을 해도 동네사람들이 전부 먹을 수 있도록 푸짐하게 하셨다. 아버지는 돈을 헤프게 쓴다고 어머니를 늘 야단치셨다. 기질 차이로 인해 두 분은 끊임없이 갈등을 겪으셨고, 아버지가 술이라도 드시고 들어오신 날에는 모든 자녀에게 비상이 걸렸다. 발로 차고, 주먹으로 치고, 쫓기고 쫓는 아수라장이 벌어졌다. 어머니는 견디다 못해 한동안 절로 피신을 하기도 했다. 이런 이유로 자매는 한참 응석을 부릴 초등학교 시절에 엄마 대신 밥을 짓고 찬물로 손빨래를 하면서 우울한 시절을 보냈다.

아버지는 딸이 중학교에 진학한 뒤에는 등록금을 주지 않으셨다. 딸자식은 공부시켜 봐야 쓸 데가 없다는 이유에서였다. 초등학교는 졸업했으니 공장에 취직해서 돈이나 벌어 살림에 보태야 한다는 것이 아버지의 지론이었다. 하지만 다행히도 어머니가 아버지 몰래 빌려 온 돈으로 자매는 중학교 2학년까지 마칠 수 있었다. 감수성이 민감한 시기에 아버지의 눈치를 보며 학교에 다니기가 너무 부담스러웠던 자매는 결국 집을 떠나기로 결심했다. 학교를 중도에 그만두고 상경하여 식당을 하는 외삼촌 집에서 지냈다. 그곳에서 식당일을 거들어서 번 돈을 저축해서 꼬박꼬박 부모님께 보내 드렸으니 아버지의 소원대로 된 것이다.

스님에서 목사의 아내로

명절이면 다들 부모님이 계시는 고향으로 향했지만, 자매가 포근하게 안길 부모님은 계시지 않았다. 빈방에 혼자 있으면서 말라비틀어진 빵 조각에 눈물 적시며 허기진 배를 채워야 했다. 그럴 때마다 책을 읽는 것으로 그 허전함을 달랬다. 어릴 때부터 책 읽는 것을 좋아했기 때문에 시간 나는 대로 문학과 역사책을 읽으며 나름대로 교양을 쌓아 나갔다. 그리고 몇 년 후에는 제법 큰돈도 모으게 되었지만 공허감은 여전히 채워지지 않았다.

수녀가 되기 위해 수도원을 방문했으나 고등학교 졸업장이 없다는 이유로 퇴짜를 맞았다. 속세를 벗어나서 살면 채워질까 싶어 절을 찾아가 수행을 시작했다. 그런 다음 주지스님께 스님의 길을 가겠다는 뜻을 밝혔더니, "아가씨는 산속에 묻혀 있을 관상이 아니야. 타고난 기운이 너무 강해. 하산해서 속세에 나가 기운을 펼치고 살도록 하시오"라며 받아 주지 않았다. 그 뒤 인생을 비관하여 수면제 수십 알을 삼키고 여수 오동도 앞 바다에 몸을 던졌다. 그러나 눈을 떠 보니 병원 응급실이었다. 마침 근처를 지나던 구조대에게 발견되어 극적으로 살아난 것이다. 이후로도 죽음의 세계를 동경하면서 몇 차례 자살을 시도했지만 번번이 실패로 돌아갔다.

그러다가 우연한 기회에 전도되어 서울 장충단성결교회에 출석하게 되었다. 그러나 교회에 나간 뒤로도 마음이 편안하지는 않았다. 밤마다 꿈속에서 어둠의 세력들과 영적 전쟁을 치러야 했기 때문이다. 꿈꾸는 것이 두려워 교회에서 기도를 하면서 잠을 잘 정도였다. 하루는 여느 때처럼 교회에서 철야기도를 하고 있는데 입에서 방언이 터져 나왔다고 한다. 그리고 성령님이 강한 감동으로 역사하시는 것을 느끼게 되었다.

"사랑하는 딸아! 내가 너를 영화롭게 하리라. 다윗의 영광을 네게 주리라. 너를 복음의 나팔수로 들어 쓸 것이니라. 세계의 모든 족속에게 나의 복음을 증거할 것이니라. 나는 너를 목회자의 아내로 예비하였느니라. 기도로 준비하여라."

인생의 전환점을 이루는 역사적인 순간이었다. 교회를 나간 지 얼마 안 되어 영적인 체험을 하고 나니 당황스러웠다. 하지만 신앙의 선배들이 친동생처럼 사랑을 부어 주어서 조금씩 믿음이 성장해 나가기 시작했다. 하나님과의 교제를 위해 매일 서너 시간씩 기도생활을 하였다. 자매는 목회자의 아내가 되는 것이 두려워 배우자를 위한 기도만 매일 한 시간씩 드렸다. 내가 처음 이 이야기를 들었을 때 황당하게 생각되어 도대체 한 시간을 어떻게 채웠는지 물었다. 그 대답이 기가 막혔다.

"목사님이 되기 위해 거쳐야 할 모든 경우의 수를 생각하고 저인 망식으로 기도했지요. 남편 될 사람이 신학교 재학 중이라면 공부를 잘할 수 있게 해 주소서. 교회를 개척하고 있다면 교회가 부흥되게 하소서. 군 입대 기간이라면 몸 건강히 복무할 수 있게 하소서. 만일 나하고 결혼해야 할 형제가 다른 자매하고 사귀고 있다면 하나님의 뜻에 합당하게 깨끗이 정리하게 하소서……."

이후 목회자 사모는 섬김을 받는 자가 아니요 섬기는 자라는 생각을 한 자매는 정신질환자들이 요양하고 있는 수도원에 자청해서 들어가 정신질환으로 투병하는 할머니 한 분을 섬기며 대소변 시중을 들며 동거했다. 주방의 허드렛일도 마다하지 않았다. 그러다 검정고시를 준비하라는 성령님의 감동을 받고 중단했던 공부를 시작했다. 그리고 후일 독학으로 고등학교와 대학교 검정고시를 통과했다.

하루는 자매가 기도하던 중에 갑자기 영서(靈書)를 쓰게 되었다고 한다. 스스로 당황한 나머지 수도원장님을 찾아뵙고 자신이 쓴 영서를 보여 드렸더니, 배우자를 만날 때가 이르렀다며 믿음으로 준비하라고 하셨다. 자매는 그때부터 백일 동안 아침을 금식하며 기도를 드렸다. 그렇게 백일 금식기도를 마치고 수도원을 떠나 성령님의 인도에 따라 온 곳이 자매의 부모님이 계시는 광주였다. 고향으로 돌아온 자매는 자기를 핍박했던 부모님을 전도하여 매일 새벽예배를 드렸다. 그러던 중 옛 제자들이 보고 싶어 주일학교 분반공부 시간에 참석했다가 나를 만난 것이다.

자매는 성경공부를 가르치는 나를 보는 순간, 바로 저 사람이 자기가 기도해 온 배우자일지도 모른다는 생각을 했다. 그러면서도 오랫동안 수도원 생활을 하다가 세속에 나와 형제를 보니 흥분한 것일 수도 있다는 생각에 마음을 가라앉혔다. 그 후 교제를 하면서도 마음 한구석에 여전히 불안이 도사리고 있어 하나님의 응답을 확인하기 위해 다시 금식기도를 하였다. 이후 하나님께서는 나와의 관계를 분

명히 해 주셨다. 우리 두 사람은 만나면 만날수록 하나님의 인도하심
에 확신을 갖게 되었다.

사모의 조건

자매와 교제하고 있다는 소문이 교회에 퍼지더니 마침내 우리 부
모님께까지 알려졌다. 부모님은 우리의 교제를 결사적으로 반대하셨
다. 먼저는 삼 년 동안 깊이 사귀던 자매에 대한 책임 문제였고, 다음
으로는 자매의 낮은 학력이 문제였다. 그리고 가난한 집안 배경과 불
투명한 과거생활도 부모님 보시기에는 탐탁치 않았다.

당시 사귀던 자매에게는 지금도 할 말이 없을 정도로 미안한 마음
금할 길 없다. 그 자매와의 마지막 만남은 어느 시골 교회에서 이루
어졌다.

"이렇게 사랑하는 사람과 헤어지도록 하는 것이 하나님의 뜻인가
요?"

"사랑하기 때문에 결혼하는 것이 아닙니다. 하나님의 뜻이 있어야
결혼하는 것입니다. 지금은 우리가 하나님의 섭리를 다 깨닫지 못하
지만 순종해야 해요. 어쨌든 미안하게 됐소."

우리는 코스모스 길에서 슬픈 눈물을 흘리며 작별하였다.

한편으론 아내가 배우자를 위한 기도 중에 예상했던 일이 실제로
이루어진 것이기도 했다. 매일 한 시간을 할애하여 배우자와의 만남
을 위해 기도하면서, "만일 나하고 결혼해야 할 형제가 다른 자매와
교제하고 있으면 하나님의 뜻에 합당하게 정리할 수 있도록 해 주소
서"라고도 기도했으니 우리가 헤어지는 것은 당연한 일이었다.

사귀던 자매 일로 부모님이 반대하시는 것은 이해가 되었지만 아
내 될 사람의 학력을 놓고 왈가왈부하는 것은 도무지 납득이 안 되었

다. 사모가 되기 위해서는 반드시 대학을 졸업해야 한다는 법이 어디 있는가? 가난하고 학력이 부족한 사람은 영적인 지도자가 되지 못한단 말인가? 아내는 하나님을 경외하고 기도하는 마음으로 경건의 훈련을 쌓아 왔다. 세상에서 인정해 주는 학벌이 없다 해도 하나님께서 기뻐하시는 딸임에 분명했다. 게다가 불우청소년, 윤락여성 등 사회소외 계층에 대한 긍휼의 마음까지 가지고 있었다. 성경 어디에 예수님이 오셔서 박사·석사들하고만 교제하셨다는 기록이 있는가?

마지막으로 과거생활에 대해 신뢰할 수 없다는 것이었는데, 그 누가 자신은 정결하다고 해서 돌을 들어 남을 정죄할 자격이 있는가? 예수님은 회개하는 자의 상한 마음을 싸매어 주시고 기억지도 아니하신다고 하셨는데 왜 과거를 캐묻고 정죄하는가?

그 당시 내가 아내를 선택하면서 중요시한 단 한 가지는 그가 기도하는 사람이라는 점이었다. 아내는 어려웠던 과거의 아픔을 복음의 능력으로 치유받은 사람이었다. 그리고 늦게나마 검정고시를 치르면서 향학열을 불태우고 있었다. 무엇보다도 때 묻지 않은 순수함과 곧은 심성에서 나오는 내면의 매력이 충만했다. 학력, 재산, 경력은 하나님이 쓰고자 하시는 대로 준비시키는 것이다. 나는 세상의 조건으로 배우자를 선택하는 것이 성경의 결혼관에 어긋난다고 생각했다.

상황은 점점 더 악화되어 부모님은 물론 친척들까지도 결혼을 반대하기 시작했다. 사촌누나는 나를 만나면 뺨을 때리겠다고 별렀다. 교회에서도 마찬가지였다. 목사님으로부터 시작해서 대부분의 교우들이 반대를 했다. 나는 이 문제로 말할 수 없는 고통을 겪었다. 하지만 누구보다 더 괴로웠던 사람은 아내였다.

두 번 올린 결혼식

"박행아! 네가 금옥이를 택할래? 어미를 택할래? 둘 중에 한 명만 선택해라."

"죄송합니다, 어머니! 저는 금옥이를 택합니다."

아들과의 싸움에 지쳐 버린 어머니의 최후통첩, 그리고 그에 대한 내 답변이다. '예수님이라면 어떻게 하셨을까?'를 묻고 물어 결정한 대답이었다. 내 말을 듣고 어머니는 그 자리에서 까무러치셨다. 나는 부모님과 대부분의 교우들을 상대로 힘겨운 전쟁을 선포하고, 소신 대로 밀고 나가기로 결심했다. 갈등으로 인해 더 이상 아내를 희생시켜서는 안 된다고 생각했기 때문이다.

나는 가방 하나에 책과 옷가지들을 주섬주섬 챙겨 집을 나왔다. 그리고 20만 원에 열 달을 살 수 있는 사글세방을 얻고 간단한 부엌살림도 장만하였다. 매우 초라한 집이었지만, 그래도 두 사람을 지켜 줄 수 있는 안식처였다. 결심이 흔들리지 않도록 혼인신고도 했다. 약식으로라도 결혼식을 올려야겠다는 생각에 청년부 담당 전도사님께 주례를 부탁했다. 우리를 하나님이 맺어 준 짝이라고 격려해 주시던 유일한 분이었다.

드디어 비밀 결혼식을 올릴 날이 되었다. 광주 도청 앞에서 몇몇 친구들과 함께 주례 전도사님을 기다리는데 오시지 않았다. 초조하기 그지없었다. 비밀 결혼식에 대한 정보가 부모님과 교인들에게 흘러나가서 저지당한 것은 아닐까 걱정스러웠다. 결국 전도사님은 오시지 않았다. 당시엔 전도사님이 그렇게 원망스러울 수가 없었지만, 지금 생각해 보면 부교역자 처지가 그런 것이었다. 담임목사가 반대하는 결혼을 어떤 전도사가 용감하게 주례할 수 있겠는가?

더 이상 지체하다가는 모든 것이 무산될 것 같아 예정대로 무등산

의 혈몬산기도원으로 올라갔다. 증인들 앞에서 성경에 손을 얹고 서
약이라도 하고서 결혼생활을 시작할 생각이었다. 예배당에 도착해서
기도를 하는데 익숙한 음성의 기도 소리가 들렸다. 가만히 고개를 들
어 보니 국군통합병원교회의 정봉자 전도사님이셨다. 내가 봉와직염
으로 통합병원에 입원했을 때 신앙지도를 해 주시던, 연세가 많이 드
셨지만 젊은 군인들을 사랑하며 성령 충만한 삶을 사시던 분이었다.
나는 비밀 결혼식을 올리게 된 사연을 간단히 말씀드리고, 결혼식 주
례를 부탁드렸다. 정 전도사님은 오늘 특별한 용무도 없이 무언가에
이끌리듯이 기도원에 왔는데, 아마도 이 결혼을 축복해 주시기 위한
하나님의 계획인 것 같다며 흔쾌히 승낙해 주셨다.

전도사님의 주례로 극적인 결혼식이 거행되었다. 순서에 따라 주
례사를 듣는 순간, 아내와 나는 깜짝 놀라지 않을 수 없었다. 우리가
주 안에서 이루고자 했던 비전들이 전도사님을 통해 다시 한 번 확인
되고 있었기 때문이다. 그것은 불우한 사람들을 위해 사랑의 재활공
동체를 이루는 것이었다. 이 주례사를 통해 우리는 더욱 우리의 결혼
이 하나님께서 기뻐하시는 결혼임을 확신하게 되었다. 정 전도사님
은 결혼식 주례를 서게 되어 무척 기쁘다면서 본인의 자녀들도 이런
결혼식을 올렸더라면 하면서 아쉬워하셨다.

학생신분으로 결혼생활을 한다는 것은 경제적으로 지극히 어려운
일이었다. 나는 영어 과외 선생을 했고, 아내는 화장품 외판원을 했
다. 아내는 화장품을 팔기 위해 연고도 없는 사무실에 들어갔다가 무
참히 거절당하고 나오기 일쑤였다. 아내의 고생은 이만저만이 아니
었다. 나 역시 마찬가지였다.

하루는 아침에 학교 교정을 지나는데 심한 복통이 느껴져 그 자리
에 꼬꾸라졌다. 경제적인 어려움으로 제대로 먹지도 못하면서 생활

한 탓에 몸이 많이 쇠약해 있었던 것이다. 간신히 몸을 추슬러 강의실로 들어섰지만 현기증 때문에 강의를 들을 수가 없었다. 이 일로 학과 친구들이 불우학우를 돕는다면서 약간의 쌀과 성금을 모아 우리 집을 방문하였다. 초등학교에나 있을 법한 일이 대학에서 벌어진 것이다.

결혼을 했으니 자연스레 아기가 생겼다. 아내는 부모님들의 반대가 여전한데다가 경제적인 어려움까지 더한 형편에 아이를 낳으면 상황이 더 악화될지도 모른다는 두려움이 있었다. 아이를 인공유산하려고 병원 앞까지 갔다가 신앙 양심 때문에 되돌아왔다고 했다. 지금도 큰딸 다희를 보면 미안한 마음 감출 길이 없다. 뱃속에 있는 태아가 느꼈을 생명의 위협이 떠오르기 때문이다.

아이를 가졌다는 소식을 들은 부모님께서 한번 만나자고 연락을 하셨다. 함께 모인 자리에서 부모님은 일단 아이를 유산시키고 원점에서 다시 결혼문제를 생각해 보자고 제안하셨다. 그러나 우리는 그럴 수 없다고 말씀드리고 바로 일어섰다. 떨고 있는 아내를 달래기 위해 어깨를 꼭 껴안고 길을 걸었다. 그날, 길 건너편에서 우리를 바라보고 계시던 아버지는 '저토록 사랑하는데 무엇으로 막을 수 있을까?' 하고 생각하셨다고 한다.

얼마 후 부모님께서는 완강히 반대하던 마음이 다소 누그러지셨는지 경옥고를 보내 주셨다. 이에 우리도 인사를 드리러 본가에 들렀다. 부모님은 우리에게 친지들과 온 교우들이 축복해 주는 결혼식을 정식으로 올리자고 제안하셨다. 이미 하나님 앞에서 결혼식을 올렸는데 또 무슨 결혼식인가 싶은 생각도 들었지만 부모님이 장남에게 바라는 마지막 기대라는 생각에 동의를 했다.

두 번째 결혼식이 있던 날, 그동안 고민을 함께 나눴던 많은 친구들이 몰려왔다. 결혼을 극구 반대하던 친지들도 하객으로 찾아오셨다. 교우들도 축하한다며 꽃다발을 안겨 주었다. 아내는 그동안 참았던 눈물을 하염없이 흘렸다. 눈물에 범벅이 된 화장을 여러 번 고친 뒤에야 간신히 기념사진을 찍을 정도였다. 주례는 우리 결혼에 대해 미온적이었던 담임목사님이 하셨다.

"예수께서 대답하여 가라사대 사람을 지으신 이가 본래 저희를 남자와 여자로 만드시고 말씀하시기를 이러므로 사람이 그 부모를 떠나서 아내에게 합하여 그 둘이 한 몸이 될지니라 하신 것을 읽지 못하였느냐? 이러한즉 이제 둘이 아니요 한 몸이니 그러므로 하나님이 짝지어 주신 것을 사람이 나누지 못할지니라……"(마 19:4-6).

지금 생각하면 자식 둔 부모로서 그 정도의 기대가 왜 없겠는가 싶다. 우리 부모님의 기대는 보통의 부모님들이 가질 수 있는 그런 것들이었다. 그러나 하나님께서는 나와 아내를 주의 종으로 부르시고 당신의 방식으로 인도하셨다. 아브라함이 본토 친척 아비 집을 떠난 후에야 광야의 훈련을 받고 약속의 땅으로 갈 수 있었던 것처럼, 하나님은 나의 안주하기 쉬운 환경을 흩으시고 거룩하고 영원한 기업을 바라보며 살도록 인도하셨다.

결혼생활을 하면서 남들처럼 서로 서운한 점도 있고 위기와 갈등도 겪었지만 우리의 만남이 하나님의 섭리이심을 믿으며 지금껏 동역의 길을 걸어왔다. 아내를 예비하신 하나님께 다시금 감사드린다.

스승님, 나의 스승님

1989년 3월, 나는 총신대학교 신학대학원에 입학하게 되었다. 하나님께서는 이곳에 또다시 중요한 만남을 준비해 두고 계셨다. 지금은 독일 베를린 자유대학에서 공부하고 있는 교회 선배 김용주 목사

 사람도 살리고 교회도 살리는 전인치유목회 이야기

님과 분당두레교회를 담임하는 박철수 목사님의 추천으로 《새벽을 깨우리로다》로 알려진 두레마을의 김진홍 목사님을 만나게 된 것이다. 당시 김 목사님은 청계천의 활빈교회 개척시대를 마감하고 남양만으로 이주하여 '두레마을'이라는 공동체를 운영하고 계셨다.

김 목사님은 가난 때문에 한 많은 세월을 보내 오신 분이었다. 그래서인지 그의 선교에는 경제문제를 신앙으로 어떻게 극복할 것인지가 깊게 담겨 있었다. 그 고민의 결과로, 전 지역 주민들을 목회 대상으로 생각하여 생활협동조합을 결성하고, 경세 공동제인 두레마을을 설립하셨다. 이어서 두레유통을 통해서 자급자족 구조를 이루려고 하셨다. 하지만 경제적으로 이해타산을 맞추는 전문경영자는 아니셨다. 명분이 있는 곳에 다소 즉흥적이면서도 과감하게 투자하셨고, 결과에 대한 사후관리는 좀 엉성하셨던 것이 사실이다. 김 목사님도 자기 자신에 대해 실패하는 일에 이골이 났다고 하실 정도였으니까.

평소 개 교회의 울타리를 넘어 역사와 민족을 섬기는 대안적인 신앙운동에 관심이 깊던 나는, 김 목사님의 삶과 그의 신앙노선에 사로잡혔다. 마침 김 목사님은 한국 교회의 미래는 인재양성에 달려 있다고 생각하여 '두레장학재단'을 설립하셨다. 장학재단은 각 교단의 신학대학원생 중에서 탁월한 인재를 발굴하여 물질과 신앙적인 뒷바라지를 하는 한편, 일반 학문을 전공하는 사람들 가운데서도 복음주의 신앙이 투철한 일꾼들을 선발하여 하나님 나라를 위해 헌신할 수 있도록 도움을 주었다. 운영기금은 믿음으로 동참하는 후원자들이 마련한 것이었다. 나는 이런 귀한 비전을 가진 장학재단의 장학생으로 선발되는 기쁨을 누리게 되었다.

장학재단 초기에는 몇몇 장학생들이 남양만에 있는 김 목사님의 서재에 모여 허물없는 대화를 나누곤 했다. 주로 한국 교회의 갱신,

성경적인 민족공동체, 통일 한국에 대한 전망, 자연과 신앙의 관계 등을 주제로 토론하고 기도하였다. 서로 다른 교단을 배경으로 성장한 청년들이었기에 생각의 차이가 있었지만, 상호존중의 원칙을 지키며 일치점을 찾아나갔다. 한여름 땡볕 아래서 밭농사를 짓고 겨울에는 냄새나는 닭똥을 옮기면서 머리로 얻는 사변적인 지식이 아닌 밑바닥 체험을 통해 얻는 지혜를 체득해 나갔다.

김 목사님은 해외집회라도 나가실 때면 자주 내게 격려의 엽서를 보내 주셨다. 영성과 지성을 연마하여 한국 교회를 위해 영적 지도력을 발휘하기 바란다는 내용이었다. 또 내 아내를 위해 향수나 기념품을 준비하는 사랑도 주셨다. 김 목사님은 우리 집을 방문하실 때마다 아내를 잘 얻었다면서 우리 부부를 축복해 주셨다.

내가 신대원 원우회장에 출마했을 때도, 김 목사님은 한국 교회가 갱신되려면 신학교가 바로서야 한다며 격려해 주셨다. 경상도 청송에서 태어난 김 목사님은 나를 포함한 호남 출신 장학생들에게 유독 관심을 보이시며 오월 광주의 역사적 의의와 신앙인의 자세에 대해 강조하시곤 했다. 우리가 광주항쟁 13주년을 맞이하여 장학생들의 첫 연수지를 5·18묘역으로 정하고 광주지역 기독학생연합회와 함께 '5·18광주민중항쟁에 대한 기독청년·학생선언문'을 채택한 것도 김 목사님의 배려 덕분이었다.

졸업과 동시에 나는 장학재단에 속한 '두레연구원' 설립 실무책임자로 일해 달라는 제안을 받았다. 인재양성 프로젝트는 단지 재정적인 지원만으로는 소기의 성과를 거두기가 어려운 일이다. 연구원 설립은 전공학문을 성경적인 관점에서 조명하고 연구원들 간에 의견을 나눔으로써 신앙 사상의 깊이를 더해 갈 수 있다는 생각에서 추진하신 것이었다. 나 역시 이제까지 장학생으로서 은혜를 입었으니 후배들에게 도움을 주는 것이 마땅하다는 생각으로 장학재단 총무간사를 맡았다. 2년 단위로 장학생을 선발하기로 결정하고, 매월 두 차례씩 모여 연구논문을 발표하였다. 때론 각 분야의 석학들과 전문가들을 초빙해 특강과 토론 시간을 갖기도 했고, 견문을 넓히기 위해 중국과 백두산 탐방을 추진하기도 했다. 그리고 연구원 논문을 중심으로 계간 〈두레사상〉을 창간했다.

두레연구원이 인재를 아끼고 재정을 아낌없이 투자한다는 소문이 나면서부터 나는 사무실과 집으로 찾아오는 장학생 후보들로 인해 무척 바빠졌다. 또 기독교학문연구소 설립과 전인건강운동을 펼치기 위해 고려대의 조무성 교수님과 함께 동분서주하기도 했다. 조 교수님은 위암 수술 후에 국가의 암 정책을 깊이 연구하는 한편, 성경적인 건강이 무엇인지 연구하면서 의료인과 목회자 그리고 다양한 은사를 지닌 분들이 서로 협력할 수 있도록 섬기셨다. 나는 그와 함께 횃불회관에서 전인건강을 위한 포럼을 개최하기도 했다.

한편, 서울대 앞 관악산 언덕에 도시공동체 생활에 대한 실험을 위해 '두레학숙'이 건립되어, 나와 연구원생을 중심으로 여덟 가정이 모여 살았다. 하지만 젊고 유능한 사람들로 구성된 모임을 섬긴다는 것은 육체적으로 상당히 피곤한 일이었다. 각 개인들의 생각이 너무 분명해서 대화의 접점을 찾아가는 과정이 무척 힘들었다. 그러나 하나님 나라에 대한 순수한 열정으로 이를 극복해 갔다. 건물 4층에는 자료실이 들어섰고, 후에는 월간 〈복음과 상황〉 사무실이 합류하였다. 그야말로 눈코 뜰 새 없는 나날이었다. 일에 파묻혀 가족과 건강을 돌볼 겨를이 없었다. 그러던 중 내 몸은 서서히 망가지고 있었다.

사랑받는 세포는 암을 이긴다

어느 날 아침, 몸을 일으키려는데 몸이 천근만근 무거웠다. 한나절 쉬고 나면 피로가 풀리던 것이 며칠이 지나도록 풀리지 않고 더욱 무거워졌다. 또 잠을 제대로 이루지 못하고 신경이 예민해졌다. 급기야는 전화 통화만 해도 겨드랑이에서 식은땀이 주르륵 흘러내렸다. 예삿일이 아님을 느끼고 고려대학병원에서 정밀진단을 받아 보았다. 의사는 간염이 재발하여 간이 상당 부분 굳어 가고 있으니 절대 안정을 취하라고 신신당부했다.

나는 그 길로 휴직을 하고 병원에서 치료를 받았으나 별 차도가 없었다. 퇴원하여 자연식이요법과 정기적인 산책을 하며 지냈지만 상태는 점점 더 악화될 뿐이었다. 마침내 얼굴이 새까맣게 되었다. 주변의 모든 사람, 심지어 아내까지도 내 건강에 대해 회의적인 생각을 갖기 시작했다. 그러나 단 한 분만은 예외였다. 두레치유원을 준비하고 계시던 김영준 장로님이었다. 김진홍 목사님의 초청으로 오랜 미국 생활을 정리하시고 귀국하신 지 얼마 되지 않았던 때였다.

김 장로님이 전인치유사역을 준비하시게 된 동기는 이렇다. 김 장로님은 30여 년 전 말기 자궁암 치료를 위해 사모님을 모시고 미국을 방문한 뒤 자녀들을 유학시켜 잘되게 하는 것이 아내의 유일한 소망이라는 것을 알고서 국내의 안정된 병원 일자리를 포기하고 아예 그곳으로 이민을 가셨다. 김 장로님과 가족들은 깊은 사랑으로 사모님을 돌보았고, 사모님은 자신의 병을 잊은 채 자녀들의 학업을 뒷바라지했다. 몇 년 후 우연한 기회에 암 검사를 다시 했는데, 놀랍게도 암 세포의 흔적이 온데간데없었다. 의사로서 도저히 믿기지 않는 일을 체험한 후로 장로님은 이런 일이 어떻게 일어날 수 있었는지 지속적으로 연구하셨다.

그 결과 사랑과 믿음의 생활을 통해서 하나님께서 암을 이길 수 있도록 도우신다는 결론에 이르게 되었다. 이런 경험을 바탕으로 저술한 책이 바로 《사랑받는 세포는 암을 이긴다》이다. 이 깨달음은 곧 고국에서 병으로 신음하는 동포들에 대한 연민으로 이어졌다. 마침 김진홍 목사님의 요청도 있고 해서 17년 동안 근무한 미국 원호성 국립병원 성인병 특수클리닉 의료책임자 자리를 뒤로 하고 귀국하신 것이다. 그리고 두레치유원 설립 및 전인건강운동 확산을 위해 김 장로님을 돕도록 김 목사님께서 나를 추천하셨다.

이런 상황에서 내가 쓰러졌으니 가장 안타까워한 분은 김 장로님이셨을 것이다. 수시로 안부전화를 하고 미국에서 어렵게 구한 생약을 전해 주시기도 했다. 부족한 내게 그토록 깊은 관심과 배려를 해 주시니 몸 둘 바를 몰랐다. 그러던 어느 날, 김 장로님께서 건강 프로그램을 지도하시던 실로암요양원에 함께 가자는 제안을 하셨다.

김해공항에서 내려서 한 시간 반가량 차를 타고 양산에 있는 요양원에 도착했다. 이미 프로그램은 시작되어 10여 명의 환자들이 먼저 생활을 하고 있었다. 대부분 머리를 삭발하고 있어서 '스님들이 단체로 입소했나' 생각했는데, 알고 보니 모두 암 환자들이었다. 항암치료 후유증으로 머리카락이 빠지게 되자 아예 삭발을 한 것이었다.

나는 그곳에서 처음으로 김 장로님의 건강 강의를 듣게 되었다. 창조주 하나님께서 인체의 생리를 어떻게 주관하시는지를 최신의 다양한 자료를 준비하여 강의하셨다. 또 최첨단 의학 지식과 성경 진리를 적절하게 조화시켜 치유하시는 하나님에 대해 확신 있게 증거하셨다.

"인체는 약 60조나 되는 세포로 구성되어 있습니다. 사람이 병이 들었다는 것은 세포가 제 기능을 못 한다는 것입니다. 그러므로 건강해지려면 병든 세포를 건강한 세포로 대체시켜야 합니다. 살길은 그

길밖에 없습니다. 인체의 세포는 끊임없이 재생하는 능력이 있으므로 좋은 환경을 마련해 주면 건강한 세포가 탄생할 수 있습니다. 특히 모든 질병은 세포 속의 유전자 변이로 인해 생겼으므로 유전자의 기능을 정상적으로 돌이킬 수만 있다면 불치의 병은 없습니다. 그런데 유전자의 기능 회복은 외부 물질에 있지 않고 마음의 태도에서 결정됩니다. 생명의 최소단위인 세포의 유전자는 우연히 형성된 것이 아닙니다. 창조주 하나님께서 말씀하실 때에 원소들이 질서 있게 조화를 이루어 생명체가 된 것입니다. 질병이 들었을 때 먼저 창조주 하나님 앞에 나아가 변이된 유전자를 영성치유를 통하여 바로 세워야 합니다. 그리고 적절한 의료적인 치료를 병행해야 합니다."

장로님의 말씀을 듣고 나는 무척이나 고무되었다. 물론 같이 듣던 환자들도 그런 표정이 역력했다. 그런데 메시지를 듣던, 중풍으로 반신불수 되었던 환자의 몸이 뜨거워지면서 기적적인 회복을 보이기 시작했다. 자포자기했던 그가 강의를 듣고 희망을 갖게 된 것이다. 물리학자로서 당시 K대학 대학원장으로 계시던 그는 수년 전 고혈압으로 중풍을 맞고 반신불수가 되었다. 어떻게든 나아 보려고 수십 가지 방법을 다 동원해서 치료해 보았지만 아무 효험을 보지 못하다가 요양원으로 내려온 것이었다. 그날 이후, 하루하루 좋아지시더니 이내 걸음을 자유롭게 걷고 프로그램이 끝날 무렵엔 함께 구보를 할 정도가 되었다.

하루는 그가 내게 오더니 성경을 가르쳐 달라고 하셨다. 자기는 천주교 신자로서 성경통독을 여덟 번이나 했지만 도통 무슨 뜻인지 모르겠다고 했다. 내 몸이 회복된 것은 아니었지만 조금이나마 도움이 되리라는 생각에 창세기부터 요약해서 가르쳐 드렸다. 이 소문이 환자들에게 퍼지면서 환자 대부분이 즉석 성경 캠프에 참여하게 되었다. 나는 암 환자들에게는 이 성경공부가 복음을 듣는 마지막 기회일지도 모른다는 마음에 혼신의 힘을 다했다.

며칠 후 구약성경 마지막 책인 말라기서를 공부하는데 그가 펑펑 울기 시작했다. 영문을 몰라 당황하자 그는 자신의 이야기가 성경에 그대로 기록되어 있다고 했다. 말라기서 4장 2절 말씀, "내 이름을 경외하는 너희에게는 의로운 해가 떠올라서 치료하는 광선을 발하리니 너희가 나가서 외양간에서 나온 송아지같이 뛰리라"는 말씀에 큰 은혜를 받은 것이다. 하나님께서는 성경공부를 통해서 육체적 치료뿐 아니라 그 영혼까지 치료해 주셨다. 그는 후일 내가 요양차 잠시 머무르던 지리산까지 찾아오셔서 주변을 깜짝 놀라게 했다. 시간이 부족해서 마무리 못한 성경공부를 마저 끝내기 위해 찾아오신 것이다.

하나님과 동행하는 사람들

20여 일 동안 계속된 실로암요양프로그램을 마친 뒤 나는 지리산 산청의 건강마을을 찾아갔다. 건강마을은 환자들에게 입소문을 통해 잘 알려진 곳이었다. 시설은 보잘것없었지만, 지리산 자락의 좋은 공기를 마음껏 호흡할 수 있었다. 십여 가정 정도가 환자들을 돕기 위해 가족 단위로 헌신한, 말하자면 가정 요양원이었다. 아버지는 유기 농산물을 재배하고, 어머니는 주방에서 건강식 요리를 하고, 장성한 자녀들은 간호 및 예배인도를 맡아서 하고 있었다. 어린 자녀들은 공동체 학교에 보내져 신앙 및 일반 교육을 받고, 주말에는 산속에 들어와 부모들이 환자들을 섬길 수 있도록 도왔다. 나는 이곳에서 큰 충격을 받았다. 무엇이 저들로 하여금 문명의 이기와 편리함을 포기하고 이 산속에 머무르게 하는 것일까?

나는 매일 아침이면 산책로를 따라 산 위로 올라 다녔다. 인적이 드문 산책길이어서 풀들이 제법 자라 있었다. 그런데 어느 날 아침 산책을 하는데 길가의 풀이 말끔히 정리되어 있었다. '누구의 손길일까?' 알고 보니 산등성이에 살고 계신 노부부였다. 비록 자기 집에 머무는 손님은 아니지만 혹시 불편할까 봐 긴 산책로를 다듬어 놓은 것이다. 그리고 절구통에 갖은 야채를 넣고 손수 찧어 녹즙을 내 주시기도 했다. 전기가 없는 곳이라 녹즙기란 것도 없어 녹즙을 짜는 데만도 족히 한 시간은 걸렸다. 아브라함이 나그네를 대접하다가 부지중 하나님을 만난 것처럼 그분들은 매일 환자들과 더불어 하나님과 동행하는 삶을 살고 계셨다. 해박한 성경 지식과 건강 지식으로 내 건강을 점검해 주고 권면해 주셨던 그분들을 지금도 잊을 수가 없다.

나는 모태신앙이라는 신앙 이력을 은근히 자랑한 적이 많았다. 하지만 정작 생활 중에 하나님과 동행하는 삶을 살지 못했다. 신앙이 삶으로 녹아지지 않은 채 구호만을 남발하며 살아온 나 자신이 그렇게 부끄러울 수가 없었다. 지리산 골짜기에서 조용하지만 엄청난 영혼의 격변을 겪은 나는, 그 뒤로 마음에 사랑이 식어서 화석화되는 것을 느낄 때마다 이 말씀을 떠올리곤 한다.

"누가 이 세상 재물을 가지고 형제의 궁핍함을 보고도 도와줄 마음을 막으면 하나님의 사랑이 어찌 그 속에 거할까 보냐? 자녀들아, 우리가 말과 혀로만 사랑하지 말고 오직 행함과 진실함으로 하자"(요일 3:17-18).

이제 기도하게

지리산을 떠나 서울로 올라와 머물다가 수원에 있는 H기도원을 찾아갔다. 그곳에서 하루 세 번 예배를 드리면서 큰 은혜를 체험하였다. 예배시간 외에는 혼자서 성경을 읽고 기도를 하였다. 어느 날 우연히 고향 출신 선배 목사님 한 분이 그곳을 찾으셨다.

"이 목사, 학교 다닐 때부터 자네에게 해 주고 싶은 말이 있었네."

"선배님! 서슴지 말고 말씀해 주세요."

"난 자네가 분주한 활동을 자제하고 기도생활을 더 깊이 했으면 하네."

선배님의 권면은 내 신학교 시절을 회고하는 것으로 이어졌다.

내가 다닌 총신대 신대원은 우리나라에서 가장 큰 교단 산하에 있었다. 1,800명의 전도사들이 신학수업을 받는, 세계에서도 손꼽힐 만한 규모의 신학대학원이었다. 대개의 신학교가 그렇듯이 총신대도 교육부에서 요구하는 재단이사회와, 총회의 각 노회에서 파송된 대표들로 구성된 운영이사회로 이원화되어 있었다. 양 이사회는 학교를 보는 시각이 달라 의견 충돌이 잦았고, 서로 자기 사람을 학교 요직에 앉히려는 싸움이 심했다. 그러다 보니 자격을 갖추지 못한 사람을 비공식 절차를 통해서 임명하곤 했다. 교단과 신학교를 위해 나름대로 충정을 가지고 하는 일이었지만 합법적인 절차를 거치지 않고 밀실에서 결정되는 경우가 있었다. 정치 목사, 특정 지역 출신 목회자들이 교단에서 정치세력을 형성하여 학교에 영향력을 행사하고 있었던 것이다.

나는 교회를 갱신하기 이전에 썩은 신학교부터 바로잡아야 된다고 생각했다. 개혁적인 성향의 나는 신학생들의 전폭적인 지지로 원우회장에 선출되었다. 학내 문제로 우리는 연일 강당에 모여 비상총회를 개최했다. 마침내 모든 사태의 책임을 지고 이사장과 학장 그리고 해당 이사 및 교직원이 사퇴해야 한다는 데 의견을 모았다. 우리의 요구가 받아들여지지 않자 학생들은 수업 거부를 선언했고, 급기야는 원우회에 자퇴서를 제출하는 데에 이르렀다. 학생들은 집으로 돌아가고 집행부는 그 모든 짐을 떠안게 되었다. 그때부터 승합차를 빌려 타고 증경총회장님을 비롯하여 전국의 교단 내 중진 목사님들을 찾아가 학교 상황의 심각성을 알렸다. 우리의 집요한 설득에 힘입어 이사회에서도 학생들의 입장에 동조해 갔다. 개혁은 피할 수 없는 대세로 이어졌고, 점점 파장이 커져 일간신문 사회면에도 이 활동이 교단 개혁 사례로 소개되었다.

하지만 교회갱신이 그리 쉽게 이루어질 수 있으랴? 수구세력들의 반발도 만만치 않았다. 그들은 각 노회를 통해서 교수들에게 시위를 주동하는 '빨갱이 전도사'들을 색출하여 제적을 시키라는 압력을 넣었다. 명예훼손으로 고소를 당하는 전도사도 있었다. 개혁을 말하면서도 가장 변화를 싫어하는 곳이 바로 종교단체였다. 그러나 학생들과 일부 개혁 성향을 가진 교수님들도 순순히 물러서지 않았다.

나는 모든 학생들에게 금식을 선포한 뒤 궐기대회를 개최했다. 맨 앞자리에 앉아 시위를 이끌다가 기력이 떨어져 그만 정신을 잃고 말았다. 동료들의 등에 업혀 집으로 돌아온 나는 아내의 지극한 간호로 다음날 아침에는 기운을 차릴 수 있었다. 좀더 쉬어야 한다고 만류하는 아내를 뿌리치고 기어이 학교로 향했다. 죽으면 죽으리라! 그때의 내 심정이었다. 학생비상총회를 소집하여 대구에서 열리는 교단 총회로 가서 우리의 뜻을 관철시킬 것을 결의했다. 총회가 열리는 대구의 D교회 앞마당에 모인 학생들은 피켓과 플래카드를 들고 구호를 외치기 시작했다.

"이사장과 학장 그리고 이사와 불법 임용된 직원들은 현 사태의 책임을 지고 물러가라!"

팽팽한 긴장이 감돌았다. 문제 해결 없이는 절대 총회를 진행할 수 없음을 밝히고 교회 출입구를 봉쇄했다. 서로 간에 다소 몸싸움도 있었다.

　마침내 총회는 사태를 수습하기 위해 직속으로 전권위원회를 구성하여 위원장으로 광주 동명교회 최기채 목사님을 임명했다. 사심이 없는데다 교계의 신망을 얻고 있어 적임자라 판단했던 모양이다. 전권위원회는 사태 해결에 관한 모든 권한을 총회로부터 위임받았다. 그 후에도 계속된 협상과정에서 피 말리는 고통이 있었다. 협상이 지지부진해져 또다시 총회 회관을 점거하는 일도 있었다. 하지만 전권위원회 위원들과 협의를 거치면서 학생들의 주장을 대부분 관철시켰다. 그리고 후속 조치를 매듭짓기 위한 조정까지 무사히 마칠 수 있었다. 나는 이 일로 보수교단에서는 좀처럼 시도하기 어려운 신학교 갱신운동의 이정표를 세웠다는 평가를 받으며 원우회장 임기를 마쳤다.

　얻는 것이 있으면 잃는 것도 있는 법. 1년여 동안의 투쟁은 내 육신을 쇠약하게 했을 뿐만 아니라 마음까지도 황폐하게 하였다. 가정도 말이 아니었다. 정의를 위해 나선 일이지만 점차 내 마음에 분노와 증오가 차오르는 것을 느꼈다. 개혁운동에 동조하지 않는 학우들, 이기심과 명예욕을 '정통보수'라는 허울로 포장한 교권주의자들, 진리를 가르친다고 하면서 실천에는 무관심하고 이해타산에 몰두해 있는 교수들의 나약함에 나는 분노하고 말았다. 그들을 넉넉한 마음으로 품기에는 내 도량이 너무 좁았던 탓이다. 의에 사랑이 없으면 그 의는 무미건조하게 되고 사랑에 의가 없으면 원칙이 쉽게 부너신다는 지혜를 그때는 몰랐던 것이다. 게리 토마스는 《영성에도 색깔이 있다》에서 행동주의자들의 영성의 특징을 다음과 같이 말한 바 있다.

　"날마다 악과 불의에 맞서 대결하는 것이 행동주의자들의 천성인 만큼 그들은 초점을 잃거나 악에 오염되지 않도록 기도할 필요가 있다. 행동주의자들이 지치고 영적으로 고갈되면 악에 대한 증오가 사람에 대한 증오로 변할 수 있다. 기도하지 않는 행동주의자는 머지않아 냉담해지며, 주변의 대다수 그리스도인들을 멀리할 수 있다."

고향 선배와의 만남이 있은 후에 하루 세 차례씩 시간을 정하여 기도하기 시작했다. 아침에는 성경 묵상과 기도로 하나님의 음성을 들었고, 낮에는 산꼭대기에 올라가 부르짖었다. 너럭바위에 누워 하늘의 구름을 바라보며 기쁨이 넘치는 찬양도 목청껏 불렀다. 저녁에는 침묵의 시간을 가지면서 하나님의 임재를 경험했다. 과중한 사역 때문에 지친 영혼을 스스로 위로하며 나는 하나님이 주신 평강과 은혜를 체험했다. 분노를 삭이지 못해 쌓인 앙금을 털어 내고, 교회와 사회개혁을 말하기 전에 나 자신이 먼저 성령으로 내면의 혁명을 이루게 해 달라고 간구했다. 그리고 내 인생의 남은 시간 동안 진정으로 해야 할 일이 무엇인지 곰곰이 생각하게 되었다.

그 즈음, 나는 요시다 덴코의 《참회생활》을 읽으면서 봉사하는 삶에 대해 깊은 감명을 받았다. 그는 무소유로 살면서 봉사 요청이 있는 곳이라면 어디든지 달려갔다. 그의 책을 읽으며, 이런 삶이야말로 예수를 따르는 제자의 모습이 아닌가 하며 큰 깨달음을 얻었다.

하루는 낙엽이 바람에 떨어져 마당에서 뒹구는 것을 쓸쓸히 바라보는데, 건강도 일도 잃고 가족들과 떨어져 한치 앞도 내다볼 수 없는 나 자신이 꼭 저 낙엽 같다는 생각이 들었다. 나는 자리에서 일어나 낙엽을 쓸기 시작했다. 그러고는 기도원 직원들에게 조금이나마 도움이 될까 하는 마음에 하루에 두어 시간씩 낙엽을 쓸었다. 겨드랑이에서는 식은땀이 흘러내렸다. 기도원에 온 목사가 기도는 안 하고 웬 빗자루질인가 하는 눈총이 잠깐 있었지만 직원들은 곧 따뜻한 말로 위로하며 고마워했다. 주방 집사님은 수고했다면서 찌개를 듬뿍 떠 주셨다. 나의 봉사로 마당이 깨끗해진데다가 땀을 흘려 몸속 노폐물도 제거되고, 운동하여 소화도 잘되며, 봉사하여 마음에 기쁨이 되고, 칭찬도 듣게 되니 일석오조였다.

나는 훗날 사랑과 봉사의 섬김을 통해 영성과 정의가 서로 만나게 된다는 사실을 깨닫게 되었다. 틀린 것을 지적하고 바로잡는 것보다 더 어려운 것은 모두가 함께 지향할 수 있는 대안을 만들어 내는 것이었다. 머리로 깨달은 것을 말로 하기는 쉬우나 몸으로 실천하기는 무척 어려운 일이다. 그래서 머리에서 가슴으로 내려오는 여행이 가장 멀고 힘들다고 하지 않는가! 사회구원과 영혼구원의 양 날개를 소유한 새는 높이 그리고 멀리 날 수 있을 것이다.

"사람아, 주께서 선한 것이 무엇임을 네게 보이셨나니 여호와께서 네게 구하시는 것이 오직 공의를 행하며 인자를 사랑하며 겸손히 네 하나님과 함께 행하는 것이 아니냐"(미 6:8).

복내냐, 두레마을이냐?

장기적으로 요양할 곳을 찾고 있던 중 친구에게서 연락이 왔다. 대학 시절부터 기독학생운동을 하면서 인연을 맺은 형제였다. 나는 그 형제와 함께 우리의 활동에 관심을 갖고 계시던 나용화 목사님의 주선으로 양영태 장로님을 만나게 되었다. 당시 양 장로님은 변호사로 활동하시면서 전남 보성 복내에 상당한 임야를 가지고 계셨다. 장로님은 그 중 사십만 평을 하나님께서 원하시는 대로 드리고 싶다는 뜻을 밝혀 왔다. 장로님은 그 땅에 어린이전도협회 캠프장, 청소년생활훈련장, 목회자영성수련장, 은퇴사역자를 위한 중보기도원 등 기독교복지타운이 세워지기를 꿈꾸고 계셨다. 아울러 이 모든 사역이 공동체 영성으로 다져진 젊은 동역자들을 통해서 이루어졌으면 하는 바람도 가지고 계셨다.

소식을 들은 나는 현장 답사를 위해 아픈 몸을 이끌고 복내의 천봉산 골짜기로 내려갔다. 참나무와 소나무가 빽빽한 산이었다. 전체적으로 경사가 급한 편이었지만 군데군데 건물이 들어설 만한 편평한 곳이 눈에 띄었다. 맑은 시냇가 옆에 여장을 풀고 시원한 물로 마른 목을 축였다. 그러고 나서 감사예배를 드리며, 하나님의 계획하심을 다 알 수는 없으나 어떤 길이든지 하나님의 뜻대로 순종하겠다고 다짐했다.

답사를 마치고 서울로 올라온 나는 심각한 고민에 빠지게 되었다. 김진홍 목사님께서 우리 가족을 위해 남양만 두레마을에 방을 마련해 놓고 기다리고 계셨기 때문이다. 장차 내 건강이 회복되면 김영준 장로님을 도와 두레치유원을 개설하려는 계획도 품고 계셨다. 복내냐 남양만이냐, 결정을 내리지 못하고 있으니 괴로움은 날로 더해갔다. 그동안 신학훈련 과정에서 김 목사님께 진 빚이 많아 그 빚을 두레 가족들에게 꼭 갚아야 한다는 마음이 있었다. 게다가 치유선교를 위해 미국에서 김영준 장로님까지 귀국해 계셨으니 고민은 더욱 컸다.

고민 중에 서울 청담동에 계신 목사님 내외분이 생각났다. 내가 목사가 되기 전부터 알고 지내던 분들이었다. 두 분 다 신학 수업을 받고 있었는데, 목사님은 40일 금식기도를 여러 차례 하는 등 집중적인 영성훈련을 하고 계셨고 사모님은 강력한 영적 치유로 연약한 성도들을 세우고 계셨다. 안타까운 내 형편을 들은 목사님 내외분은 예배하며 성령님의 인도함을 받자고 제안하셨다. 우리는 함께 예배를 드리고 간절히 기도하며 하나님의 인도하심을 구하였다. 그리고 마침내, 성령님의 감동하심을 따라 나를 향한 하나님의 음성이 대언되었다.

"아들아! 너는 나의 사랑하는 아들이요, 기뻐하는 자이다. 내가 그동안 너를 얼마나 아끼고 눈동자와 같이 살펴온 줄 아느냐? 낙심하지 마라."

건강을 잃고 낙심하여 괴로워하던 나에게 들려주시는 하나님의 위로와 격려의 말씀이었다. 세상에서 쓸모없이 버려진 초라한 모습, 그 모습 그대로 받아 주시는 긍휼의 하나님을 다시 만나게 된 것이다. 하나님 아버지의 사랑의 품에 안겨 주체할 수 없이 눈물을 흘렸다. 그 전에도 그리고 지금까지도 이날처럼 눈물을 흘려 본 적이 없다. 아울러 내가 자녀들 때문에 염려하는 것을 아시고, 두 딸의 장래에 대해서도 상세히 예언해 주셨다.

"두 딸에게 이미 성령의 기름 부으심이 임했다. 세계선교를 위해 예비한 나의 그릇이니 사명을 잘 감당하도록 구별된 자로 양육하기 바란다."

그때까지 나는, 내가 죽으면 누가 내 자녀들을 책임져 줄까 싶어 마음 한구석이 늘 무거웠다. 그런데 자녀들까지도 하나님의 손 아래 있음을 알고 나니 그 마음이 기쁘고도 기뻤다.

이어서 내 진로에 대한 권면이 이어졌다.

"나 주 여호와가 말하노니 복내 천봉산 골짜기에 크고 놀라운 계획을 가지고 있다. 나는 너를 통해서 바로 그곳에서 한국 교회의 영성을 새롭게 하며, 세계선교를 위한 지도자들을 배출히며, 고통 받는 백성들을 사랑으로 돌보는 복지선교를 이룰 것이다. 이미 성경을 통해서 너에게 내 뜻을 말해 주었으나 깨닫지 못하고 있구나."

그 순간, 마침 묵상하고 있던 말씀이 뇌리를 스치고 지나갔다. 예언을 받기 며칠 전부터 에스겔서를 본문으로 경건의 시간을 갖고 있었는데 그때 읽은 말씀들이 살아 움직이기 시작했다.

"나 주 여호와가 말하노라. 내가 너희를 모든 죄악에서 정결케 하는 날에 성읍들에 사람이 거접되게 하며 황폐한 것이 건축되게 할 것인즉 전에는 지나가는 자의 눈에 황무하게 보이던 그 황무한 땅이 장차 기경이 될지라. 사람이 이르기를 이 땅이 황무하더니 이제는 에덴 동산같이 되었고 황량하고 적막하고 무너진 성읍들에 성벽과 거민이 있다 하리니 너희 사면에 남은 이방 사람이 나 여호와가 무너진 곳을 건축하며 황무한 자리에 심은 줄 알리라. 나 여호와가 말하였으니 이루리라"(겔 36:33-36).

다시 기도를 하는데 이 약속이 성취될 것이며 '예루살렘 절기의 양 떼'처럼 많은 사람들을 채움으로써 사람들이 그분을 여호와인 줄 알게 될 것이라고 말씀하셨다. 그리고 에스겔서의 마른 뼈 골짜기가 보이기 시작했다. 하나님의 권능을 덧입은 에스겔이 하나님의 명령을 좇아 대언하니 이 뼈 저 뼈가 들어맞아 서로 연락하며 뼈에 힘줄이 생기고 살이 오르며 가죽이 덮였다. 그러나 여전히 생기가 없어 죽은 상태이다. 에스겔이 "생기야, 사방에서부터 와서 이 사망을 당한 자에게 불어서 살게 하라"(겔 37:9)고 명하자, 놀라운 일이 일어났다. 마른 뼈에 생기가 들어가니 그들이 곧 살아서 일어서는데 극히 큰 군대가 되었다. 그렇다! 하나님께서는 말씀을 통해서 내가 가야 할 곳이 복내의 천봉산 골짜기임을 보여 주셨던 것이다.

천봉산은 참숯을 구웠던 흔적이 있을 뿐 정말 황무한 땅이었다. 전기, 전화, 수도 등 문명의 흔적이라곤 전혀 없었다. 이에 비해 두레마을은 하나님이 말씀하신 황무지로 보기엔 힘들었다. 하나님께서 나에게 가라고 하신 곳은 황무지 같은 골짜기였고, 그곳에서 소망 없이 죽어 가는 영혼들을 위해 말씀을 대언하고 성령의 생기를 부어서 새 생명을 얻게 하라고 하셨다.

이 일로 지식적으로만 알고 있던 성령님이 아닌, 내 삶에 구체적으로 역사하시는 성령님을 체험하였고 신앙생활에 일대 전기를 맞게 되었다. 그 뒤로 나는 성령님의 음성에 마음의 귀를 열게 되었고, 그분의 뜻이 확인되면 더 이상 나의 길을 고집하지 않게 되었다.

"내가 또 내 신(神)을 너희 속에 두어 너희로 살게 하고 내가 또 너희를 고토(故土)에 거하게 하리니 나 여호와가 이 일을 말하고 이룬 줄을 너희가 알리라. 나 여호와의 말이니라"(겔 37:14).

마음을 결정한 나는 김진홍 목사님을 뵌 뒤 두레사역을 정리하고 천봉산으로 내려가고자 하는 뜻을 말씀드렸다. 김 목사님은 흔쾌히 허락하시고 여비까지 챙겨 주며 격려해 주셨다. 그리고 얼마 후 나와 함께 복내에 내려가 현지를 둘러보시며 동행하신 양 장로님께 조용히 말씀하셨다.

"이 목사는 양 장로님이 꿈꾸는 일을 반드시 이룰 수 있을 것입니다."

홀로 걸으며 기도하며

요벨공동체

하나님의 뜻을 확인한 나는 그동안의 모든 사역을 정리하고 1995
년 3월 2일, 전남 보성군 복내면 면소재지에 월세방을 얻어 내려갔
다. 큰딸 다희가 아홉 살, 작은딸 사랑이가 여섯 살 되던 해였다. 아
직 어린 딸아이들이 낯선 환경에 적응하지 못하면 어쩌나 하는 걱정
도 했지만, 고맙게도 아이들은 이내 안정을 찾아갔다.

나는 복내 면소재지에서 천봉산 골짜기까지 매일 드나들면서 입주
할 집을 짓기 시작했다. 집터로 보아 두었던 계단식 논에는 가시나무
와 온갖 잡초들이 사람 키보다 높게 자라 있었다. 톱으로 나무를 자
르고 풀을 베어 냈다. 집이 들어설 수 있도록 여러 단의 논을 합해서
기반을 다졌다. 1킬로미터가 넘는 전깃줄을 마을에서부터 임시로 연
결해 공사를 시작했다. 산에서 흐르는 지하수를 잡아 옹달샘을 만들
어 어렵게 수도시설도 갖추었다. 마침내 조립식 주택 두 동과 예배실

겸 식당 한 동을 건축하는 데 성공했다.

그리고 3월 26일, 드디어 우리 가족은 천봉산 골짜기에 둥지를 틀었다. 이미 복내에서 합류한 김상훈 형제 가족도 함께 이사를 했다. 상훈 형제는 어느 대기업에서 기획담당 일을 하다가 먹거리생명운동에 헌신하여 유통과 무공해 식당을 운영하고 있었다. 뒤이어 나현수 형제 가족이 들어왔는데, 현수 형제는 문화선교에 관심을 둔 젊은 목사였다. 마지막으로 유몽희 형제 가족이 내려왔다. 몽희 형제는 국회의원 보좌관으로서 국회의원들 사이에서는 유능한 인재로 인정받고 있었다.

각 가정의 아이들과, 뜻을 같이한 청년까지 합해서 17명의 대식구가 설레는 마음으로 공동생활을 시작하였다. 공동체 설립에 대한 꿈을 가진 뒤 8년 만에 이룬 열매였다. 우리는 양 장로님의 협조로 느타리버섯을 재배하기 시작했다. 농사에 '농' 자도 모르는 초보들이 버섯 막에서 피어오르는 버섯 종균을 보고 환호해 댔다. 매일 적당히 자란 버섯을 다듬어 농협에 출하하고, 빈 농지를 임대하여 유기농법으로 농사를 지으며 분주하게 하루하루를 보냈다.

그리고 5월 3일, 온 식구들이 모여 공동체 설립 창립총회를 열고 공동체 이름을 '요벨공동체', 교회 이름을 '천봉산희년교회' 라고 지었다. 요벨은 레위기 25장에 나오는 '희년을 알리는 나팔' 을 뜻하는 히브리어로서 숫양의 뿔로 만든 나팔이다. 이스라엘에서는 이 숫양의 양각나팔을 신년 또는 여리고 점령과 같은 초자연적인 사건을 알릴 때 사용했다.

우리는 '요벨공동체' 안에서 몇 가지 비전을 놓고 기도하며 함께 생활하기를 약속했다. 공동체 운동, 기독교 사회문화 운동, 치유와 봉사에 대한 연구에 박차를 가하고 지역 사회와 교회와 민족, 나아가 세계를 위한 공동체가 되기를 결심했다. 그리고 이러한 연구를 토대로 장래에는 청소년훈련센터, 영성훈련센터, 전인치유센터, 그리고 불우갱생센터와 선교센터를 운영할 것을 결의했다. 공동체 삶을 통해서 기쁨과 안식이 있어 존재가 충만한 삶, 고통당하는 이웃과 더불어 사는 삶, 세속적인 세상 속에서 기독교인들이 살아갈 수 있는 대안적인 삶의 양식을 구현해 내기를 희망했다.

하지만 요벨공동체는 천봉산 골짜기에 둥지를 튼 지 반년이 지나면서 위기를 맞게 되었다. 첫째로 경제적 후원을 약속했던 분들의 형편이 여의치 않아 향후 지원 여부가 불투명하게 되었고 양 장로님에게 기증받기로 했던 임야마저 문제가 생겨 공동체의 삶의 터전 자체가 흔들렸다. 둘째로는 지체들 간에 사역의 우선순위에 대한 이견이 심각했다. 각자 자신이 하고자 하는 일에 공동체의 역량이 모아지기를 바랐던 것이다. 당시엔 서로의 차이를 인정하고 조율할 수 있을 만큼 우리의 신앙이 성숙하지 못했다. 공동체적인 이상은 있었지만 구체적인 훈련을 받지 못한 결과였다.

셋째로 영적 지도력이 분산되어 있었다. 친구 목사와 나는 각각 교회와 공동체의 대표를 맡았었다. 그러다 보니 똑같은 사안을 두고 양쪽에서 밀고 당기는 긴장감이 있었다. 반년이 지나면서 회원간의 틈새는 꽤 커져, 아이들의 작은 싸움이 어른 싸움으로 확대되는 일도 종종 생겼다. 공동체 초기에는 서로의 허물을 덮어 주던 사랑이 있었지만, 시간이 지나면서 상대방의 약점이 크게 보이기 시작했다. 그리고 마침내 한 가정씩 짐을 싸들고 복내를 떠나갔다. 처음 입주할 때에 너 나 구별 없이 살림을 합했는데 막상 갈라서려고 하니 아주 사소한 것에서부터 생활비로 인한 부채까지 갈라야 할 것이 매우 많았다.

결국 다 떠나고 아내와 나 그리고 어린 두 딸만이 복내에 남게 되었다. 동역자들이 떠나 버린 뒤에 남은 고독과 좌절의 쓴 뿌리를 무슨 말로 형언할 수 있겠는가? 나도 이곳을 떠나야 하는가 하는 번민에 밤새 씨름하였다. 나에게 건강과 돈이 있었으면 나도 이 골짜기를 떠났을지도 모른다. 주변 사람들도 내게 다른 길을 찾아보라고 안타까운 마음으로 충고했다. 배울 만큼 배웠으면 사람 많은 곳에서 목회를 해야지 이런 산골짜기에서 무슨 짓을 하고 있느냐면서 핀잔을 주는 선배 목사님도 계셨다.

공동체의 파산 원인을 아내에게 돌리는 못난 태도 때문에 아내와의 관계도 극도로 악화되었다. 친구들이 떠나 버리자 두 아이들은 외롭다며 투정을 부렸다. 그러나 성령님의 분명한 음성을 들은 나로서는 선택의 여지가 없었다.

홀로 있는 날

세월이 약이라고 했던가? 공동체 해체의 충격도 시간이 지나면서 삭혀지기 시작했다. 나는 좌절했던 마음을 추슬러 매일 산길을 홀로 걸으며 묵상하는 시간을 가졌다. 길옆의 무덤 앞에 우두커니 서서 인생의 무상함을 느껴 보기도 했다. 또 깊은 산속에 들어가 나무에 걸터앉아 하나님과 대화를 나누었다. 하나님께서 약속하셨던 것을 마음에 새기고 또 새겼나. 차츰 외로움과 마음의 쓴 뿌리는 녹아지고 대신에 성령님의 위로가 내 영혼에 가득 채워졌다.

디트리히 본회퍼가 《신도의 공동생활》에서 이미 잘 설명한 것처럼 '남과 함께 사는 하루'를 위해 '홀로 있는 날'이 필요했던 것이다. 아빌라의 테레사는 "고독 안에 확고히 서십시오. 그러면 당신은 마음속에 오신 그분을 만나게 될 것입니다"라고 말했다. 내적인 사막에서 이 세상의 무엇과도 그리고 누구와도 '함께'가 아니라 오직 '홀로'인 자기를 발견하고, 비할 데 없이 약한 자신의 모습을 바라보며 전율하는 순간은 인생의 한 분기점이 된다. 공허에 빠져 절망으로 추락하느냐, 고독의 세계로 날개 쳐 오르느냐를 결정하는 갈림길이 되는 것이다.

고독은 단순히 홀로 있음을 뜻하지 않는다. 고독은 고립과 불안도 아니다. 고독은 어떤 빈 공간이 아니라 정신과 마음의 상태이며, 하나님을 향해 절규하는 심령의 부르짖음이다. 그리하여 하나님의 현존으로만 채워지는 그릇이다. 고독은 이 세상의 어떤 것에도 잡히지 않고 하나님을 향하여 나아가는 자유이다. 고독 속에서 하나님의 현존을 체험한 사람은 헐벗고 고통당하는 이웃을 향해 나아가야 한다. 겟세마네 동산에서 홀로 피땀을 흘리며 기도하신 예수님이 용감하게 십자가를 지셨듯이, 우리도 홀로 하나님을 만난 뒤에는 자기의 십자가를 지고 역사의 현장으로 나아가야 한다.

현대인들은 고독을 두려워한다. 사람들이 모이는 곳이면 그곳이 어디든 끊임없이 이야기를 나누고, 홀로 있을 때도 텔레비전이나 신문·잡지를 보고 인터넷을 한다. 그러나 모든 일의 이치가 그렇듯이 햇빛의 이면에는 그늘도 있는 법. 현대인들은 새로운 정보를 하루라도 얻지 못하면 죽을 것 같은 정보중독 증후군에 빠져 가고 있다. 왜 우리는 이렇게 요란함 속에서 살아야 하는가? 그 뿌리에는 말참견을 하고 자기의 의견을 강요하는 명예욕과 잘난 체하는 우쭐댐이 있다. 그리고 비뚤어진 양심을 숨기기 위해 수다를 떨기도 하고, 때로는 일하기 싫은 게으름 때문에 혹은 곪아 터지려는 아픈 기억에서 벗어나기 위해 수다를 떨기도 한다. 그러나 그 근본 원인은 예수님을 떠났기 때문이다. 수다스러운 사람은 예수님과 거의 이야기를 하지 않는다.

예수님과의 교제는 우리를 내적으로 고요하게 만들고, 하나님께로 향하게 한다. 예수님이 우리 안에 충만하게 계심을 느끼게 되면, 우리는 입에서 흘러나오는 말에 신중을 기하게 된다. 말은 입에서 흘러나왔다가 그냥 허공으로 사라져 버리는 것이 아니다. 언젠가 우리는 쓸모없이 발설된 말에 대해 일일이 해명을 해야 하며, 그에 따른 심판을 받게 될 것이다(마 12:36-37).

불더미 속에서

비록 처음의 비전을 이루지 못하고 해체되긴 했지만, 천봉산에 내려와 함께 공동체를 일구었던 요벨공동체 식구들이 없었더라면 나는 치유사역자로서의 첫걸음을 내딛는 데 더 많은 시간이 필요했을지도 모른다. 또 전인치유센터를 설립하여 구체적인 사역을 전개하기까지 여러 방편으로 만나게 된 형제자매들이 없었더라면 더더욱 그랬을 것이다.

지금 생각하면 그 소중한 시간에 대한 추억도 참 많다. 처음 요벨공동체를 시작했을 때, 우리가 머문 천봉산 골짜기의 밭은 오랫동안 경작하지 않아 잡초로 무성했다. 형제들은 낫질을 하여 풀 무더기를 모아 불에 태우는 작업을 했다. 그런데 잠시 한눈을 파는 순간, 골짜기를 타고 온 바람이 불씨를 날려 불길이 산으로 번져 갔다. 물을 길어 나르고 삽으로 흙을 던졌으나 불을 잡기에는 역부족이었다. 바람은 더욱 거세게 몰아쳐 불길을 산꼭대기로 몰고 갔다. 전선줄이 여기저기 나뭇가지에 걸려 있어서 합선이라도 되면 큰일이었다. 또 바람이 옆으로 불면서 불길이 숙소로도 다가왔다. 옷을 벗어 불길을 오가면서 몸부림쳐 보았으나 속수무책이었다. 기진맥진하여 불더미 속에 지쳐 쓰러진 나는, 연기 때문에 질식할 것 같아 기침을 하면서도 엎

드려 기도했다.

"하나님! 공동생활을 하면서 형제의 허물을 용납하지 못한 저의 죄를 용서해 주십시오. 저의 죄로 인한 불이니 하늘에서 비를 내려 주셔서 이 불길을 잡아 주십시오!"

회개가 절로 터져 나왔다. 이곳에 내려온 지 얼마 안 되었을 때이지만, 나를 포함한 지체들이 사역과 생활의 우선순위를 결정하는 문제, 성령론에 대한 신학적 견해 차이 등으로 어려움을 겪고 있었기 때문이다. 기도를 마치고 비가 오나 해서 하늘을 쳐다보았다. 그러나 손바닥만한 구름 한 점 없는 쾌청한 하늘 그대로였다. 그때 산등성이 뒤편에서 웅성거리는 소리가 들렸다.

"불 잡아라!"

수십 명의 민방위 대원들이 달려오고 있었다. 등에 맨 소화기에서 품어 나온 소화액이 불길을 잡기 시작했다. 불길이 어느 정도 잡혀 갈 즈음, 책임자인 듯한 사람이 고래고래 소리를 질렀다.

"누가 산불을 냈소?"

그의 추상같은 추궁에 공동체 식구들은 얼어붙었다. 그와 동시에 서로 내가 불을 냈다며 책임을 떠맡으려고 했다. 주위를 둘러싼 사람들은 우리의 이런 모습에 자못 놀란 표정이었다.

"당신들은 요즘 텔레비전에서 하는 산불조심 캠페인도 못 봤소?"

할 말이 없었다. 텔레비전 전파도 잡히지 않았고, 신앙생활에 큰 유익이 될 것 같지 않아 위성안테나를 설치하지 않았기 때문이다. 하지만 꼭 캠페인이 아니더라도 가장 상식적인 일인데 어찌 변명이 있을 수 있겠는가? 우리는 면사무소로 불려 갔다. 마치 범죄자가 형사 앞에서 심문을 받는 심정이었다.

"댁들이 시골에 들어와서 아직 익숙지 않아 생긴 일이니 관대하게 처분하겠소. 벌금이나 징역을 면해 주는 대신 산불예방 캠페인을 하시오. 각 집마다 방문해서 산불 조심하라고 말씀드리고, 주민들이 찍어 주는 확인 도장을 받아 오시오.”

한고비 넘겼구나 싶어 저절로 안도의 한숨이 나왔다.

이사 와서 아직 입주인사도 못 드렸는데, 이런 일로 동네 어른들께 인사한다는 것이 여간 쑥스럽지가 않았다. 생각 끝에 쌀 두 말을 찧어 떡을 만들어 동네어귀에 있는 첫 집을 방문했다. 담도 대문도 없이 길옆에 있는 집이었다.

“계십니까? 골짜기 교회에서 인사드리러 왔습니다.”

문을 빠끔히 열더니 다리에 깁스를 한 아저씨가 나왔다. 술 취한 채 오토바이를 타고 가다가 교통사고를 당해 죽을 뻔했다는 그분은 간신히 목숨은 건졌지만 다리뼈가 으스러져 치료 중이었다.

“아저씨! 인사가 늦었어요. 인사 떡이니 맛있게 드세요.”

그러고는 산불을 낸 자초지종을 말씀드리고 도장을 찍어 달라고 서류를 내밀었다. 겸연쩍은 첫 만남이었다.

다음 집에 들어갔더니, 할머니 한 분이 연신 가래 끓는 기침을 하면서 맞아 주셨다. 언뜻 보아 기관지 천식이 깊어질 대로 깊어진 것 같았다. 역시 떡을 드리고 도장을 찍은 다음 총총히 발걸음을 옮겼다. 그 다음 집에는 할아버지와 할머니가 방에 누워 계셨다. 할아버지는 간밤에 마신 술 냄새가 몸에 절어 있었다. 아직 혀가 제대로 풀리지 않은 채로 내게 이것저것 물어보자 옆에 누워 있던 할머니가 굽은 허리를 겨우 세우고 앉으셨다. 훗날 안 일인데 할머니는 만취한 남편에게 구타를 당해 척추를 못 쓰게 되었다고 한다.

이들을 보면서 나는 여러 생각을 하게 되었다.

‘왜 젊은이들은 농촌을 떠나고 노인들만 남았는가? 왜 하나님이 이

런 농촌에 나를 보내시고, 그들의 모습을 보여 주시는가?'

교회갱신과 통일한국 그리고 세계선교라는 구호에 익숙해 있던 내게 이들은 낯선 사람들이었다. 그러나 시간이 지나면서 이에 대한 하나님의 음성을 듣게 되었다. 낮은 자와 늘 함께하시는 하나님을 비로소 만날 수 있도록 복을 주셨던 것이다. 사변적인 신학으로 깨달을 수 없었던 하나님을 온몸으로 체험할 수 있도록 아름다운 만남을 예비하셨던 것이다.

씨받이 며느리

우리가 거주하던 요벨공동체는 마을에서 3킬로미터 정도 떨어진 산속에 자리 잡고 있었다. 그래서 마을 주민들과 접촉할 기회가 좀처럼 없었다. 나는 더는 안 되겠다 싶어 농사일도 여쭙고 거름도 얻으면서 몇몇 동네 분들과 사귐을 가졌다. 그러던 중 일흔이 넘은 할머니 세 분이 정규적으로 주일예배에 참석하게 되었다. 그들 중에는 태어나서 교회라는 곳에 처음 발을 내디딘 분도 계셨다. 주일마다 아이들과 함께 할머니들을 모시러 마을로 내려가는 것이 내게는 큰 즐거움이었다. 동네 사람들의 반대에도 무릅쓰고 교회에 가기 위해 서둘러 동네어귀에 나와 있는 할머니들이 그저 고마울 뿐이었다. 더욱이 일주일에 한 번이라도 밥 한 공기와 된장국이지만 즐거움으로 식사교제를 할 수 있어 그저 감사했다.

세 할머니 가운데 가장 기억에 남는 할머니는 영주네 할머니이다. 마흔에 혼자된 후 오로지 외아들 하나 잘되는 것만 기대하면서 손바닥이 쩍쩍 갈라지도록 일만 해 오신 분이다. 내가 할머니를 찾아간 것은 오랫동안 신장염을 앓고 있던 외아들이 병세가 악화되어 죽은 다음이었다. 할머니 댁은 동네에서 제일 높고 가파른 산비탈에 위치해 있었는데, 바람이 조금만 세게 불면 곧 날아가 버릴 것 같았다.

생각지도 않았던 교회 사람들이 찾아오자 할머니는 당황한 표정이 역력했다. 두 손자인 일곱 살배기 영주와 다섯 살배기 영신이가 경계의 눈빛으로 우리를 바라보았다. 그리고 여기저기 찢긴 창호지 문이 삐걱대며 열리더니 아주머니 한 분이 보였다. 무표정한 얼굴, 까치집 같은 더벅머리, 때에 찌들어 축 처져 있는 옷자락. 나는 그 얼굴을 바로 쳐다볼 수가 없어 반사적으로 눈길을 피했다.

훗날 들은 이야기지만, 할머니는 외아들의 건강이 좋지 않아 결혼을 할 수 없게 되자 후손을 이을 씨받이를 구하게 되었단다. 말이 씨받이지 요즘 세상에 씨받이를 하겠다고 나설 처녀가 어디 있겠는가? 수소문 끝에 옆 동네에 사는 처녀가 있는데 조금 모자라지만 몸은 건강하니 데려갈 것이냐는 제안을 받고, 데려다가 가르치면 사람 노릇은 하지 않겠나 싶어 며느리로 받아들였는데 기대와는 달리 점점 더 자기 앞가림도 못하게 되었다. 허기진 배를 채우려고 자식들 밥까지 뺏어 먹으려는 바람에 밥상은 늘 전쟁터였다. 한술 더 떠 동네의 아무 집이라도 불쑥불쑥 들어가 밥을 달라고 떼를 써 댔다. 간혹 똥오줌을 가리지 못해 옷을 버리기도 했다. 심지어 둘째 아이 영신이를 분만할 때는 아이를 길섶에다 낳고 쓰러져 신음하고 있었다고 한다. 지나가던 사람이 없었으면 산모와 아이가 함께 죽을 뻔한 것이다.

나는 고령의 할머니, 바보 며느리, 쭈뼛거리는 아이들을 두고 돌아오면서 하나님께 나지막이 기도드렸다.

"할머니마저 돌아가시면 남은 가족들은 누가 돌보나요? 만일 가까운 가족들이 돌보지 못한다면 이 일을 공동체에서 감당할 수 있기를 원합니다. 질병과 가난에 찌든 저들에게 하나님의 위로와 평강이 함께하시기를 원합니다."

그리고 얼마 후, 할머니네 가족 전부가 교회에 나오게 되었다. 할머니는 며느리나 손자들이 교회에 피해를 주지는 않을까 싶어 안절부절못했다. 우리는 괜찮다고 했지만 할머니는 큰 소리로 호통하며 며느리와 아이들을 단속하느라 여념이 없었다. 그러나 조심하는 것은 잠깐뿐, 그들은 먹을 것과 장난감을 달라며 끊임없이 졸라 댔다.

그러던 어느 주일, 할머니와 영주는 보이지 않고 엄마와 영신이만 동네어귀에서 서성거리고 있었다. 할머니는 친척 결혼식 때문에 영주를 데리고 광주에 나가셨다고 했다. 나를 보자마자 영주 엄마는 신발을 사 달라고 애처로운 목소리로 칭얼거렸다. 나는 영주 엄마의 이야기를 흘려들은 채 먼저 교회로 데리고 왔다. 예배를 드린 후 점심을 먹는데 몸에서 어찌나 퀴퀴한 냄새가 나던지 코를 들 수가 없었다. 우리 아이들은 아예 영주 엄마 곁에는 가지도 않으려 했고, 영주 엄마가 손댄 반찬은 먹으려고도 하지 않았다.

문득 영신이 양말을 보니 지난 주에 신고 왔던, 뒤꿈치에 구멍이 난 양말 그대로였다. 흰 양말이 때에 찌들어 검정 양말로 보였다. 오늘은 읍내 목욕탕에 데리고 가서 묵은 때를 벗겨 주어야겠다는 생각이 들었다. 목욕하러 가자는 말에 영주 엄마가 더 좋아하였다. 하지만 한 가지 걱정이 생겼다. 영신이는 나랑 같이 남탕에 가면 되지만 영주 엄마는 어떻게 해야 할지 난감했다. 공동체에 자매들도 있었지만, 당시로서는 아직 영주 엄마를 씻겨 줄 마음의 준비가 되어 있지 않았다.

상의한 끝에 공동체에 목욕 시설이 갖춰지면 영주 엄마는 씻겨 드리기로 하고 영신이만 데리고 가서 거사를 치르기로 결정하였다. 그러나 영주 엄마는 자기도 목욕을 해야 한다면서 막무가내로 떼를 부렸다. 집 앞까지 데려다 주었는데도 같이 목욕을 가겠다고 졸라 댔다. 가족탕이라도 있으면 몰라도 영주 엄마를 데리고 남탕에 갈 수는 없는 노릇이라 영신이만 데리고 목욕탕으로 들어갔다. 목욕탕에 들어온 영신이는 모든 것이 생소한 듯 쭈뼛거리며 눈을 어디다 둘지 몰랐다. 나는 영신이의 묵은 때를 정성껏 밀어 주었다. 사실 내 몸조차 추스르기 어려운 허약한 상태였지만, 어찌 자신의 희생 없이 남에게 사랑을 나눌 수 있겠는가?

그런데 며칠이 지나 믿지 못할 소문이 들려왔다. 영주 엄마가 교통사고로 죽었다는 것이다. 자세한 이야기를 듣고 난 후 나는 둔기로 얻어맞은 것 같은 심한 충격을 받았다. 내가 영신이만 목욕을 데리고 갔던 그 시간, 영주 엄마는 집을 나와 배가 고프다면서 이 집 저 집 구걸을 하며 돌아다녔다고 한다. 그러나 따뜻한 밥 한술 먹여 주는 사람이 없었다. 저녁 늦게까지 구걸하다가 집에 돌아온 영주 엄마는 어두컴컴한 새벽녘에 다시 밥을 얻으러 나갔다. 마을을 돌아다녔지만 소득이 없자 오빠가 살고 있는 동네로 발길을 돌렸는데, 그만 대형 트럭에 치여 변을 당한 것이었다. 영주 엄마의 시신은 갈가리 짓이겨져 유가족들에게도 보여 주지 않을 정도였다고 한다.

한 주 내내 영주 엄마의 죽음이 내 뇌리를 맴돌았다. 주일예배를 드리는데 영주 엄마가 앉아 있던 그 자리가 유난히 휑하게 느껴졌다. 찬송 소리에 맞춰 "워- 워-" 하던 괴성도 더 이상 들리지 않았다. 성경을 읽을 때면 성경을 거꾸로 펴 놓은 채 듣고 있던 영주 엄마는 더 이상 우리 곁에 없었다. 나는 침울한 마음으로 설교를 시작하였다.

"태어나서부터 사람대접 한 번 받지 못한 영주 엄마였습니다. 하지만 하나님은 영주 엄마를 사랑하셨습니다. 그래서 그를 얼마 전부터 교회로 부르셨습니다. 영주 엄마는 자신을 향한 하나님의 계획과 사랑을 찬양하기 시작했습니다. 비록 더듬거리며 부르는 노래였으나 하나님께서는 그의 찬양을 오랫동안 기다리고 계셨습니다. 하나님은 그의 영혼의 노래를 받으셨고, 당신 가까이 머물게 하려고 하늘나라로 데리고 가셨습니다. 그러나 제 마음을 무겁게 하는 것이 있습니다. 그것은 몸이라도 깨끗하게 씻겨서 신랑 되신 예수님께 보내 드릴 걸 하는 것입니다. 깨끗한 신부로 단장해서 결혼을 시키는 것이 마땅할진대 그렇게 하지 못했습니다. 사랑할 수 있는 기회가 언제나 있을 줄 알고 나태하게 행동했던 모습이 부끄럽습니다. 지금쯤 예수님은 세상에서 받은 천시와 학대로 인해 멍든 그녀의 얼굴을 친히 어루만지며 목욕시키고, 혼인잔치의 정결한 예복을 입히고 계실 것입니다. 하나님께서는 영주 엄마를 하늘나라로 데리고 가셨으나 머지않아 우리의 도움이 필요한 자들을 또 보내실 것입니다. 자! 이제부터는 우리에게 보내 주신 작은 자 사랑하기를 내일로 미루지 맙시다."

하염없이 눈물이 흘렀다. 다른 가족들도 여기저기서 손수건을 꺼내 눈물을 훔쳤다. 사랑이 메마른 우리의 무관심에 대한 자책의 눈물이었다. 우리가 아무리 많은 눈물을 흘린다 해도 영주 엄마가 겪은 그 서러움을 대신할 수 있겠는가? 동네 사람들은 하늘나라에 가서라도 행복하게 살기를 바라면서 몇 달 전에 죽은 영주 아빠와 합장하여 묻었다.

그 후로 영주 할머니는 영주와 영신이의 손목을 꼭 잡고서 교회를 나왔다. 남편과 아들 그리고 며느리의 주검을 가슴에 묻어서 무거운 듯 반 꼽추 등을 한 채로 말이다. 영주 할머니 역시 머지않아 본향에 도착하면 인생의 무거운 짐을 내려놓고 먼저 간 아들과 며느리를 만나게 될 것이다.

간염 특효약

꽃샘추위가 지나가고 봄기운이 완연해지자 겨우내 숨죽였던 봄나

 사람도 살리고 교회도 살리는 전인치유목회 이야기

물들이 뾰족이 고개를 내밀었다. 봄철이 되면 농부들은 더욱 분주해진다. 우리 공동체 식구들도 겨우내 묵었던 밭에서 돌을 골라내고, 쌀겨로 된 거름을 구해다가 이곳저곳에 흩뿌렸다.

"어이, 이 목사!"

한참 거름주기 작업을 하고 있는데 저편에서 한 형제가 소리를 지르며 달려왔다. 무슨 일인가 싶어 고개를 들어 보니, 그의 손가락에서 뭔가가 꿈틀거리고 있었다.

"이 목사! 굼벵이 나왔어. 간에 좋다는데!"

간염을 앓고 있는 내게 무슨 특효약이라도 되는 것처럼 히죽히죽 웃으며 굼벵이를 내밀었다. 굼벵이도 기는 재주가 있다더니, 손바닥 위에서 정말 꾸물꾸물 잘도 기어 다녔다. 일하다 말고 달려온 그의 성의가 고마워서라도 굼벵이를 먹지 않을 수 없었다. 시냇가로 내려가서 몸통에 묻은 거름기를 씻어 내고는, 눈을 질끈 감고 굼벵이를 입 안에 털어 넣었다. 어금니 사이에서 으드득 씹힌 굼벵이의 몸이 터지면서 체액이 입 안에 퍼졌다. 노릿하고 역겨운 냄새가 콧속까지 진동했지만, 형제가 보는 앞에서 꾸역꾸역 삼켜 냈다. 굼벵이를 볶아 가루를 내어 먹어 본 일은 있지만 날것으로 먹기는 처음이었다. 시냇물로 입안을 헹구고 있는데 저만치에서 장난스러운 고함소리가 들려왔다.

"이 목사! 굼벵이가 또 나왔네."

그리고 얼마 후, 내가 지도하던 누가회 학생 몇 명이 바쁜 일손을 덜어 주기 위해 복내로 내려왔다. 그들은 굼벵이 찾아드리려고 왔다며 장난을 치고 논으로 달려가더니, 거름더미를 삼지창으로 휙휙 떠내어 손수레로 실어 날랐다. 작업 중에 발견된 굼벵이가 여덟 마리나 되었다. 시냇가 다리 밑 그늘진 곳에 자리를 잡고 앉아 한 마리씩 입에 넣으니 처음처럼 역겹지는 않았다.

"맛이 어떠세요?"

학생들은 자기들이 내민 굼벵이를 씹어 먹는 나를 마치 식인종 보듯 바라보았다.

"너도 한번 먹어 볼래?"

굼벵이 한 마리를 내밀자 학생들은 기겁을 하며 소리를 질렀다.

"그걸 어떻게 맨 정신으로 먹어요?"

"입으로 들어가는 것이 더러운 것이 아니고, 사람의 마음에서 나오는 것이 더럽다고 하지 않니?"

복 안에 있는 마을, 복내(福內)

큰 뜻을 품고 모인 공동체가 유명무실화되고 해체되기까지, 그리고 전인치유선교센터를 건립하여 전인치유사역자로 서기까지 나를 지탱케 했던 것은 치유가 필요한 형제자매들이었다. 사실 이들은 나를 만남으로써 본인들이 평상(平常)의 삶을 살게 되었다고 생각하지만, 정작 이들을 만남으로써 내가 치유를 받았다. 여기에 소개한 여러 분들은 내가 아픔과 고독의 자리에 있을 때 만난 사람들이다. 이들은 내가 힘을 얻어 치유사역을 할 수 있도록 큰 용기를 주었다.

골방에 갇힌 영혼

왜 저를 만나려고 하나요?

"저희 부부에게는 스물한 살짜리 아들이 있습니다. 중학교 때부터 정신적인 고통을 앓다가 결국 고등학교를 중퇴하고 3년째 집에 틀어

박혀 있습니다. 지금은 가족들까지 멀리하며 밥상을 같이하지 않습니다. 손님이 방문할 때면 벽장에 숨어 들어가서 나오지 않으니 외부 사람이 마음대로 출입도 못 합니다. 자식 한 명 때문에 가족 전부가 감옥 아닌 감옥생활을 하고 있습니다. 우리 아들 좀 살려 주십시오, 목사님!"

어느 날 아들 때문에 심히 고통 중에 있던 중년 부부가 안타까운 사연을 털어놓았다. 남편은 원예조합장을 지내는 등 적극적인 사회 활동을 하는 유력인사였다. 그 아내 역시 교회에서 열심 있는 집사로 소문난 분이었다. 나 자신도 썩 건강이 좋은 편은 아니었지만, 사정이 딱해 한번 방문하겠다고 약속을 했다. 그리고 광주에 있는 그 집을 방문하여 함께 예배를 드리고 부부를 위로하였다.

예상했던 대로 형제는 자기 방에 틀어박힌 채 나와 보지도 않았다. 부모들은 형제 방을 들락거리며 나를 한번 만나 보라고 설득했다. 어렵게 형제의 동의를 얻어 형제의 방에 들어갔다. 햇빛을 오랫동안 쬐지 않아 얼굴색이 누렇게 떠 있었고 표정은 굳어 석고상 같았다. 몇 마디 말을 걸었으나 묵묵부답이었다. 그냥 일어서기가 뭐해 기도해 주고 싶다고 제안했더니 형제가 고개를 끄덕였다. 나는 형제의 손을 붙잡고 간절한 마음으로 기도드렸다.

"하나님 아버지, 아버지의 아들이 이 골방에 갇혀 있습니다. 이 영혼을 불쌍히 여기시어 햇빛 아래에 다시 설 수 있도록 해 주십시오. 마음의 고통을 보혈의 능력으로 감싸 안아 치료해 주십시오. 앞으로 살아가야 할 날이 많이 남아 있는 형제에게 다시 한 번 기회를 주십시오. 그래서 가족들의 기쁨을 회복하시고, 하나님의 사랑을 온 땅에 전파하는 종이 되게 하소서. 예수님의 이름으로 기도드립니다. 아멘."

기도가 끝난 뒤, 형제에게 조용히 물었다.

"형제, 나하고 정기적으로 만나 주지 않을래?"

"목사님! 왜 저를 만나려고 하시죠?"

한동안 고개를 숙이고 있던 형제가 처음으로 입을 열었다. 도저히 열릴 것 같지 않던 입술에서 나온 이 질문은 오히려 나를 당황케 했다. 나의 한마디 대답이 형제의 운명을 좌우할 것이라는 예감이 들었다. 나는 반사적으로 지혜의 답변을 달라고 성령님께 기도했다. 그때 두 가지 생각이 섬광처럼 스치고 지나갔다.

"그야 형제가 잘되기를 바라서지. 그리고 또 하나, 형제를 도우면 나도 살아날 것 같은 생각이 들었어."

내 답변을 들은 형제는 골똘히 생각하더니 고개를 끄덕였다. 기적 같은 일이 일어난 것이다. 난생 처음 본 이방인에게 닫힌 마음을 열어 보이니, 부모들은 까무러칠 정도로 좋아했다. 훗날 형제는 "만약 목사님이 다른 정신과 의사들이나 기도원 원장들처럼 나를 일방적으로 도우려고 했다면 마음을 안 열었을 거예요"라고 고백했다.

내가 베푸는 자라는 태도로 형제에게 도움을 주려 했다면, 그 형제는 더욱 초라해져 나를 거부했을 것이다. 하지만 나도 건강이 좋지 않았기 때문에 더욱 진실한 마음으로 그에게 다가갔던 것 같다. 그러나 분명한 것은 사도 요한이 쓴 다음의 편지를 성령님께서 때마침 상기시켜 주셨다는 점이다.

"우리가 형제를 사랑함으로 사망에서 옮겨 생명으로 들어간 줄을 알거니와 사랑치 아니하는 자는 사망에 거하느니라"(요일 3:14).

한 줄기 희망

그 약속 이후, 매주 월요일 오후 3시가 되면 어김없이 형제를 찾아갔다. 몇 주를 다녔지만 형제의 표정에는 아무런 변화가 없었다. 종교에 대한 거부감 때문에 예배나 기도를 드리자는 말은 꺼내기조차 어려웠다. 내가 가서 할 수 있는 일이라곤 우두커니 앉아 두어 시간 정도 같이 있다가 일어서는 것이었다. 몇 주 뒤부터는 내가 살아온 길을 코믹하게 각색해서 들려주었다. 처음에는 듣는 둥 마는 둥 했지만, 언제부터인가 내 이야기에 흥미를 보이기 시작했다. 몸을 기울여 관심을 보이기도 하고, 간혹 재미있는 대목에선 입술을 실룩거리며 어색한 웃음을 짓기도 했다. 나는 형제가 부지중에 웃는 작은 미소에 주목했다. 아직도 마음의 신경이 다 끊어지지 않았다는 한줄기 희망이었기 때문이다.

지속적으로 형제를 만나는 일이 쉽지는 않았다. 오전 내내 농사일을 하다가 흙먼지만 털고 버스에 타기 일쑤였다. 형제 집에 도착하면 먼저 부모님을 위한 가정예배를 드렸다. 자녀의 상처는 대개의 경우 부모와의 관계에서 비롯되기 때문에 부모를 비롯한 가족들 모두가 치료 대상이 되어야 한다. 서로가 가해자이면서 동시에 피해자이다. 나는 형제를 잠시 만나고 돌아오지만 가족들은 그와 계속 같이 있어야 했다.

형제는 늘 방 안에서만 지냈다. 그는 겸연쩍지만 싫지는 않은 표정으로 나를 맞이해 주었다. 나는 형제의 등을 쓰다듬던 손을 멈추고 조용히 마음속으로 치유를 위한 기도를 드렸다. 어느 날은 피로가 쌓여 나도 모르는 사이에 꾸벅꾸벅 졸기도 했다. 나중에는 양해를 구하고 형제가 누워 있던 침대에 그냥 드러누웠다. 그러면 형제는 의자에 앉아 내 이야기를 들어 주었다.

하루는 너무 피곤한 나머지 혀끝이 풀어져 발음이 제대로 되지 않았다. 그리고 꿈속과 현실의 경계를 오가다가 그만 잠이 들고 말았다. 그날부터 형제는 내 사랑을 조금씩 받아들였다. 내가 말하는 대신 형제가 한 주 동안 재미있게 읽은 책이나 텔레비전 본 이야기를 들려주었다. 졸지에 환자와 상담자가 바뀌는 희귀한 상황이 벌어진 것이다.

형제 집을 방문한 지 두어 달이 지난 어느 날, 형제는 내게 공책 한 권을 내밀었다. 궁금한 마음으로 공책을 펴 보니 자신의 생활과 고민이 적힌 일기장이었다. 이건 대단히 놀라운 일이었다. 자기만의 비밀을 타인에게 공개한다는 것은 대단한 용기가 필요하다. 그러니 우울증으로 무기력하게 살아온 형제에게는 기적과도 같은 일이었다.

형제는 그동안 여러 치유사역자들을 만나 보았고 귀에 못이 박히도록 이런 말을 들어 왔다.

"너는 왜 하나님께 기도하지 않느냐? 말씀을 열심히 읽고 찬송을 열심히 부르면 치료될 텐데……."

"너의 죄 때문에 고통을 당하고 있는 것이다. 죄를 회개하면 치료받을 수 있는데 왜 마음을 열지 않느냐?"

이런 말을 들을 때마다 형제는 더욱 좌절에 빠졌다. 마음의 기능이 상실된 그에게 정상 수준의 요구를 해 왔기 때문이다. 영적 치유 현장을 돌아보면, 마음의 상처를 감안하지 않고 일방적으로 밀어붙이는 일이 얼마나 많은지 모른다. 기력이 소진된 말기 암 환자에게 걷는 것이 건강에 좋다고 무리하게 운동 처방을 내리게 되면 어떤 결과가 나오겠는가? 환자의 마음의 형편을 깊이 헤아리지 못해 오히려 상처를 덧나게 하는 경우가 얼마나 많은가?

나는 형제가 보라고 준 일기장을 품에 안고 집으로 돌아와 몇 번이고 정독했다. 일기장은 이제까지 빗장을 굳게 걸어 두었던 형제의 마음 문이 열리고 있다는 증거였다. 다음 주에 형제를 만나 고맙다는 말과 함께 일기장을 건네주었더니 다른 공책 한 권을 또 쥐어 주었다. 자세히 보니 구약의 욥기서를 직접 필사한 것이었다. 마지막 부분에는 욥의 고난과 자신을 비교하는 소감이 쓰여 있었다.

공책을 한 장 한 장 넘기면서 나도 모르게 눈물이 흘렀다. 나 역시 지난날 질병의 고통 때문에 휴학과 휴직을 반복하는 동안 잠 못 이루고 새벽까지 눈물 흘리며 읽었던 욥기서가 아닌가? 형제의 좌절과 고독의 쓰라린 마음이 내 마음에 그대로 전이되었다. 재산과 가족 그리고 건강까지도 잃어버린 고난의 사람 욥의 푸념에 나 역시 공감했었다.

"내가 앞으로 가도 그가 아니 계시고 뒤로 가도 보이지 아니하며 그가 왼편에서 일하시나 내가 만날 수 없고 그가 오른편으로 돌이키시나 뵈올 수 없구나"(욥 23:8-9).

하지만 하나님은 내가 가야 할 길을 나보다 더 잘 아시는 분이었다.

"나의 가는 길을 오직 그가 아시나니 그가 나를 단련하신 후에는 내가 정금같이 나오리라"(욥 23:10).

사랑이 빛이 되어

하루는 형제의 머리에 손을 얹고 기도하는데 부스럭거리는 소리가 들렸다. 다음 주에 만나서 기도를 하는데 또 부스럭거리는 소리가 났다. 내 침이 튀어서 그런 건 아닌지 해서 미안한 마음에 살짝 눈을 떠 보니 놀랍게도 형제는 눈물을 훔치고 있었다.

얼마가 지나면서 형제를 혼자서 돕는 것보다 팀 사역을 하는 것이 효과적이겠다는 생각이 들었다. 나 혼자 형제를 돕는 일이 힘에 버거웠기 때문이다. 이런저런 고민을 하며 복내로 내려오는데 어느 목사님 내외분이 떠올랐다. 형제를 위해 기도해 주실 것을 부탁하자 흔쾌히 서울에서 먼 길을 내려오셨다. 형제의 가족들과 함께 예배를 드리고, 치유를 위한 기도를 드렸다. 목사님을 통해서 들려주시는 성령님의 음성을 우리 모두가 듣게 되었다.

형제는 부모님이 농장 일로 늘 바쁘게 살아가는 탓에 따뜻한 사랑을 충분히 받지 못하고 자랐다. 특히 형제의 마음속에는 깊은 쓴 뿌리가 있었다. 세 살 때였다고 한다. 목욕을 시키는데 아이가 자꾸 도망치려고 하자 엄마가 아이의 뺨을 때린 것이다. 형제는 이날 큰 충격을 받았다. 에릭슨의 심리학 이론에 따르면, 세 살 때는 수치감이 형성되는 시기라고 한다. 그런데 바로 그 시기에 뺨을 맞았으니 그 충격이 어떠했겠는가? 어른이나 아이나 할 것 없이 스킨십이 가장 잘 이루어지는 곳이 뺨이다. 우리에게는 익숙지 않지만 반가운 사람끼리 만나면 볼에다 사랑의 표시로 입맞춤을 하는 사람들도 있지 않은가? 반대로 수치와 모멸감을 가장 크게 느끼는 곳이기도 하다.

형제는 무조건적인 부모의 사랑으로 긍정적인 자존감이 형성되어야 할 어린 나이에 뺨을 맞고 무참하게 자아상이 깨진 것이다. 성장기에도 어머니와의 불편한 관계로 불만과 분노가 쌓이게 되었다. 그리고 청소년이 되면서 자아정체감이 형성되자 어머니에 대한 적개심으로 가득 차게 되었다. 청소를 해 주려고 노크 없이 방문을 여는 엄마를 보고 '나를 인격적으로 대해 주지 않고 업신여기는구나'라고 생각했다. 미움과 적개심이 쌓이다 보니 사소한 일에도 예민한 반응을 보였다. 시간이 지나갈수록 마음은 병이 들었다.

형제는 우리가 보는 앞에서 흐느끼기 시작했다. 눈물샘이 터져 버린 것 같았다. 그렇게도 많은 눈물이 어디에 고여 있었단 말인가? 사랑의 근본이신 하나님을 만남으로써 잃어버렸던 눈물의 언어를 회복했다. 그것은 억압된 영혼이 사랑의 빛으로 인해 광명한 세상으로 나오기 시작했음을 의미했다.

어릴 때의 충격으로 더는 자라지 않았던 성인아이가 비로소 깨어나기 시작했다. 그 후 형제는 어머니와 한 이불을 덮고 삼일 밤을 하얗게 지새우며 가슴에 묻어 둔 이야기를 쏟아 냈다. 어머니는 인내심을 가지고 형제의 아픈 상처를 다 받아 주었다. 20년 만에 아들과 마음을 열고 대화하는 어머니의 심정이 어떠했겠는가? 아들하고 밥상도 같이 못 해서 안타까워 눈물 흘린 적이 어디 한두 번이었겠는가? 사흘 밤이 아니라 3개월이라도 아들의 엉덩이를 쓰다듬으며 응석을 받아 줄 수 있었을 것이다.

목숨을 건 중보 금식

상태가 호전되어 형제는 나와 함께 복내로 내려오게 되었다. 낮에는 논밭에 나가서 일하고, 저녁에는 예배당에서 합심으로 기도하는 생활이 이어졌다. 햇빛 아래서 대화를 나누며 논밭 일을 하면서 점차 밝은 모습을 찾아갔다.

그러나 형제는 어느새 침체에 빠져들고 있었다. 가족을 떠나 혼자서만 지내다 보니 공동체 생활에 쉽게 적응하지 못했다. 형제는 다시 광주로 돌아가겠다면서, 만약 집으로 안 보내 주면 자살을 하든지 어디로 떠나버리든지 하겠다고 반 협박을 했다. 억장이 무너지는 듯했다. 할 수 없이 부모님께 전화를 드려 형제를 데리고 가도록 부탁했다. 부모님은 죄송하다는 말을 남기고 형제와 함께 떠났다. 몸도 마음도 착 가라앉고 낙담이 몰려왔다.

"도대체 어쩌다 저런 친구를 만나게 했습니까? 제가 어디까지 돌보아야 합니까? 이제까지 저는 아내와 두 딸보다 그 형제를 더 사랑했습니다. 책이나 신문을 읽을 때도 형제에게 도움이 될 만한 글만 보였습니다. 성경을 읽을 때도 형제는 내 머릿속에 늘 머물러 있었습니다. 1년 2개월 동안 그 형제를 돕는 것 이외에는 아무것도 할 수 없었습니다. 그런데 지금 제 모습은 너무나 초라합니다. 저더러 더 이상 어떻게 하라는 말입니까? 저는 오늘 이후로 형제에 대해 책임을 지지 않겠습니다."

그러나 이런 선언은 오래가지 못했다. 애초에 지키지도 못할 화풀이였다. 사랑의 중독증이라고나 할까? 형제를 위한 삼일 금식을 결심했다. 간이 좋지 않은 사람에게 가장 해로운 일이 끼니를 거르는 것이지만, 형제를 대신해서 내 육체를 죽인다면 그에게 생명이 역사하지는 않을까 하는 마음이 들어 강행했다. 워낙 기운이 없던 터라 하루를 넘기면서 기진맥진했다.

금식 둘째 날은 평소 형제를 찾아가던 날이었다. 그날을 그냥 넘기면 형제 스스로 내 관심 밖에서 아주 벗어났다는 절망감을 느낄지도 모른다는 생각이 들었다. 내 상태가 어떻든 꼭 그를 만나러 가야 했으나 도무지 기력이 없었다. 그런데 마침 형제의 아버지가 나를 데리러 오신 게 아닌가? 차에 올라타 힘없이 의자에 기댄 채 눈을 게슴츠레 떴다. 길옆에 늘어선 간판들이 가까이 왔다가 멀어지곤 했다.

형제 집에 도착하여 방문을 노크했다. 다행히도 문을 열어 주어 들어갈 수는 있었지만, 마음은 여전히 닫고 있었다. 한참 동안 침묵으로 있다가 이사야서 58장 6절 말씀을 펴 들고 권면했다.

"나의 기뻐하는 금식은 흉악의 결박을 풀어 주며 멍에의 줄을 끌러 주며 압제 당하는 자를 자유케 하며 모든 멍에를 꺾는 것이 아니겠느냐?"

금식 첫날 읽은 말씀이었다. 나는 형제의 가슴에도 불같은 성령의 역사가 임하리라는 확신을 갖고, 다시 한 번 시작해 보자고 형제에게 애원하였다.

"하나님은 계시지 않아요! 만약 계신다면 내가 이 모양으로 살도록 버려두시지 않았을 거예요!"

형제는 퉁명스럽게 대꾸했다.

"형제! 하나님은 사랑으로 우리와 함께하셔. 나도 자신밖에 모르는 이기주의자였어. 하지만 하나님의 사랑을 깨닫고 보니 남을 위해서 살아야겠다는 생각이 들었어. 사실 형제를 위해 금식하는 것도 내 힘으로 할 수 있는 게 아냐. 하나님께서 사랑의 힘을 주셔서 할 수 있는 거야."

묵묵부답. 답답한 시간이 흘렀다. 한 시간 정도 끈덕지게 설득한 끝에 다시 복내로 가기로 약속을 받았다. 그리고 며칠 뒤, 형제와 함께 복내로 가는데 길을 비추는 달빛이 얼마나 밝은지 조명등을 꺼도 될 정도였다. 이사야서 30장 26절 말씀이 눈앞에 그대로 이루어진 듯했다.

"여호와께서 그 백성의 상처를 싸매시며 그들의 맞은 자리를 고치시는 날에는 달빛은 햇빛 같겠고 햇빛은 칠 배가 되어 일곱 날의 빛과 같으리라."

끊어진 관계 다시 잇기

얼마가 지나서 나는 형제와 함께 전주에서 열리는 치유세미나에 참석했다. 형제는 두어 번 집회를 참석하더니 도무지 자신은 하나님의 은혜를 받을 수 없다면서 포기했다. 아버지를 졸라 외출을 해서 통닭을 먹고 들어오는 등 제멋대로였다. 아무리 설득해도 강의실에 들어가지 않겠다며 차에 들어앉아 꼼짝을 하지 않았다. 형제의 신발을 땅에 내려놓고 무릎을 꿇고는 한 발자국만이라도 내딛어 보라고

통사정을 했다. 하지만 요지부동이었다. 시간이 얼마나 지났을까? 순간 내 마음을 이렇게도 몰라주나 싶어 분노가 치밀었다.

"너 하고 싶은 대로 해, 이놈 자식!"

나는 따귀를 한 대 갈기고는 세미나가 열리는 강의실로 들어가 버렸다. 어쩌다가 내가 그런 짓을 저질렀는지 나 자신도 용서할 수 없었다. 마침 세미나 강사는 '아버지의 사랑'에 관해 강의하고 있었다. 누가복음 15장에 나오는, 죄 많은 탕자를 오래 참아 주고 사랑으로 영접해 주신 아버지의 사랑을 강조하는 내용이었다. 오랜 방황으로 쳐진 어깨를 하고 돌아오는 둘째 아들에게 달려가 끌어안고 입 맞추었던 아버지, 품꾼으로 써 달라는 아들에게 너는 죽었다가 다시 살아난 내 아들이라고 격려했던 아버지, 아들의 신분을 회복시키고 살진 송아지를 잡아 축제를 벌였던 아버지! 그 아버지에 대해 들으면서, 형제에 대해 끝까지 인내하지 못한 나 자신이 너무나 죄스러워 말할 수 없는 눈물을 흘렸다. 말씀이 칼이 되어 마음에 박혀 있는 죄를 도려내는 고통을 난생 처음 겪었다.

얼마간 회개의 눈물을 흘리고 나니 갑자기 형제가 어떻게 하고 있을지 염려가 되었다. 간식으로 나눠 준 빵과 우유를 가지고 형제에게 갔다. 형제는 꼼짝도 않고 그대로 앉아 있었다.

"배고프지? 빵하고 우유 좀 먹을래."

"……."

"어쩌다가 그런 일을 저질렀는지 나도 모르겠다. 너무 미안해서 할 말이 없구나."

"괜찮아요, 목사님이 저를 사랑해서 그런 줄 알아요."

나의 거친 반응을 오히려 사랑의 마음으로 받아 주었다는 말에 억장이 무너져 내리면서 또다시 눈물이 흘렀다. 어쩌다가 뺨 맞아 상처

입은 형제의 뺨을 또 때렸단 말인가? 죄인 중에 괴수라는 말이 바로 나를 두고 한 말이구나 싶었다. 용서받지 않고는 지옥 불에라도 떨어질 것 같은 생각에 더듬더듬 용서를 구했다.

"죽을 죄를 지은 것 같다. 나 같은 놈을 용서해 줄 수 있겠니?"

"그럼요. 예수님이 다 용서해 주셨잖아요."

나는 나지막한 형제의 대답을 듣고서는 운전대를 잡고 통곡하였다. 하나님께서는 형제를 통해 용서의 예수님을 만나도록 하셨다. 사실 나 자신이 강박관념이나 조급증에 사로잡혀 있는 환자였는지 모른다. 하나님의 때를 기다리지 못하고 성급하게 밀어붙였던 나였다. 하나님께 대한 믿음보다는 나의 열심으로 형제를 살려 보겠다고 발버둥쳤던 나였다.

내 믿음 없음을 불쌍히 여겨 달라고 기도하며 떨리는 두 손으로 형제의 뺨을 어루만졌다. 그리고 형제의 덧난 마음 상처가 아물기를 소원했다. 형제도 눈시울을 적셨다. 어떤 이유에서인지 다 헤아릴 수는 없었으나 형제의 그 마음만은 느껴졌다.

래리 크랩은 《끊어진 관계 다시 잇기》에서 "상한 마음과 낙담한 영혼, 거부당할지도 모른다는 두려움으로 자신은 늘 혼자며 쓸모없는 존재라고 믿는 헤아릴 수 없이 많은 이들에게 새 희망을 불어넣어 줄 수 있는 능력! 서로의 관계가 진정으로 다시 이어질 때 그 능력은 우리에게서 재발견될 수 있다"고 말했다.

진정한 사랑의 결속만이 마음의 고독과 상처를 치유할 수 있다. 상처받은 치유자이신 예수님도 친구를 위해 생명을 내어 주는 것이 진정한 사랑이라고 말씀하셨다. 그리고 그 사랑을 증명하기 위해 십자가에 달리셨다. 우리는 그분의 사랑에 대한 거짓 없는 믿음을 갖고 깊은 연합으로 나아갈 수 있다. 공동체 또한 그분의 사랑 안에서 진정한 결속을 이룰 수 있지 않겠는가? 그러한 사랑을 소유한 교회공동체와 가정은 치유하는 힘을 지니게 될 것이다. 사랑이 넘치는 아름다운 결속을 계속 만들어 갈 수 있다면 악의 세력은 항복하고 말 것이다. 그렇게 사랑의 법이 왕 노릇 하는 관계를 가리켜 하나님 나라가 이루어졌다고 말하는 것이다.

지구 한쪽에서 작은 새가 날갯짓을 하면 지구 반대쪽에서는 거대한 폭풍바람이 휘몰아친다고 한다. 나는 남이 알든 모르든 간에 우리가 행하는 작은 사랑의 몸짓이 인류 역사를 이끌어 가는 영적인 파장으로 작용한다고 믿는다.

예수님도 십자가에서 죽으면서까지 인류를 용서하심으로 사랑의 모범을 보이셨다. 이로 인해 하나님께서는 그에게 모든 이름 위에 뛰어난 이름을 얻게 하셨다. 수많은 인류가 진정한 지도자로 예수님을 따르고 있지 않는가? 제자들의 사랑의 파장은 사랑의 근본이신 하나님께까지 영원한 언어로 전달될 것이다. 먼 훗날 그 나라에서는, 이 땅에서 사랑을 하기 위해 상처받았던 치유자들이 아름다운 면류관을 받을 것이다. 그들은 하나님 보좌 앞에서 그 면류관을 다시 그분께 던지며 사랑할 수 있도록 능력 주심에 감사하며 찬양과 경배로 영원한 예배를 드릴 것이다.

술독에 빠진 할머니

암행어사 목사

광주에서부터 주일 예배를 드리기 위해 우리를 방문한 형제들이 있어 면내 터미널까지 바래다주고 오는데, 매우 야윈 할머니 한 분이 힘들게 길을 걷고 계셨다.

“할머니! 힘드시죠? 차에 타세요.”

“젊은 양반, 고마우이.”

“어디를 다녀오는 길이세요?”

“글씨 말이여. 오늘이 반공일인 줄 알고 보건소에 갔는디 온공일이라고 문을 닫었드랑께. 이런 것도 헷갈리니 이제 죽을 때가 됐는가 벼.”

“어디가 편찮으신가요?”

“이놈의 몹쓸 피부병 땜시 간지러워 죽겄당께. 간지럼 병이 한번 도지면 밤새 한숨도 못 자고 긁어야 혀.”

“그러시군요. 저 산골짜기에 교회 생긴 줄 아시죠?”

“응. 야그를 듣긴 들었구먼.”

“오늘 교회 구경 한 번 안 하실래요. 맛있는 것도 드리고 피부약도 드릴게요.”

“그래, 까짓것 한번 가 보제.”

이렇게 해서 칠순이 넘은 김행순 할머니와의 첫 만남이 시작되었다. 혼자 사는 할머니는 독한 소주를 밥 대용으로 드실 정도로 술에 찌들어 계셨다. 하지만 그날 이후로 꾸준히 교회에 나오셨다. 피부병을 치료하러 광주에 있는 피부전문병원에 가 보았지만 차도가 없었다. 주사와 약으로 해결될 문제가 아니라고 생각되어 술을 좀 끊으라고 신신당부해도 들은 척도 안 하셨다.

“할머니! 계속 술을 드시면 아무리 약이 좋아도 소용없어요. 술을 끊으셔야 돼요.”

“아이고! 밥을 안 먹고 죽었으면 죽었지 술은 못 끊어!”

“술을 왜 그리 많이 드신대요?”

“서른 갓 넘어 신랑 먼저 보낸 것만 해도 억울한디…… 글씨 말이

여, 내 큰아들 놈이 다 커 갖고 저수지에서 미끄러져 물에 빠져 죽어 부렀당께. 그놈을 땅에 묻을 때 내가 관 밑에 먼저 들어가 같이 묻어 달라고 아우성쳤는디, 머슴아들이 나를 끌어내 갖꼬 산으로 끌고 가 부렀당께.”

그 뒤로 맨 정신으로는 살 수 없어 매일 술로 달래다 보니 중독이 되어 버린 것이었다.

할머니는 그렇게 술을 먹는 중에도 몇 가구 안 되는 동네를 돌아다니면서 은근히 교회와 목사 자랑을 늘어놓으며 전도히셨디. 그 노력 끝에 할머니 친구 두 분이 교회에 나오시게 되었다. 한 분은 기관지 천식으로 숨쉬기가 불편하여 씩씩거리는 숨소리가 들렸다. 또 한 분은 팔순이 넘으신 탓에 기력이 없어 잘 넘어지셨는데, 교회에 못 오셔서 심방을 가 보면 허리를 다쳐 누워 계시곤 했다. 모두들 교회에 처음 발걸음하신 분들이다. 당연히 예수님에 대해서도 처음 들으셨다. 글을 읽지 못하니 앞에 놓인 성경과 찬송가는 장식품에 지나지 않았다. 설교할 때면 눈을 어디다 둘지 몰라서 죄인처럼 고개를 숙이고 바닥만 뚫어지게 보고 계셨다. 그러다가 주무시는 것은 예사였다.

목사로서 주무시는 것을 마냥 방치할 수 없어서 할머니들과 약속을 했다.

“제가 ‘할렐루야’ 하면 여러분은 ‘아멘’으로 대답하세요. 자, 저를 따라해 보세요.”

그런 다음 몇 차례 예행연습까지 해 보았다. 그런데 축도를 마치고 눈을 떠 보니 할머니들이 서로 눈치를 보며 손을 들고 있는 것 아닌가? 무엇이든지 목사를 따라서 해야 되는 줄로 알았던 모양이다.

하루는 잘 넘어지는 할머니 댁에 심방을 갔는데, 나를 보시고는 대뜸 두 손을 정중하게 모으고 “암행어사, 암행어사” 하고 주문을 외웠다. 처음에는 무슨 뜻인지 몰라 어리둥절했다. 그러나 곰곰이 생각하고 나니 웃음이 나왔다. 예배 시간에 졸음을 쫓기 위해서 "할렐루야!" 하면 "아멘"으로 대답하라고 당부했던 것이 생각났다. 할머니는 '아멘'을 '암행어사'로 받아들였던 것이다.

한번은 우물가의 사마리아 여인이 남편을 다섯이나 갈아 치웠다는 설교를 하는데, 김행순 할머니가 순간적으로 설교를 가로채며 말씀하셨다.

"쯧쯧. 남자들이 여자 하나 만족을 못 시켜 줬그만. 안 그라요, 목사님?"

이렇듯 할머니들이 설교를 듣고 자기들 이야기를 한참이나 늘어놓는 바람에 자연스럽게 설교자가 뒤바뀌기도 했다. 그래도 졸지 않고 참견해 주시니 고마울 뿐이었다.

김행순 할머니는 건망증이 심해서 물건이나 돈을 어디에 두었는지 잊어버릴 때가 간혹 있었다. 하루는 자기 집에 도둑놈이 들어와서 물건을 훔쳐 갔다고 투덜거렸다. 드디어 주일이 되어 여느 때처럼 차로 할머니를 모시고 산길을 올라가고 있는데 갑자기 할머니가 고함을 지르며 차를 세우라고 했다.

"할머니, 왜 그러세요? 교회에 가서 예배드려야지요."

"아니여. 온공일이면 교회 간 줄 알고 틀림없이 도둑놈이 집에 들어왔을 것이구먼! 도둑놈을 불러들이려고 교회에 가는 척하고 목사님을 따라나선 것이랑께. 오늘은 예배고 뭐고 쓸잘데없어. 도둑놈이나 잡아야 쓰겄응께, 그렇게 알고 목사님 혼자 올라가쇼. 잉!"

그러고는 차에서 내리더니 비호같이 집으로 달려가셨다. 도둑놈이 주일에는 할머니가 교회에 간다는 것을 알고 또 올 것이라면서 벼르고 있었던 것이다. 다음에 할머니를 만났을 때 도둑놈을 잡았느냐고 여쭤 보았더니 땡쳤다며 푸념을 늘어놓으셨다.

성탄절에 만난 예수님

"목사님, 계시오? 싸게 나와 보쇼."

"아이고, 할머니 어쩐 일이세요."

"목사님 건강이 안 좋다고 혀서 산골짜기를 다니면서 산나물 좀 뜯어 가지고 왔지라우."

할머니 몸도 쇠약하신데 이렇듯 따뜻한 사랑을 받고 보니 행복한 목사라는 생각이 들었다. 그리고 그 다음 주일에는 묵직한 보따리 하나를 들고 와서 내게 내미셨다.

"할머니, 이게 뭡니까?"

"쌀이여."

"무슨 쌀인가요?"

"음, 가만히 생각해 본께 나도 밥 먹고 산디, 하나님이라고 밥 굶고 살 수 있당가? 그래서 매끼 밥 지을 때마다 한 수저씩 덜어 두었던 쌀을 모은께로 이만치 됐어."

가난하게 사는 분들에게 부담을 드리지 않으려고 헌금이나 성미에 대해 전혀 가르치지 않았는데, 자원하는 마음으로 쌀을 모으기 시작한 것이다. 이것이 '진정한 성미'가 아니던가! 할머니가 가져다주신 성미로 밥을 해 먹는데 그 감격은 이루 말로 표현할 수가 없을 정도였다.

할머니께 진 이 사랑의 빚을 어떻게 갚을까 생각하던 중, 할머니 댁 방구들이 무너져 내린 사실을 알게 되었다. 고치자니 비용이 너무 많이 들 것 같아 엄두를 못 내고 있다고 했다. 감기나 들면 어쩌나 싶어 걱정을 했더니 할머니는 술 한 잔 마시면 몸이 따뜻해지니 괜찮다며 손을 내저었다.

그러다가 천봉산 골짜기에 들어와서 처음 맞는 성탄절이 되었다. 조촐하게 성탄 축하 예배를 드리고 나서 성탄 선물로 드릴 전기담요를 들고 할머니 댁을 방문했다. 재래식 황토 단칸방에 가마니 문으로 된 화장실이 전부인 집이었다. 할머니를 불러도 대답이 없어 방문을 열고 들여다보니 소형냉장고, 허름한 싱크대, 나오기나 할지 의심되는 구식 텔레비전, 타다 만 화롯불에 요강까지 자리를 차지하고 있었다. 좁은 방에 어찌나 너저분하게 늘어놓았던지 한 사람 눕기에도 힘들 정도였다. 전화가 있어도 받기만 하지 걸지 못하는 분이니, 전기담요를 그냥 놓고 가면 무용지물이 되겠다 싶었다.

전기담요를 설치하려고 이불을 걷어 내는데, 있는 이불은 다 깔아 놓으셨는지 몇 겹이나 되었다. 게다가 얼마나 오랫동안 세탁을 안 했는지 냄새가 코를 찔렀다. 이불을 반듯이 펴기 위해 젖히는데 푸석푸석 먼지가 쏟아졌다. 나도 모르게 내 안에서 불평이 쏟아져 나왔다. 어쩌다가 성탄절에 이런 일까지 해야 되는가 하는 마음에 짜증이 났던 것이다. 그런데 순간 예수님의 음성이 내 마음에 화살같이 강하게 박혔다.

"박행아! 할머니를 섬기는 일이 그렇게 곤욕스러우냐? 나는 이보다 더 더럽고 냄새 나는 말구유에서 태어났느니라. 내가 베들레헴 말구유에서 태어났을 때 예루살렘에 있던 종교 지도자들은 관심을 갖지 않았어. 하지만 들판에서 이름 없이 양을 치던 목자들은 내게 와서 경배했지. 마음이 높은 이들은 나를 만날 수 없어. 박행아! 네가 나를 진실로 사랑한다면 내 양을 진정한 사랑으로 대하라. 작은 자에게 한 것이 바로 내게 한 것이니라."

예수님의 말씀은 부드러우면서도 엄중했다. 내 영혼이 수만 볼트의 전기에 감전되는 것 같았다. 나는 그만 손에 쥐고 있던 이불을 힘없이 내려놓고 그 자리에 주저앉아 엉엉 소리 내어 울기 시작했다. 얼마나 예수님께 죄송하고 민망한지 눈물을 걷잡을 수 없었다. 가식적이고 위선적인 사랑을 하면서 살아온 내가 너무나 부끄러웠다. 예수님께 나의 중한 죄를 용서해 달라고 빌고 또 빌었다. 의례적인 행사로 요란하게 보냈던 수십 번의 성탄절 밤이 필름처럼 스쳐 지나갔다. 화려한 전구 장식, 올나이트, 선물교환, 새벽송, 메시아 연주, 점심으로 먹는 떡국 등. 하지만 정작 생일잔치의 주인공이신 예수님에 대해서는 관심이 없는 행사였다.

나는 회개하는 심정으로 이 땅의 병들고 가난하고 소외된 자들을 진실하게 사랑할 수 있게 해 달라고 기도했다. 얼마가 지났을까? 영혼 깊은 곳에서부터 알 수 없는 희열이 솟아올랐다. 말로 표현할 수 없는 하늘의 평화가 내게 임한 것이다. 마구간과 같이 초라한 할머니의 오두막집에서 평생 잊을 수 없는 영적 체험을 했다. 예수님이 나와 함께하신다는 '임마누엘'의 축복을 받은 것이다.

그리고 얼마가 지난 후, 새벽 기도를 드리려고 예배당에 나오니 칠판에 "김행순 할머니가 돌아가셨습니다"라는 글귀가 써 있었다. 할머니의 장례식을 치르려고 손자들이 내려왔다가 평소에 친하게 지내던 목사님께는 소식을 꼭 알려야 한다면서 남긴 글이었다. 할머니의 시신은 치유원이 보이는 양지 바른 언덕에 한 많은 세월과 함께 묻혔다. 그러나 할머니의 영혼은 본향으로 돌아가 하나님 품안에서 영원한 안식을 누리고 있을 것이다. 언젠가 나도 그 본향으로 돌아갈 것이다. 그때에 참 목자의 길을 깨우쳐 준 할머니의 얼굴을 기쁨으로 다시 뵈올 수 있으리라.

황토방 형제님

저주 신앙

복내 읍내에서 마을로 돌아오는 길이었다. 할머니 한 분이 무거운 봇짐을 옆에 놓고, 지나가는 차를 무작정 기다리고 계셨다. 내가 차를 세우고 타시라고 권하자 할머니는 반색을 하며 차에 몸을 실었다.

"할머니, 어디 사세요?"

"저 끝 동네 묵석골 사요."

"저 짐은 뭐지요?"

"쌀 팔아 가지고 가지라우."

"할머니, 연세도 많으신데 무거운 것을 어떻게 옮기셔요? 자제들은 없으세요?"

"자식이라고 있지만 병들어서 칠 년째 방구석에만 틀어박혀 있어라우."

할머니는 말끝을 흐리면서 혀를 끌끌 찼다. 이런저런 얘기를 나누면서 허름하게 지어진 한 집에 도착했다. 언덕 위에 자리한 초라한 집이었다. 기둥은 산에서 해 온 나무를 대충 잘라 세웠고, 지붕의 슬레이트는 제멋대로 얹혀 있었다. 부엌은 장작으로 불을 지피는 재래식 아궁이였다. 짓다가 만 것처럼 허술하기 짝이 없는 집이었다. 짐을 내려 드리고 아들이 있다는 방문을 빼꼼이 열어 보았다.

할머니 아들은 어두침침한 방에 누워 있다가, 갑자기 들이닥친 이 방인을 보고 소스라치게 놀랐다. 그는 눈을 제대로 뜨지 못한 채 손으로 가리고 있었다. 사연을 들어 보니, 원래 벽돌 쌓는 기술자였는데 공사 현장에서 벽돌을 쌓다가 떨어져서 그만 뇌를 다쳤다는 것이다. 응급수술을 받았지만 시신경은 회복이 안 되어 눈을 못 뜨게 되었다. 그런데 희한하게도 오전 중에는 떠지지 않던 눈이 정오가 지나면 간신히 떠져 사람을 구분한다고 했다. 나를 알아보지 못한 것은 내가 찾아간 때가 오전 11시경이었기 때문이다.

며칠 후 시간을 내어 할머니 댁을 다시 방문했다. 형제는 오늘도 우두커니 방 안에 앉아 있었다.

"형제님, 날씨도 좋은데 햇볕도 좀 쬐고 바람도 쏘이시죠?"

"목사님, 저는 심장판막증 때문에 걷지도 못 해요."

형제는 인생이 저주스럽다는 듯이 푸념을 늘어놓았다.

"그래도 희망을 잃지 마세요."

"나는 안 돼요. 나는 하나님의 저주를 받은 놈이에요."

"무슨 말씀을 그렇게 하세요. 앞으로 그런 말씀 입에 담지 마세요."

"사실 저는 폭행죄로 감옥신세를 지고 나온 놈이에요. 감옥에 있을 때는 성경도 열심히 읽고 암송도 많이 했어요. 그때는 감옥을 나가면 신학교에 들어가 공부해서 목사가 되겠다고까지 결심했지요. 그런데 감옥을 나와서 면소재지에 있는 교회에 처음 출석했는데 건축헌금을 강요하는 설교를 듣고 비위가 틀어져 버렸어요. 나같이 돈 없는 놈은 교회에서도 사람 구실 못 하겠구나 싶었지요. 그 뒤로 교회와 담을 쌓고 살다가 사고를 당해 병을 얻게 됐으니 하나님의 저주가 아니고 뭐란 말이에요?"

그의 말인즉 신이 저주 내린 인생을 무슨 수로 바꿀 수 있겠냐는 것이었다. 잘못된 신념, 부정적인 생각을 하면 자신을 죽음으로 이끌어 가고, 긍정적인 생각을 하면 생명으로 이끌어 가게 마련이다. 나는 고통스럽게 떴다 감았다 하는 그 형제의 눈 위에 손을 얹고 간절히 기도했다.

"하나님 아버지! 이 아들을 사랑하는 주님의 품으로 안아 주셔서 굳어진 마음을 녹여 주십시오. 이 형제의 심장도 다시 힘차게 뛰게 하시고, 눈도 광명한 빛을 볼 수 있도록 치료의 광선을 비춰 주옵소서. 무엇보다도 스스로 옭아매고 있는 저주의 사슬을 끊어 영혼이 자유롭게 하옵소서. 예수님의 이름으로 기도드립니다. 아멘."

모기소리 만하게 형제의 '아멘' 소리가 들렸다. 나는 그 형제를 한참 동안 끌어안고 하나님의 사랑으로 이 형제의 마음을 녹여 달라고 애원했다. 이런 포옹은 처음인지 형제는 무척이나 어색해했다.

황토방 프로젝트

그날 이후 나는 3개월을 수시로 심방을 하며 처음과 동일한 방법으로 권면하고 위로했다. 그러던 중 뜻있는 일을 하게 해 형제 스스로 자존감을 회복하도록 도와야 한다는 생각이 들었다. 봉사를 하게 되면 하나님을 향한 보속(補贖)의 의미를 갖게 되어 스스로 묶여 있는 저주로부터 자유로워질 것 같았다. 나는 마침 환자들을 위한 '사랑의 황토방'을 지으려던 계획을 떠올렸다.

"제가 황토방을 지으려고 하는데 좀 도와줄 수 있겠어요? 형제님은 원래 집 짓는 기술자잖아요."

"농담도 잘하시네요. 오전에는 눈도 못 뜨고, 게다가 숨이 가빠 열 걸음도 잘 못 걷는 제가요?"

"형제님! 성경의 누가복음 7장에 백부장이 종을 살리기 위해 예수님께 부탁한 이야기가 나와요. 그런데 환자인 종의 믿음과는 상관없이 종을 살리려는 백부장의 믿음을 보시고 예수님은 그의 종을 치료해 주셨어요."

"그런데 그것이 나와 무슨 상관이 있지요?"

"제가 형제님을 위해서 기도하는데 왠지 백부장의 믿음이 생겼어요. 황토방을 짓고 나면 형제님의 건강도 좋아지고 뭔가 신나는 일이 있을 것 같거든요. 자! 주저하지 말고 제 말대로 하십시다."

형제는 골똘히 생각하더니 무겁게 대답했다.

"목사님이 그렇게 생각하시니 한번 해 보렵니다."

그날부터 수시로 그 집을 찾아가서 황토방 설계와 자재 구입을 상의했다. 이 소식을 들은 동생들이 칠 년 만에 재기하는 큰형님을 돕겠다며 부산과 서울에서 달려왔다. 형제들 역시 건축 현징에서 잔뼈가 굵은 일꾼들이었다. 형제의 칠순 노모도 합류하기로 했다. 그래서 나와 아내를 포함해 모두 여섯 명이 황토방 건축을 시작했다.

나는 매일 아침 일찍 차를 몰고 형제 집에 가 가족들을 실어 왔다. 손수레로 황토를 실어 나르고 나무로 틀을 맞춰 발로 짓이겨 흙벽돌을 찍었다. 잘 건조된 흙벽돌을 벽돌 건조장에서 집터까지 승합차로 날랐다. 온몸이 황토먼지로 범벅되었다. 구들장을 구하기 위해 복내 근처의 폐가를 다 뒤졌지만 구할 수 없었다. 마침내 개울가에 버려진 구들장을 찾아서 차에 실었다. 심한 허리통증으로 밤이면 반듯이 누울 수도 없었다. 우리도 이렇게 힘든데 형제는 오죽했을까?

의욕은 있었지만 10미터를 제대로 걷지 못하니 형제는 짜증이 나는 모양이었다. 숨이 가빠서 몸을 움직이기 어렵자 스티로폼을 깔고 누워 이것저것 지시했다. 본인 뜻이 전달되지 않으면 거침없이 동생들과 노모에게 거친 말을 쏟아 냈다. 하지만 가족들은 그저 웃으며 그의 말에 순종했다.

시력이 좋지 않은 형제에겐 이런 일도 있었다. 황토방 출입문 틀을 잘못 측정하는 바람에 턱없이 작은 문이 만들어졌다. 이 문을 보는 사람마다 "이렇게 작은 문은 처음 봤다"면서 "뚱뚱한 사람은 황토방 사용할 자격이 없겠다"고 우스갯소리를 했다. 또 "찜질 효과를 위해 일부러 작은 문을 달아 놓았군! 황토방을 지으면서 연구 많이 했네" 하며 칭찬을 하기도 했다.

매서운 꽃샘추위에 황토집 벽돌이 쌓여 가고 있던 어느 날, 차를 타고 산길을 오르는데 형제가 내게 말을 건넸다.

"목사님, 오늘은 좀 쉬면 안 될까요?"

"어디 몸이 불편하세요?"

"다른 때에 비해 오늘 아침엔 눈이 더 안 떠져요."

눈이 안 떠진다는데 더 이상 무슨 할 말이 있겠는가? 가파른 언덕이지만 차를 멈추고 형제의 눈에 손을 얹고 간절히 기도했다.

"하나님 아버지! 이 아들의 눈을 밝히 뜨게 해 주세요. 이 아들이 환자들을 위해 사랑의 황토방을 지으러 가지 않습니까? 불쌍히 여기시고 눈 좀 시원하게 볼 수 있도록 도와주세요. 달음질할 수 있도록 심장도 강하게 해 주세요. 예수님의 이름으로 기도합니다. 아멘."

나는 손을 조심스럽게 떼고서 형제에게 물었다.

"눈이 좀 어때요?"

"좀 시원해졌어요."

"이제 어떻게 하실래요?"

"힘들지만 가서 누워라도 있을게요. 목사님, 현장으로 갑시다."

그의 눈이 완전히 떠진 것은 아니었지만 마음 문만은 활짝 열렸다.

그리고 드디어 황토방이 완공되었다. 시작한 지 50일 만이었다. 첫 장작불을 피워 황토방 연통으로 연기가 모락모락 피어날 때의 그 감격은 지금도 잊혀지지 않는다. 황토방을 건축하면서 형제의 마음도 많이 치료되었다. 하나님의 일을 하면서 스스로 묶여 있던 저주의 사슬을 끊어 버리게 된 것이다. 하나님의 지혜를 우리가 어찌 다 측

량할 수 있겠는가? 동네 분들도 형제의 얼굴 표정이 몰라보게 좋아졌다며 기뻐했다.

형제도 생에 대한 의욕이 회복되어 활기 넘치는 생활을 하려고 애썼다. 그동안 포기하고 있던 심장수술을 하기로 마음먹고, 심장재단에 자신의 형편을 담은 편지를 보냈다. 그리고 하나님의 은혜로 수술비용 전액을 지원받게 되었다. 전남대학병원에 가서 심장 정밀검사를 받았는데 검사를 맡은 의사가 심각하게 말했다.

"3개월간 조치를 하지 않았다면 선생님은 이 세상 사람이 아니었을 겁니다."

가슴을 두 쪽으로 갈라내는 심장판막증 수술을 무사히 마친 뒤 점차 회복되어 지금은 닭과 개를 사육하고, 참나무를 잘라 표고버섯을 재배하는 등 나름대로 생활에 적응하려고 최선의 노력을 하고 있다. 한번은 직접 키운 토실한 씨암탉 한 마리를 가지고 나를 찾아와 "몸 보신하세요. 목사님은 제 생명의 은인입니다. 그 은혜를 평생 잊을 수 없습니다"라며 연신 허리를 숙이고 고마워했다. 하지만 내가 특별히 한 일이 있는가? 모두 하나님이 형제를 사랑해서 한 일이지.

일봉 아저씨

새 가족

"여보! 일봉 아저씨를 모셔다 가족으로 함께 살아요."

"당신이 그 어려운 일을 어떻게 감당하려고요?"

동네에 거주하고 계신 장애인 한 분을 우리가 책임지는 것이 어떻겠느냐는 아내의 제안이었다. 59세 된 아저씨로 교통사고를 세 차례나 당해 하반신을 제대로 쓰지 못하는 분이었다. 결혼도 하지 못해 의지할 가족도 없이 혼자서 움막생활을 하고 계셨다. 삶에 대한 의욕이 없어 몸을 씻는 것도 포기하며 사셨다. 덥수룩한 수염, 묵은 때에 찌든 손과 발.

그동안 우리 가족은 그를 모셔다가 목욕도 해 드리고 새 옷도 입혀 왔다. 가끔 면에서도 나와 아저씨 댁을 들러 보았지만 뾰쪽한 방법은 없었다. 아저씨는 정부에서 지원하는 얼마 안 되는 생활보조금으로 라면이랑 생선통조림 등 생필품을 사서 방 안에 널브러트려 놓고 손 닿는 대로 허기를 채웠다. 어쩌다가 한번씩 돕는 손길로는 도무지 불행의 끝이 보이지 않아 고심하던 끝에 일봉 아저씨를 모셔 오자고 제안을 한 것이다. 다음날 가족회의 때, 아저씨에 대한 기도부탁을 하고서 그분이 거처로 쓰고 있는 움막에 가 보았다. 내 손에는 생식과 전날 담근 생김치가 들려 있었다.

차에서 내려 풀이 무성하게 들어찬 마당을 내딛는 순간, 아뿔사! 놀라서 기절할 만한 광경이 펼쳐져 있었다. 아저씨가 마당 한구석에 있는 화장실, 가리개도 없이 큰 항아리만 묻혀 있는 화장실 옆에 질펀하게 누워 계신 것 아닌가!

"아저씨! 거기서 뭐 하세요?"

"일어날 수가 없어서 사람이 올 때까지 그냥 있었제. 나 좀 일으켜 줘."

오줌 섞인 진흙에 온몸이 범벅되어 차마 눈뜨고 볼 수가 없었다. 일으켜 달라고 내미는 손에도 진흙이 묻어 있기는 마찬가지였다. 척추가 더 나빠진 듯했다. 아저씨의 손을 잡아 일으킨 뒤 목발을 쥐어 드렸다. 바지를 치켜 올리는 아저씨에게 용변 뒤처리는 하셨냐고 여쭈었더니 얼버무리고는 그냥 지나치려 하셨다. 혹시나 해서 항아리 안을 들여다 보니 휴지조각이 보이지 않았다. 뒤처리도 못 하신 것이다.

10미터 정도 떨어진 움막까지 다리를 끌며 가시는데, 얼마나 힘겹게 보이던지 곁에서 보고 있는 내가 숨이 넘어갈 것만 같았다. 아저씨는 방 안까지 들어가기에 힘이 부쳤는지 토방에 주저앉아 숨을 가다듬으셨다. 아저씨가 쉬시는 동안 나는 방 안을 들여다보았다. 때에 찌든 이불, 음식 찌꺼기에 새까맣게 달라붙은 파리들, 거미줄처럼 얽힌 전기 코드, 비에 흥건히 젖어서 곰팡이가 핀 천장과 벽……, 각종 오물과 쾌쾌한 냄새가 역겨워 더 이상 코를 들고 있을 수 없었다. 마당 한구석에 식수 통으로 갖다 둔 고무통 속에는 파란 이끼가 끼어 있었다. 원수(原水)에서부터 막혔는지 물 호스는 바짝 말라 비틀어져 있었다.

나는 원수가 연결되어 있는 옆집으로 갔다. 그 집도 사람이 살지 않아 잡초가 무성해 어딘가에 뱀이라도 똬리를 틀고 있을 것 같았다. 겨우 수도꼭지를 찾아서 물을 연결했다. 세숫대야에 물을 채우고 아저씨의 발을 보는 순간, 다시 한 번 기절할 뻔했다. 새까만 누룽지처럼 눌어붙은 발등의 때, 젊은 시절 심한 노동으로 뒤틀어진 발톱. 한쪽은 맨발이고 다른 한 쪽은 양말을 신었는데, 진흙 때문에 굳어서 잘 벗겨지지 않았다. 발을 물에 불려 씻겨 드린 뒤 손도 씻겨 드리겠다고 했더니 혼자 씻을 수 있다면서 고개를 저으셨다. 열심히 손을 씻으셨지만 손톱 밑과 손금 사이의 흙물자국을 지워 내지는 못했다. 오후 2시가 넘은 시간인지라 점심은 드셨는지 궁금했다.

"아저씨, 점심은 어떻게 하셨어요?"

"이제 먹어야제."

"해 놓은 밥은 있으세요?"

"글씨 모르겄는디."

하지만 밥이 없는 게 틀림없었다. 전기밥솥 용기가 마당에 굴러다니는 것을 보면. 혼자 두고 가면 식사를 못 하실 것 같아 쌀을 씻었다. 밥을 해 본 지 너무 오래되어서 적당한 물의 양을 맞추기가 힘들었다.

"아저씨, 이 정도면 되나요?"

그러자 아저씨는 때가 낀 손을 밥솥에 집어넣으시고는 물을 재어 보더니, 적당하다며 흡족해하셨다.

혼자 살아야 할 그의 인생이 너무나 안타까워 돌아오는 걸음이 무거웠다. 마음 한구석에 계속되는 부담감이 결국 나를 면사무소로 이끌었다. 복지담당자를 만나서 아저씨 형편을 전했더니 면사무소에서도 최선의 방법을 모색하고 있다고 하였다. 주민등록상의 나이가 59세이기 때문에 노인요양시설에 의뢰할 수도 없고, 일반 장애인시설에는 나이가 너무 많아 입소가 안 된다는 것이었다.

복지담당자는 이리저리 궁리를 하더니 부상당한 허리와 다리를 먼저 치료한 후에 다음 절차를 강구해 보자고 제안했다. 그 자리에서 광주기독병원에 전화를 드렸더니, 최선을 다해 돕겠다며 환자를 보내라고 했다. 이어 복지담당자는 면장님을 만나 상황설명을 하는 것이 좋겠다고 제안했다. 맨발에 슬리퍼 차림인지라 사양을 했지만 결국은 면장실로 떠밀려 올라가게 되었다. 면장님은 손수 녹차를 끓여 주시며 자원봉사자들의 협조를 얻어 조그만 블록집이라도 지어 주고 싶다고 하셨다. 그러면서 지속적으로 돌보는 사람이 없으면 집이 무슨 소용 있겠느냐며 연거푸 한숨을 내쉬었다. 본인에게 살아야 할 의욕이 없는데 주변의 도움이 어떤 의미가 있을지 걱정이라는 이야기도 덧붙였다.

다음날, 우리 거처로 아저씨가 실려 왔다. 이곳에서 목욕을 시켜 병원으로 후송하자는 약속 때문이었다. 여러 목소리가 웅성웅성 들리기에 목욕실 쪽으로 내려가 보았더니 면장님, 보건소장님, 치과원장님, 복지담당자 두 명, 담당 직원, 자원봉사자 두 명 도합 여덟 명이 출동 아닌 출동을 했다. 깨끗이 씻겨 드린 후에 새 운동복으로 갈아입혔다. 아저씨는 자원봉사자의 등에 업혀 식당까지 올라오셔서 여러 사람들과 식사를 같이했다. 이렇게 따뜻한 사랑을 받으며 식사를 한 것이 얼마만이겠는가?

그 사이 나는 면장님과 보건소장님께, 면이 주관이 되어 조그만 집을 건축하고 그 후에는 지역 교회가 협력하여 정기적으로 방문하는 형태로 아저씨를 도우면 좋겠다는 의견을 말씀드렸다. 스스로 설 수 없는 연약한 한 분을 위해 온 동네와 교회가 사랑으로 협력한다면 우리 한 교회가 그분을 전적으로 돕는 것보다 아름다울 것이라고 생각했기 때문이다. 비록 아내가 원했던 바와는 다소 다른 방향으로 흐르게 되었지만 말이다.

아저씨의 일과 더불어 면장님의 수고로 우리의 숙원사업이던 공중전화와 인터넷 전용선이 개통되었다. 게다가 부평초와 부레옥잠, 연꽃, 물 클로버를 손수 가져와서 우리 연못에 심어 주셨다. 잉어들이 쉴 그늘이 없다는 내 이야기를 흘려듣지 않으셨던 것이다. 이 일로 그간 가졌던 공직자에 대한 부정적인 생각을 일소하였다. 면장님의 정성에 보답하기 위해 우리와 함께 살고 있는 진돗개가 낳은 일곱 마리 강아지 중 한 마리를 면사무소에 기증하기로 했다. 건장한 진돗개로 자라서 사랑과 정감이 넘치는 복내마을의 지킴이가 되어 주길 바라는 마음으로 말이다.

나는 이 지면을 빌려 우리 곁의 잊혀져 있는 작은 영웅들을 격려하고 싶다. 우리의 진정한 영웅은 먼 나라에서 어쩌다 한번 비행기로 날라 와서 몇 마디 하고, 광고 사진 찍고 돈 모아 훌쩍 떠나는 사람이 아니다. '함께한다는 것'이야말로 사랑의 진실을 가장 확실하게 증명한다. 남을 위해서 대가 없이 희생하고, 옳은 길을 묵묵히 걸어가는 이들이 우리들의 진정한 영웅이다. 늘 우리와 함께 삶의 애환을 나누며 살아가는 아내, 남편, 형제, 자매, 가까운 이웃이 바로 우리들의 진정한 영웅이다. 언제나 가까이 있기에 그들의 소중함을 모르고 살아갈 뿐.

생태마을의 꿈

복내에 내려온 뒤 나는 이곳을 내 고향으로 여기며 살아왔고 지금도 그렇다. 이방인 같은 나를 동생처럼, 때로는 자식처럼 품어 준 복내. 병을 얻어 몸과 마음이 찌든 채 초라한 모습으로 찾아왔지만 나는 이곳에서 안식과 회복 그리고 미래를 새롭게 꿈꾸게 되었다. 문자 그대로 '복(福) 안(內)에 있는 마을'이 되었다.

복내에는 사람의 훈훈한 인정이 남아 있다. 닷새마다 서는 장날이면 구경거리도 많다. 한 가지 아쉬움이 있다면 노령화되어 가고 있는 복내의 미래를 책임질 젊은이들이 보이지 않는다는 것이다. 농사일이 힘들다고 농촌을 떠나 도시로 나간 젊은이들이 꿈을 가지고 다시 돌아오는 날이 오기를 소망한다.

보성은 주암댐을 끼고 있어 주변 경관이 매우 아름답다. 물과 공기가 좋기 때문에 된장맛이 유별나게 좋다. 봉사자로 복내에 출입하던 한 자매님이 국산콩으로 만든 된장공장을 운영하기 위해 입주할 계획을 세우고 있다. 이처럼 공해 없는 산업을 일으켜 생산활동도 하고, 국민건강도 지켜 나갈 수 있다면 얼마나 좋겠는가? 하나님이 천지를 창조하시고 축복하셨던 그대로, 복내마을이 하나님 보시기에 좋은 생태마을로 회복되기를 소망한다.

공해에 찌든 도시를 탈출하여 대자연의 품으로 돌아오라. 용기를 가지고 뜻을 세우면 길이 보인다. 머지않아 황무지에 장미꽃이 피고, 하나님의 아름다움과 그의 영광을 보게 될 것이다.

"대저 나 여호와가 시온을 위로하되 그 모든 황폐한 곳을 위로하여 그 광야로 에덴 같고 그 사막으로 여호와의 동산 같게 하였나니 그 가운데 기뻐함과 즐거워함과 감사함과 창화하는 소리가 있으리라"(사 51:3).

소망의 땅에서 부르는 노래

전인치유교실 개설

"이 목사님! 이런 천혜의 자연조건에서 전인치유운동을 시작해 보면 어떻겠습니까? 제가 도와드릴 테니까 너무 염려 마시고 한번 시작해 봅시다."

1995년 여름, 복내를 둘러보신 김영준 장로님께서 소감을 대신해 하신 말씀이다. 이 말을 듣는 순간, 문득 지나간 세월이 필름처럼 스치고 지나갔다.

두레연구원 간사 시절, 나는 분열된 한국 교회의 역량을 결집하고 통일한국과 선교한국의 기반을 마련하기 위해 '지성인선교단체연합'과 '전인건강운동연합' 발족을 위해 헌신했었다. 그때 만난 조무성 교수님은 본인이 위암으로 투병하던 경험을 바탕으로 환자의 입장에서 전인치유운동을 하고자 애쓰셨다. 나는 지금은 고인이 된 전 체육부 장관 이영호 선생님과 함께 조 교수님을 도와 전인건강 포럼

을 준비했었다. 그리고 '전인치유운동'을 위해 조무성 교수님, 분당
두레교회 박철수 목사님과 함께 수차례의 모임과 기도회를 가진 끝
에 1994년 5월 17일, 양재 횃불회관에서 '전인건강발기인준비모임'
을 성황리에 개최하였고 박 목사님과 조 교수님과 같이 발기 취지문
을 준비하며 동역자들을 구하는 등 혼신의 노력을 다했다. 그러나 일
의 결실을 채 보지 못하고 건강을 잃었고, 진행하던 모든 사역을 포
기한 채 복내로 들어와 잊혀진 존재로 살고 있었다.

그러나 그날 김영준 장로님께서 던진 한마디에 나는 용의주도히게
계획하고 섭리하고 계신 하나님을 더욱 느낄 수 있었다. 하나님은 전
인치유선교의 구체적인 실현을 위해 나를 미리 현장으로 부르셨던
것이다. 그 뒤로 김 장로님은 강원용 목사님이 계신 크리스챤아카데
미하우스의 '물과바람연구소'에 '전인건강프로그램'을 개설하여 내
게 전인치유에 대한 다양한 경험을 쌓도록 하셨다. 한국 교회 진보진
영의 대표격인 강원용 목사님과의 교제는 내게 큰 유익이 되었다. 그
때부터 지금까지 김 장로님은 기독의료인으로서 전인치유사역에 성
실한 헌신을 해 오셨고 무엇보다 우리 가족을 부모와 같은 사랑으로
도와주셨다.

'전인건강발기인준비모임'이 있은 후 1년여가 지난 1995년 12월 8
일, 광주기독병원에서 전인치유운동을 위한 첫발로 '광주·전남지역
전인치유를 위한 발기인 모임'이 개최되었다. 기독의료계 중진들과
치유선교 동역자인 '한국누가회' 지체들, 그리고 뜻있는 목회자들과
치유선교에 관심 있는 120여 명이 모여서 이 일을 놓고 뜨겁게 기도
하였다. 이때 지금의 '한국기독교전인치유회'의 모태가 되는 실행위
원회가 구성되었다. 훗날 이사회로 발전되었고, 전남대학교 최영관
장로님께서 이사장을 맡아 물심양면으로 뒷바라지해 주셨다.

그리고 이듬해 1월 15일부터 19일에는 김영준 장로님을 모시고 누가회 식구들과 함께 역사적인 '제1기 복내전인치유교실'을 열었다. 복내전인치유선교센터의 구체적인 첫 사역이 시작된 것이다. 그 후 거듭해서 치유교실을 열면서 현대 의료와 영성치유 그리고 다양한 자연요법을 병용하여 환자들에게 적절한 도움을 주었다. 목회자들과 치유선교 헌신자들을 위한 지도자 코스를 개설하기도 했다. 방학 동안에는 의대생들을 위해 '전인치유아카데미'를 개최했다. 그 열매로 한국누가회 내에 '전인치유소그룹'이 탄생되었다. 장기 요양이 필요한 분이나 난치 환자들을 치유센터에 입소시켜 고통의 일부를 사랑으로 나누었다.

한편으론 전인치유사역의 필요성을 알리기 위해 전국의 병원과 의과대학을 순회하며 강의하였다. 그리고 목회자들과 교회를 대상으로 치유세미나를 꾸준히 열었다. IMF 중에 미국 교포인 김봉오 장로님과 무명의 간호사의 퇴직금을 헌납받아 낡은 조립식 건물을 철거하고 현대식 치유 시설인 '봉순관'을 지어 환자들을 위한 숙소로 사용하게 되었다. 모두들 어렵다던 그때에 꿈에도 그리던 예배당을 짓고 헌당예배를 드리는데 얼마나 감격스럽던지……. 나는 물론 참석자들조차도 흐르는 눈물을 주체할 수 없어 진행이 어려울 정도였다. 5년 동안 예배당이 없어서 식당에서 교육하고 예배를 드렸으니 그 감격이 오죽했겠는가!

꿈을 현실로 만드는 과정에 늘 좋은 일만 있었던 것은 아니다. 폭설이 내린 추운 겨울에는 며칠씩 산속에 갇히기도 했고, 수도 시설이 동파되기도 했다. 전화가 없어 위급한 상황에 대처하지 못하고 발을 동동 구른 적이 허다했고, 자동차가 없어 직접 무거운 짐을 지고 산길을 올라야만 했다. 해야 할 일은 눈앞에 보이는데, 경제적인 어려움으로 포기해야 할 때도 많았다. 무엇보다도 전인치유를 위해 준비된 일꾼을 만나기가 어려웠다. 궁여지책으로 건강도 여의치 않으신 장모님과 어머님께서 교대로 환자들을 섬겨 주셨다.

의료계를 짊어질 의대생과 졸업한 학사들의 신앙지도를 위해 출타하였다가 밤늦게 귀가할 때면 졸음운전을 하기가 일쑤였다. 사명을 감당하면서 과로로 인해 지쳐 쓰러져 일어날 수 없어 끙끙 앓기도 했다. 그러나 어려운 고비 때마다 성령님이 인도하신 대로 순종하며 물러서지 않았던 것은 사랑하는 아내의 힘이 컸다. 아내는 현실적인 판단으로 조언을 하였고, 맑은 영성을 유지할 수 있도록 끊임없이 현명한 충고를 해 주었다. 뿐만 아니라 환자들에게는 진실한 사랑을 베풀려고 노력했다.

초기에는 전인치유사역에 대한 교회와 사회의 이해가 부족하여 오해도 많았다. 어려운 가운데 사역을 꾸려 나가자니 아내와 의견 충돌도 잦았다. 고난의 여정을 함께 걸어 온 어린 두 딸을 부둥켜안고 여러 차례 울기도 했다.

하나님의 일을 하셔야 돼요

어린 두 딸을 저 멀리 필리핀으로 보내야 했던 그날을 생각하면 아직도 가슴 한 켠이 찡하다. 다희가 중학교 2학년, 사랑이가 초등학교 5학년 때였다. 한국의 여러 공동체학교를 백방으로 알아보았지만 우리 여건과 맞지 않았다. 그래서 결국 선택한 곳이 필리핀에 있는, 선교사 자녀들을 위한 기숙학교였다. 비록 우리 부부가 국내에 머물고 있지만 해외선교사와 같은 조건이라서 이런 결정을 내리게 되었다. 다희와 사랑이가 입학 인터뷰를 위해 서울에 다녀왔다. 인터뷰 담당 목사님이 사랑이에게 물었다.

"사랑아, 네가 기숙학교 학생 중에 가장 어린데 엄마하고 떨어질 수 있겠니?"

사랑이는 고개를 위 아래로 흔들면서 조그만 목소리로 대답했다.

"예. 부모님은 하나님의 일을 하셔야 되고요, 언니랑 저는 공부를 해야 하기 때문에 필리핀에 가야 해요."

고개를 끄덕이며 또렷한 목소리로 필리핀을 가겠다고 말했지만 사랑이의 눈에서는 눈물이 주르륵 흘러내렸다. 머리로는 떠나야만 하는 현실을 인정하지만, 아직까지 부모의 사랑을 받아야 할 나이였다.

필리핀으로 떠나기 전날, 나는 아이들의 손을 잡고 산책을 했다. 아이들은 개척 초기의 추억들을 고스란히 기억하고 있었다. 두 딸아이는 공부를 마치면 다시 이 골짜기로 와서 아빠 곁에 있겠다고 다짐했다.

떠나는 날 새벽, 큼직한 짐들을 차에 실었다. 아내만 필리핀까지 동행하고 나는 작별을 해야 했다. 이별의 슬픔을 진정시키기 위해 시냇가에서 서성이고 있는데 출발 준비를 마친 아이들이 내게 걸어왔다. 그러고는 두 아이가 약속이나 한 듯 동시에 내 품에 안겼다. 나는 두 아이를 끌어안고 하나님께 간절히 기도했다.

"하나님! 제 품에서 아이들을 떠나보냅니다. 이제부터 하나님께서 이 아이들과 동행해 주옵소서."

아이들의 눈에서 주르륵 눈물이 흘렀고 나 역시 눈물이 쏟아져 내렸지만 입술을 깨물며 울음을 참아 냈다. 아이들의 마음이 약해질까 싶어서였다. 곧 아이들은 손을 흔들며 아직 어둑한 산골짜기를 빠져 나갔다. 나도 그 자리에 서서 아이들이 탄 차가 보이지 않을 때까지 손을 흔들었다.

이별은 정말 가슴을 아프게 했다. 나는 예배당의 십자가 앞에 나아가 무릎을 꿇었다. 아픈 가슴을 쏟아 오열을 하며 마음껏 소리 내어 울었다. 하나님의 뜻에 순종하며 산다는 것이 버겁게 느껴지는 순간이었다. 한참을 울고 있는데 나지막이 성령님의 위로가 들려왔다.

"하나님 아버지께서 네가 자식을 떠나 보낸 아픔을 너무도 잘 알고 계신다."

전지전능하신 하나님인데 모르시는 것이 무엇이 있겠는가? 하지만 그때의 음성은 동일한 아픔을 경험한 자만이 헤아릴 수 있는 그런 '앎'이었다. 아! 그렇다. 하나님께서도 우리를 살리기 위해 독생자를 아끼지 아니하시고 죽음에까지 내어 주셨지 않은가? 그 하나님의 사랑을 생각하니 다시 하염없이 눈물이 흘렀다. 이제부터 육신의 자녀는 하나님께 맡기고, 영적 자녀들을 위해 아비 된 심령으로 돌보라는 소명을 깨닫는 순간이었다.

"하나님 아버지! 사랑의 영을 부으셔서 하나님의 마음으로 양들을 돌보게 하소서."

아침예배를 드리기 위해 환우들이 한 분씩 예배당으로 들어오셨다. 그들이 바로 하나님 아버지의 자녀요, 양들이었다. 나에게 돌보라고 보내 주신 귀중한 생명들이었다. 울음 섞인 목소리로 하나님 말씀을 나누었다. 여느 때보다 환우들과 내가 사랑 안에서 하나 됨을 느낄 수 있었다.

시간이 지났지만 이이들의 채취가 묻어 있는 물선을 볼 때마다 존재의 한 부분이 떨어져 나간 허전함에 가슴이 저며 왔다. 언젠가는 떠나보내야 했지만 아이들이 과연 적응을 잘할 수 있을지 염려스러웠다. 가끔 아내에게 아이들이 보고 싶지 않느냐고 물으면 아내는 아무렇지도 않다며 태연한 척했다. 그런데도 아이들의 방문은 왜 잠가 버렸는지……

큰딸 다희가 내 생일 선물로 색도화지에 말씀을 적어 만든 액자를 보내 왔다. 필리핀에서 설교를 듣는 중에 아빠 생각이 났다면서.

"무릇 내게 오는 자가 자기 부모와 처자와 형제와 자매와 및 자기 목숨까지 미워하지 아니하면 능히 나의 제자가 되지 못하고 누구든지 자기 십자가를 지고 나를 좇지 않는 자도 능히 나의 제자가 되지 못하리라"(눅 14:26-27).

쉽고 편한 길은 우리를 진리로 인도하지 않는다. 육체의 고난과 이별의 아픔은 영혼을 성숙시킨다. 고난의 역경을 통과하면서 흘린 눈물과 땀은 본래의 형상을 회복시켜 준다. 사람의 본래 형상은 하나님의 사랑의 성품이리라. 십자가의 고통을 통해 하나님의 사랑을 경험하게 되며, 고통 받는 자들의 영혼의 친구가 될 수 있다. 고통이 있을 때 비로소 영혼의 날개가 힘 있게 펴져 비상(飛翔)하게 된다.

사랑으로 하나 된 부부

그동안 많은 사람들이 복내를 거쳐 갔다. 요양 겸 봉사를 겸하는 분들과 함께 사역하다 보니 인력이 많이 부족했고, 이 때문에 우리 부부는 늘 가슴 졸여야 했다. 사역이 힘들다 보니 대부분 장기적으로 생활하지 못하고 떠나갔다. 경제적인 뒷받침을 충분히 하지 못해 젊고 준비된 인력을 활용하지 못하는 어려움도 있었다. 게다가 도시에서 꽤 떨어진 산골짜기까지 봉사의 손길이 미치기가 쉽지 않았다.

몇 년 전 우리 부부는 우리 힘만으로는 요양 중에 있는 환우들을 효과적으로 도울 수 없다는 판단을 한 적이 있다. 하루는 이런 어려운 형편을 전하려고 환우들이 머물고 있는 2층 숙소로 올라갔다. 방문을 살며시 열고 보니 환우들이 지친 몸으로 힘없이 누워 있었다. 나는 차마 말을 건네지 못하고 복도만 몇 번이고 왔다 갔다 하다가 다시 내려왔다.

　그날, 눈치 빠른 한 환우가 치유원 돌아가는 분위기를 알아채고 환우들만의 긴급회의를 소집했던 모양이다. 더 이상 목사님의 마음을 아프게 하지 말자면서 빠른 시일 내에 자진해서 퇴소하기로 결정을 내렸던 것이다. 마땅히 갈 곳이 없는 분들을 한 분씩 내보내자니 내 마음이 찢어지는 듯이 아팠다. 그들을 떠나보내고 나니 나 자신도 이 골짜기에 더 이상 머물러 있을 수 없었다. 서글픈 마음을 달래려고 가까운 바닷가로 나갔다. 복내 골짜기로 돌아갈 마음이 선뜻 내키지 않았다.

　머뭇머뭇하다가 결국 바다가 보이는 숙소에서 하룻밤을 청하게 되었다. 마침 텔레비전에서는 '느낌표'라는 교양 프로를 진행하고 있었다. 그날의 주제는 가출청소년을 잘 선도하자는 것이었다. 독일의 경우에는 청소년이 가출을 하여 어려움을 겪을 때, 모든 국민들이 따듯한 관심을 가지고 그들을 대해 주었다. 인터뷰에 응한 모든 국민들이 한결같이 '청소년보호위원회'를 떠올리면서 가출청소년을 안내해 주는 장면이었다.

　떠밀리다시피 떠난 암 환우들의 뒷모습과 텔레비전 속 모습이 오버랩 되면서 참았던 울음이 터져 나왔다. 이 땅에 교회도 많고 병원도 많은데 오갈 데 없는 암 환우들을 돌볼 만한 전문요양센터 한 곳이 없단 말인가! 절규하며 그저 눈물만 흘렸다. 청소년보호위원회도 있고 미아센터도 있지만, 암 환우를 도와주는 대표 기구나 기관이 우리나라 어디에 있는가?

　환우들이 떠나고 나니 결국 깊은 산골짜기에 아내와 나만 덩그러니 남아 있었다. 순천의 어느 목사님은 치유교실을 마치고 우리 부부만 두고 내려가시면서, 마치 돌아가신 아버님을 땅에 묻고 내려올 때의 그 참참한 심경이었다고 말씀하셨다.

환우들을 떠나보낸 지 며칠이 지나 주일을 맞이했다. 아내와 나 두 사람만이 예배를 드리려고 하니 도무지 힘이 나지 않았다. 예배당으로 들어가려고 하는데 아내가 피아노를 치고 있었다. 내가 들어가면 방해가 될까 싶어 교회 주변을 돌기 시작했다. 연못의 줄지어 노니는 잉어들, 땅바닥에 바짝 엎드려 있는 이름 모를 들꽃들, 길가에 늘어선 단풍나무들……. 순간 '저들도 하나님께서 유전자를 통해서 만드신 피조 생명체겠지. 그렇다면 인간뿐만 아니라 모든 식물들도 다 하나님을 찬양하고 있겠구나! 오늘 이곳에서 드리는 주일예배도 두 사람만이 드리는 외로운 예배가 아니라 살아 있는 모든 것들이 함께 드리는 지상 최대의 예배겠군' 하는 생각이 들었다. 나는 저들을 향하여 나지막한 목소리로 선포했다.

"모든 살아 있는 것들아, 너희도 감사함으로 하나님께 예배하라!"

모든 생명과 연대하여 하나 됨을 경험하는 것은 황홀한 일이었다. 그것은 모든 피조물과 한 존재 의식을 갖는 우주적인 생명의 일체감이었다. 절대 고독을 통해서만 깨달아지는 선물이었다.

"해와 달아 찬양하며 광명한 별들아 찬양할지어다. 하늘의 하늘도 찬양하며 하늘 위에 있는 물들도 찬양할지어다. 그것들이 여호와의 이름을 찬양할 것은 저가 명하시매 지음을 받았음이로다"(시 148:3-5).

심기일전하여 예배당으로 들어갔다. 아내가 빙그레 웃어 주었다. 나는 평소처럼 강단 의자에 앉았다. 그런데 갑자기 우스운 생각이 들었다.

'예배를 드리다가 아내가 화장실이라도 가면 어떻게 하지?'

아내가 예배 중에 볼일이라도 보러 가면 설교를 계속해야 하는 건지 돌아올 때까지 기다려야 하는 건지 고민이 되었다. 안 되겠다 싶어 "화장실 다녀올 일 있으면 예배 시작 전에 미리 다녀오십시오"라고 먼저 광고를 했다. 그러고 나서 찬송 몇 장을 정성을 다해 불렀다. 대표기도를 해야겠는데 기도할 사람은 아내뿐이었다.

"최 사모께서 대표 기도해 주십시오."

"이제까지 공예배 때는 한 번도 대표기도 안 했는데요?"

"담임목사가 시키면 그냥 순종하는 거예요."

"……. 예, 알겠습니다."

아내는 떨리는 음성으로 진실한 기도를 드렸다. 매일 아침 묵상 순서에 따라 그날 본문은 베드로전서 3장 1절에서 7절의 말씀이었다. 하나님께서 우리 부부에게만 조용히 하시고 싶은 말씀이 있으셨는지 마침 그날 주제가 '아내와 남편의 자세'였다. 우리는 우리 부부를 향해 조용히 책망하시고 격려해 주시는 하나님의 은혜에 감격하였다. 먼저 6절까지 나와 있는 '아내의 본분'에 대해 내가 설교를 했다.

"너희 단장은 머리를 꾸미고 금을 차고 아름다운 옷을 입는 외모로 하지 말고 오직 마음에 숨은 사람을 온유하고 안정한 심령의 썩지 아니할 것으로 하라. 이는 하나님 앞에 값진 것이니라"(3, 4절).

아내는 자신의 삶을 돌아보는 듯 고개를 연신 끄떡거렸다. 아내를 향한 교훈을 마친 후에 7절에 나와 있는 '남편의 본분'에 대해서는 아내에게 설교를 하라고 요청했다. 아내가 적이 당황해하면서 머뭇거리다가 어렵게 말을 꺼냈다.

"성령님께서 깨우치시는 대로 말씀에 은혜 받으세요."

짧으면서도 감동적인 설교를 해 주었다.

"남편 된 자들아, 이와 같이 지식을 따라 너희 아내와 동거하고 저는 더 연약한 그릇이요 또 생명의 은혜를 유업으로 함께 받을 자로 알아 귀히 여기라. 이는 너희 기도가 막히지 아니하게 하려 함이라"

(7절).

하나님은 아내가 연약한 그릇인 것을 나에게 다시금 깨우쳐 주셨다. 나는 아내를 귀히 여기어 기도가 막히지 않도록 힘써야겠다는 결심을 하였다. 부부를 위한 맞춤식 예배라는 생각이 들었다. 예배를 마친 후, 평소대로 서로 손을 잡고 마주보며 축복의 노래를 불렀다.

"너는 시냇가에 심은 나무라/ 하나님의 사랑 안에 믿음 뿌리내리고/ 주의 뜻대로 주의 뜻대로/ 항상 사세요."

우리 부부가 노래를 마칠 무렵에는 어느 새 한 몸이 되어 있었다. 등을 쓸어내리면서 서로 격려를 주고받았다.

"사랑합니다. 축복합니다."

이어서 아내가 광고를 했다.

"예배 후에는 황토방에서 교제를 나누겠습니다."

우리 부부가 하나 됨을 보시고 하나님이 얼마나 흐뭇해하셨을까? 두세 사람이 내 이름으로 모인 곳에 내가 그들 중에 함께하시겠다는 주님의 약속이 실감 났다. 또한 우리 부부가 사랑으로 하나 되었을 때에 모든 것을 넉넉히 이겨 나갈 수 있음을 확신케 하셨다.

전인치유교실의 어제와 오늘

이런저런 고비를 넘기며 지속되어 온 복내전인치유교실은 2004년 현재 60기를 넘어서고 있고, 지금까지 치유교실을 거쳐 간 사람만 2,000여 명이 넘는다. 그 외에도 일일 프로그램에 방문하신 분은 그 수를 다 헤아리기 어려울 정도로 많다. 2003년 1월 제50기 치유교실이 있던 날, 치유센터 설립 초기부터 의료책임자로 수고해 오신 김영준 장로님이 그동안의 사역을 이렇게 회고하셨다.

제가 미국 생활을 접고 김진홍 목사님의 부르심을 받아 남양만 두레마을에 온 것은 1994년 늦은 가을이었습니다. 전인치유센터를 설립하기 위해서입니다. 저는 암을 이겨 낸 체험을 담은 《사랑받는 세포는 암을 이긴다》라는 책을 출판하고 전인치유로 암도 이길 수 있는 하나님의 사랑을 알리기 시작했습니다. 김진홍 목사님은 당시 두레장학재단을 담당하고 있는 이박행 전도사님을 제게 추천하시면서, 전도사님을 전인치유지도자로 육성하자고 제안하셨습니다. 이것을 계기로 저와 이박행 목사님은 하나님의 소명을 받고 전인치유사역의 사명을 확신하면서, 이 산 중에서 모든 고난과 시련을 묵묵히 감수하며 주님이 인도하시는 대로 순종하여 오늘에 이르렀습니다. 돌이켜 보면 참으로 험난하고 고통스러운 길이었습니다.

지나온 길을 돌아볼 때, 출애굽기 15장 17,18절, "주께서 백성을 인도하사 그들을 주의 기업의 산에 심으시리이다. 여호와여, 이는 주의 처소를 삼으시려고 예비하신 것이라. 주여, 이것이 주의 손으로 세우신 성소로소이다. 여호와의 다스림이 영원무궁하시도다"라는 말씀이 복내전인치유선교센터에 내리신 말씀이었고, 바로 하나님의 소명이었음을 깨닫습니다.

주님은 이 천봉산에 주의 처소인 성소를 예비하시기 위해, 양영태 장로님을 인도자로 택하시고 그를 심으셨습니다. 양 장로님은 하나님의 부르심에 순종하여 전인치유선교센터가 설 수 있는 땅을 하나님께 바쳐 받침돌이 되어 주셨습니다. 이어서 이박행 목사님을 사랑의 손으로 선택하사 말씀을 실천함으로써 예수님이 명하신 치유의 사역을 하도록 이 산에 심으셨습니다. ……주님은 이렇게 모든 기초를 완성하셨습니다.

이어서 부족한 이 사람의 헌신을 허락하사, 드디어 1996년 1월에 제1기 전인치유교실이 이 산속에서 열렸습니다. 열악한 시설, 소수의 참가자, 경험 없는 봉사자, 턱없이 부족한 경제 사정, 말로 다 표현할 수 없는 고통이 이어졌으나, 우리를 단련하여 정금같이 쓰시려는 하나님의 사랑으로 알고 순종했습니다. 고통이 크면 클수록 감사의 눈물을 더욱 뜨겁게 흘리는 우리에게 하나님께서는 더 큰 힘을 주셨습니다. 만일에 사명감이 없었더라면 벌써 이 일은 문을 닫았을 것입니다.

한 기 또 한 기, 밑바닥에서 겸손과 사랑으로 환우들을 맞이하면서 오로지 주님이 함께해 주시는 힘에 의지하여 버텨 왔습니다. …… 참가자가 늘어 가면서 시설이 너무나 초라하고 비좁아 새 건물을 지어야겠다는 결심을 하게 되었습니다. 저는 미국으로 들어가 은퇴장로님들을 초청하여, '전인치유사역'이 이 시대 기독교인의 사명임을 역설하여 건축기금을 호소했습니다.

제 선배님이며 같은 병원에 근무하면서 서로를 너무나 믿고 존경하던 '김봉오' 장로님이, 이 사람을 신용하여 1998년 4월에 미화 20만 불을 제 통장에 입금해 주셨습니다. 저는 이 돈을 서슴없이 복내에 투입하기로 결심하였고, 이를 기반으로 현재의 전인치유 시설인 '봉순관'이 건립되었습니다. 봉순관의 아름다운 설계는 이창율 이사님께서 해 주셨습니다. 귀한 종 김봉오 장로님과 이창율 이사님을 하나님께서 기뻐하실 것이며, 하늘나라 명부에 기록하셨을 것으로 믿습니다.

이어서 보성 군수님은 이 산속 오솔길을 포장해 주셔서 많은 환우들이 어렵지 않게 치유원에 들어올 수 있게 하셨으니, 주님께서 기억하시고 축복을 내려 주시리라 믿습니다.

……이렇게 지나온 과정을 돌이켜 보면, 이 복내전인치유선교센터는 분명 출애굽기 15장 17절에 말씀하신 대로, 주의 처소를 삼으시려고 예비하신 곳이며 주의 손으로 세우신 성소입니다. 그러므로 여호와의 다스림이 영원무궁할 것이며, 이 사명은 분명히 이 나라 전역에, 아니 전 세계로 전파될 것으로 믿습니다.

사람도 살리고 교회도 살리는 전인치유

제50기 치유교실에는 방학을 이용해서 가족 단위로 참석하신 분들이 많았다. 그 중에서도 보은에 계신 유길조 목사님은 사모님과 장모님, 손위 처형 그리고 아들, 딸까지 데리고 참가하셨다. 유 목사님을 전인치유사역에 함께할 수 있도록 하신 분은 김범식 성도님이다. 그는 신앙생활을 해 보라는 아들의 권면을 평생 뿌리치며 살아오셨다. 그러나 쓸개암에서 간암으로 전이되었다는 사형선고 앞에서는 그 완고한 마음도 무너질 수밖에 없었다. 아들 후배인 서성우 선교사가 폐암으로 투병하다가 복내에 와서 치료되었다는 소식을 듣고 김범식 성도님이 복내에 오시게 되었다.

김범식 성도님은 연세가 많았지만 모든 교육을 진지하게 받으셨다. 정중한 예의에 고개가 숙여질 정도로 인격이 다듬어진 분이었다. 나흘째가 지난 새벽에는 다른 참가자들보다 한 시간 먼저 예배당에 나와 주기도문을 암송하는 열의를 보이기도 했다. 치유교실을 마친 다음에는 고향인 보은으로 가서 아들이 다니는 교회에 자발적으로 등록하였다. 신용협동조합 이사장을 지낼 정도로 지역 사회에서는 신망이 높은 분이어서 그의 출석은 대단히 놀라운 일이었다. 게다가 등록한 이후 새벽 기도회에 하루도 빠짐없이 참석하였다. 유 목사님은 이분이 어떤 경험을 하셨기에 갑자기 이렇게 변화될 수 있었는지 몹시 궁금해하였다. 지난 20년 동안 전도하려고 노력하였으나 무반응이었던 분이기에 더욱 그랬다.

마침내 유 목사님이 김범식 성도님과 함께 치유교실에 참가하셨다. 한 마리 잃어버린 양을 찾아 나선 목자이신 예수님의 마음이었다. 유 목사님은 복내전인치유교실 전 과정을 마치고 목회에 대한 새로운 꿈을 갖게 되었다면서 흥분하셨다. 다음 달에는 10여 명의 성도들을 모시고 다시 참가하였다. 이어서 그 다음 달에는 온 가족이 함께 같은 비전을 품어야겠다는 소망을 갖고 참가했다. 그 사이 김범식 성도님은 3개월 만에 성경을 삼독이나 하였다.

그리고 어느 날, 유 목사님이 전화를 걸어 흥분을 누르지 못한 채 말씀하셨다. 병원 진찰 결과, 김범식 성도님에게서 암의 흔적이 보이지 않는다는 것이었다. '세상에! 이런 일이 벌어질 수 있는가?' 의사도 환자 당사자도 보호자도 놀랐다. 3개월 정도 생명이 남았다고 진단했었는데 3개월 만에 치료가 되었으니 할 말이 없었다. 의사는 도대체 무슨 약을 먹었느냐고 물었으나 하나님의 말씀인 신약과 구약을 먹은 것밖에는 없었다. 은혜를 받은 그는 교회 앞에 있는 자신의 집을 시가보다 저렴한 가격으로 교회에 이전해 주었다. 20여 년 동안 교회 측의 집요한 요구를 애써 무시한 분이었기에 교인들은 감격했다. 전인치유를 통하여 성도도 살리고 교회도 부흥의 기회를 얻게 된 것이다.

제50기 치유교실에 참가했던 분 가운데 수원의 김 목사님 이야기를 소개한다. 서울의 큰 교회 수석부목사로 목회활동을 열심히 하던 중에 사모님이 유방암에 걸려 수년 전 수술을 받았다. 그는 수술실 밖에서 네 시간여 동안 두 손을 들고 기도했단다. 아내가 죽으면 자신의 인생도 끝이라고 생각했기 때문이다. 마침내 수술실 밖에 파란 불이 켜졌다.

김 목사님은 그 뒤로 아내의 건강 회복을 위해 마음을 다 쏟았다. 사모님은 그 힘든 항암치료 중에도 가발을 쓰고 성가대 봉사를 계속했다. 모든 치료과정을 마치고 정상적인 생활을 하고 있는데 심상치 않은 증세가 다시 나타나기 시작했다. 병원에 가서 재검진을 했더니 암이 재발됐다는 진단이 나왔다. 하늘이 무너지는 것 같았다. 재발하면 회복이 어렵다는 이야기를 줄곧 들어왔기 때문이다.

사모님은 낙심되어 우울증까지 얻게 되었다. 그러나 믿음의 뿌리가 워낙 견고하신지라 다시 일어서기 시작했다. 그러던 중 사모님께 양육받은 제자 한 명이 모 병원 응급실에 근무하는 남편과 함께 사모님을 찾았다. 자신들이 지난달에 복내전인치유교실에 참가하여 의사로서 큰 도전을 받았다면서 목사님 내외분에게 참석을 강력히 종용하였다.

"목사님! 복내에 가면 사모님도 사시고 목사님의 목회가 달라집니다."

의사라는 사람이 이렇게까지 나오는데 배길 재간이 없었다. 처음에는 떠밀리다시피 걸음을 떼었다. 첫 교육을 마친 후에 목사님은 한국 교회를 살리는 대안이 바로 전인치유목회라면서 흥분했다. 한 달이 지난 후 10여 명을 모시고 다시 내려오게 되었는데, 부교역자 부부와 아내, 그리고 유방암으로 고통 받는 환자들을 대동하고 왔다.

김 목사님과 나는 산책을 하면서 전인치유목회에 대한 비전을 나누는 뜻 깊은 시간을 가졌다. 김 목사님은 좀 살집이 있어서 '저팔계 목사', 나는 좀 야윈 덕에 '사오정 목사'라는 별명을 쓰기로 했다. 저팔계와 사오정의 만남! 왠지 불길한(?) 예감이 드는 만남이었다.

그리고 이제 수원 지역의 젊은 목회자 다섯 명이 금요심야기도회를 전인치유 성격의 연합집회로 이끌어 가기로 했다고 한다. 얼마나 소망스러운 일인가? 각 지역마다 이런 물결이 일어날 수만 있다면 전인치유는 한국 교회의 연합과 일치 그리고 영적 갱신에 물꼬를 트는 일이 될 것이다. 더 나아가 심각한 질병으로 질식해 가는 현대인들에게 교회가 앞장서서 탈출구를 열어 갈 수 있을 것이다. 김 목사님이 수원으로 돌아가서 우리 홈페이지에 이런 글을 올렸다.

> 49기에 이어 50기를 마치고 오늘 사역지로 돌아왔습니다. 함께한 4박 5일은 생명의 축복을 나누며 생명 주심의 확신을 느끼는 시간이었습니다. 수고하신 김영준 장로님과 이박행 목사님께 감사드립니다. 동행했던 집사님들이 영적 흥분을 감추지 못하는군요. 모두 귀가시키고 새벽 1시에 집에 왔습니다. 피곤하지만 귀한 사역을 마쳤기에 기쁨이 넘치고 내 안에 유전자가 또다시 춤을 추는 은혜를 경험합니다. 이박행 목사님 힘내세요. 이제 이 사역은 결코 외롭지 않은 사역이 될 것입니다. 기도하며 21세기 목회의 새로운 지평과 물꼬를 트는 일을 함께 나누며 가십시다. 승리하세요, 복내 가족 여러분!!!

50기 치유교실에 참가한 분들 가운데는 절절한 사연이 참 많았다. 다섯 아이를 낳은 덕분에 결혼 15년 만에 처음으로 외출했다는 어떤 사모님의 간증은 듣는 이의 가슴을 뭉클하게 했다. 순천에서 오신 초등학교 선생님은 대안교육과 전인치유를 접목시키고 싶다는 비전을 나누었다. 중풍으로 몸이 불편하신 선교사님을 수년째 내조하고 계신 한 사모님의 '범사에 감사합시다' 라는 간증은 모두의 마음을 숙연케 했다. 목포에서 부모님을 따라온 초등학교 5학년 승천이는 최연소 수

료자의 기록을 남겼다. 전남대학교 의대생들이 전인치유 현장 경험을 쌓기 위해 봉사해 주었다. 멀리 순천북부교회에서 디르샤 여성중창단이 와서 아름다운 하모니로 50기 개최를 축하해 주었다. 이 산골짜기에서 이런 일이 일어날 줄은 하나님 외에는 아무도 몰랐다.

새 일을 행하리라

지난 9년 동안, 하나님은 약속대로 에스겔의 환상을 이루어 주셨다. 황무지에 집을 지어 사람을 살게 하시고, 주변 환경을 단장하여 에덴동산처럼 만들어 주셨다. 개척 초기의 어려움을 알고 계신 분들은 지금도 이 골짜기에 발을 내딛으면서 눈물을 글썽거리신다. 그동안 이 골짜기에서는 매일같이 사랑의 기적이 일어났다. 죽음 앞에 있던 마른 뼈와 같은 영혼들이 소망을 회복하여 여호와의 군사가 되어 세상을 향해 파송되었다. 현재는 깡통교회로 유명한 안디옥교회의 바울선교회 예비선교사들이 전인치유교실을 필수 코스로 지정하여 치유교실에서 훈련받고 있다. 대학생 선교단체 예비간사들도 과정을 거치고 있다. 신학대학원에도 전인치유과목이 개설되어 후진들이 양성되고 있다. 각 교회와 연합회에서 전인치유에 대한 계몽 활동을 꾸준히 하고 있다. 또 젊은 의료인들의 모임인 한국누가회를 통해 만난 헌신된 의료인들을 친구로 교제할 수 있는 기쁨도 누리고 있다. 뿐만 아니라 많은 환자들을 섬길 수 있도록 내 건강노 회복시켜 주셨다.

나는 앞으로 새 일을 행하실 하나님을 더욱 기대하고 있다. 복내 마을을 중심으로 생명 회복과 보존을 위한 총체적인 사역을 꿈꾼다. 그 첫째가 전인치유센터를 좀더 활성화하여 운영하는 것이다. 그동안 복내에서 실행해 온 프로그램들을 전국 교회의 목회자들과 환자들을 위해 적극적으로 나누기 원한다. 정기적인 전인치유교실을 통하여 환자들의 육체와 마음 그리고 영혼을 함께 치료하는 것이다. 육체의 결핍 때문에 고통당하고 있는 이들을 돕는 일은 영혼의 구원에 이르는 지름길이다. 양·한방의 현대 의학과 자연 및 전통 요법을 연구·개발하여 환자들에게 도움을 주려고 한다. 더 나아가 전인건강운동 단체들과 폭넓은 협력관계를 맺어 국민건강 증진에 기여하려고 한다. 이는 병이 든 이들을 돕는 치유목회보다 좀더 근본적인 일이다. 나는 이를 '예방목회'라고 부른다. 그리고 현대 의료를 보완하기 위한 실험을 계속 할 것이다. 생활의학을 기초로, 인격치유를 그 방법으로 하여 궁극적으로는 영혼을 추수하는 방식이 될 것이다. 하나님께서 지난 시간 동안 확실한 증거들을 우리에게 주셨다.

둘째로 영성훈련센터를 건립하는 것이다. 모든 문제의 근원은 영적인 것으로부터 출발한다. 성경적인 인생관, 가치관, 세계관, 특히 기독교 의학 교육을 실시하여 정신세계를 개조시키는 것이다. 생각이 결과를 낳기 때문이다. 성경 묵상, 기도, 금식, 공동체생활훈련, 노동과 사랑의 봉사·실천을 통하여 성숙한 그리스도인으로 양육할 것이다. 기존의 감성을 부추기는 체험 중심의 기도원이나 지적인 훈련을 강조하는 제자훈련이 한계에 봉착했다는 안타까운 소리가 들려온다. 이는 사회도 변하고 살아가는 방식도 달라졌는데 방법은 여전히 옛것만을 고집하고 있기 때문이다. 심력, 지력, 체력, 영력, 관계회복 등을 자연친화적인 조건에서 실시할 때 효율적인 영성훈련이 이루어질 수 있다. 이제 한국 교회 성도들이 통전적인 영성훈련을 받아 예수님을 닮은 제자들로 성장해야 할 것이다. 전인적으로 연마된 지도력으로 시대와 민족을 변화시켜야 할 것이다.

셋째로 불·난치 환자들을 위한 재활요양센터를 건립하려고 한다.

특히 암 환자들에게는 전인적인 돌봄이 절실히 필요하기에 시급하게 이루어졌으면 한다. 전국 64곳의 호스피스 시설로는 1년에 암으로 죽어 가는 6만 3천 명의 환자 가운데 겨우 1천 명에게밖에 도움을 주지 못한다(2002년 통계). 그나마 호스피스 시설에 대한 부정적인 인식이 있어서 환자들과 그 가족들이 이용을 꺼리고 있는 실정이다. 그래서 재활과 요양에 중점을 둔 신 개념의 전인치유 전원병원을 세우려는 것이다. 치유를 받은 후에는 친환경적인 주거공간에서 땅과 함께 생활을 하면서 여생을 마칠 수 있도록 전원 주거공간도 마련해야 할 것이다. 이미 유럽에는 전인건강요양센터들이 건립되어 많은 환자들의 삶의 질을 고양시켜 주고 있다. 한국 교회가 힘을 합하여 암을 비롯한 불·난치 환자들에게 안식처를 마련해 주었으면 하는 바람 간절하다.

넷째로 선교센터를 운영하여 공동체적인 의료선교 정책연구 및 훈련을 실시하려고 한다. 국내외 치유선교 지망생들을 선발하여 훈련한 뒤 각지로 파송할 것이다. 현재 우리나라의 경우, 산수 좋은 곳에 자리잡은 기도원들이 텅텅 비어 있다. 대형교회에서 운영하는 기도원들의 한 해 적자가 수억 원이라고 한다. 개인 재산이라면 누가 그런 식으로 운영하겠는가? 앞으로 기도원들이 사랑과 봉사를 위한 전인치유요양원으로 변화되기를 기도하고 있다. 그리고 남아 있는 미전도 종족들과 이슬람 지역을 효과적으로 선교하기 위해서는 의료인이 포함된 선교 공동체가 반드시 필요하다. 앞으로 선교센터에서 배출된 일꾼들이 전국과 세계에 흩어져 작은 자들을 섬기는, 사랑의 혁명이 일어나기를 바란다.

다섯째로 영농법인을 설립하여 자연 유기농법을 연구하고 시행하려고 한다. 복내는 주암댐으로 인해 상수원 보호지역으로 지정되어 있다. 마을주민들은 아무 일도 못 하게 되었다고 불평들 하지만, 나는 오히려 쾌재를 부른다. 이는 생태농업을 할 수 있도록 자연환경이 조성되었을 뿐만 아니라 국가적인 지원도 예상되기 때문이다. 친환경적이며 지속적인 개발이 가능한 산업을 일으켜서 도시를 떠난 사람들이 다시 찾아오고 싶어 하는 생태마을을 주민들과 함께 건설하고 싶다. 이미 뜻을 품고 헌신한 지체들을 통해 재래식 된장공장이 들어설 계획이다. 생태공원을 조성하여 어린이와 청소년들을 위한 전인건강 캠프도 운영할 것이다. 이 프로그램이 정착되면 대안교육 공동체를 만들어 미래의 주역들을 키워 낼 꿈도 꾸고 있다. 여기서 배출된 인재들이 건강한 나라와 교회를 세워 가는 일에 헌신하기를 바란다.

결국, 내 소망은 하나님의 뜻이 총체적으로 이 땅 위에 임하는 것이다. 아무리 황량한 들판이라도 교회가 한 곳 세워지면 마을과 주민들 그리고 환경에까지 하나님의 평강이 임하도록 하는 것이 21세기 전인치유목회라고 생각한다. 하나님께서는 예나 지금이나 교회를 통해서 구속의 경륜을 이루어 가고 계신다. 예수께서 이 땅에 오셔서 가르치시고, 선포하시고, 질병을 치유하시고, 그 권세를 교회에 위임하셨다(마 10:1).

목양을 책임져야 할 목회자가 자신을 먹여 줄 천 명 성도를 찾아다닐 것이 아니다. 목회자 자신이 거룩한 뜻을 품고 양을 위해 희생하면 천 명을 바른길로 인도할 수 있다. 주님의 종이라면 '아골 골짝 빈들에도 복음 들고 가오리다' 라고 고백한 약속들을 실행해야 할 것이다. 지금은 자연으로 돌아가야 한다. 광야의 외치는 자의 소리가 필요하다. 생명 위기에 있는 양들을 다시 자연으로 불러들여 생명회복을 위한 대안공동체를 건설해야 할 때이다. 그리고 더 나아가 점점 자정능력을 상실해 가는 도시인들의 영혼을 정화하는 선교를 감당해야 할 것이다.

나는 아직도 어리고 미숙한 종이다. 앞으로도 하나님의 도우심 없이는 한 발짝도 나아갈 수 없다. 그러나 하나님은 그분의 계획을 믿고 순종하는 자에게 반드시 승리의 기쁨을 주시는 분이심을 나는 믿는다. 이 시대에도 민족과 교회를 새롭게 하기를 원하는 바알에게 무릎 꿇지 않는 창조적인 소수를 하나님께서 예비하고 계신 줄 믿는다. 나는 뜻을 합하여 교회와 민족 더 나아가 세계를 향해 하나님의 구속의 경륜을 드러낼 용기 있는 자들을 기다린다. 이들과 함께 천봉산 골짜기에서 생명을 살리는 사랑의 공동체를 이루고 싶다. 복내에서부터 시작된 하나님의 사랑이 큰 물결이 되어 교회와 민족을 뒤덮고 세계 모든 족속들에게 생명의 노래를 회복시키기를 기도한다.

"보라, 전에 예언한 일이 이미 이루었느니라. 이제 내가 새 일을 고하노라. 그 일이 시작되기 전이라도 너희에게 이르노라. 항해하는 자와 바다 가운데 만물과 섬들과 그 거민들아, 여호와께 새 노래로 노래하며 땅 끝에서부터 찬송하라"(사 42:9, 10).

산 위에서 빛을 발하는 도시란
대조사회로서의 교회로,
대조사회야말로 세상을 바꾸어 놓는
교회를 가리키는 기호다.
교회가 그 대조성(Contrast)을 상실한다면
소금으로서의 짠맛을 잃게 된다.
교회가 나약하게도 그 빛을
발산하지 못하고 만다면,
교회의 존재 의미는 사라지는 것이요,
교회는 여느 사람들의 멸시를 받게 되고,
사회는 그리하여 다시는 하나님을 알아뵙지
못할 처지가 되고 마는 것이다.
산 위에 자리한 도시가 숨겨져 있을 수는 없다.
　　　　　　　　　　－게르하르트 로핑크

사랑이 낳은 기적

환자 맞아요?

광주에서 오신 김 집사님은 위에서 발병된 암세포가 간까지 전이되어 간의 68퍼센트가 돌처럼 굳어진 분이다. 그동안 다른 요양원에서 철저하게 식이요법을 하였으나 상태가 더 악화되었고, 영적인 만족을 채우지 못해 극도로 낙심한 상태에서 치유센터로 들어오셨다.

우리 가족은 매일 밤마다 김 집사님을 가운데 눕히고 사랑의 중보기도를 드렸다. 간절히 드리는 합심기도에 김 집사님은 작은 '아멘' 소리로 겨우 자신의 마음을 표현했다. 오랜 간호로 지친 김 집사님의 아내도 하나님의 위로를 받으면서 하염없이 눈물을 흘렸다. 부부는 두 팔로 서로 끌어안고서 지친 마음을 위로했다. 김 집사님의 아내는 잠자리에 들기 전에 기도와 찬송을 하며 올리브유로 남편의 배를 마사지해 주었다. 사랑받는 세포는 암을 이길 수 있다는 믿음을 가지고서.

요양한 지 한 달째 접어들쯤 김 집사님은 처음과는 비교할 수 없을 정도로 혈색이 좋아지셨다. 식사할 때는 밝은 목소리로 치유센터 분위기를 주도할 정도였다. 밥맛이 없어 힘들어하던 그분이 맞나 싶을 정도였다. 치유센터 가족들이 고추를 심을 때는 검은 모자를 눌러쓰고 현장 감독도 하셨다. 틈만 나면 산을 타고 올라가서 고사리와 취나물을 뜯어 식탁에 올리기도 했다. 얼마 후에는 광주에 외출도 하셨는데 복내까지 한 시간을 넘게 손수 운전을 하고 왔다는 이야기를 듣고 모두 환호성을 질렀다. 김 집사님은 이제 간암으로 입소한 다른 환자들에게 자신의 간증을 나누면서 희망을 불러일으키고 있다.

우리가 살고 있는 보성은 녹차밭으로 유명한 곳이다. 환자들과 한 달에 한 번씩은 녹차밭과 녹차해수온천탕으로 소풍을 다녀오는데, 한번은 녹차밭에서 군수님을 만나 인사를 나누게 되었다.

"군수님! 안녕하십니까?"

"어이구, 이 목사님! 오랜만입니다. 여기는 어쩐 일이십니까?"

"환우들과 소풍을 왔습니다."

"환우들은 어디 있습니까?"

"바로 이분들입니다."

군수님은 도저히 이해할 수 없다는 표정이었다.

"암 환자들의 얼굴이 이렇게 환할 수도 있네요."

"치유센터에 처음 입소할 때는 부축을 받아야 할 정도로 힘든 환우들이었지요."

내가 보기에도 환우들의 병세가 처음 치유센터에 왔을 때와는 비교할 수 없을 정도로 호전되고 있었다.

녹차밭 구경을 마치고 녹차해수온천탕이 있는 율포로 갔다. 목욕탕에 들어가 때를 불린 다음 환우들의 등을 밀어 주었다. 그런데 김 집사님이 내 등 뒤로 재빨리 다가오더니 등을 밀어 주겠다고 하셨다. 겸연쩍었지만 고마운 마음에 등을 내어 드렸다. 김 집사님은 가쁜 호흡을 몰아쉬면서 열심히 때를 밀었다.

"목사님, 무슨 때가 이렇게 많이 나온대요?"

"다행입니다. 암 환자가 이렇게 힘들어 등을 미는데 때가 많이 나와야 보람이 있잖아요?"

"그렇지요!"

암 환자가 자기를 돌보는 사람을 복욕시켜 주는 일이 세상에 어디 또 있겠는가. 하지만 서로 사랑하기를 힘쓰는 우리 치유센터에서는 가능하다.

한번은 며칠 동안 목회자 세미나를 인도하고 돌아와 지친 몸으로 저녁예배를 드린 적이 있다. 쉬고 싶기도 했지만 유방암 환자를 위한 중보기도가 우선이었다. 기도를 드린 후 다른 환우들에게 물었다.

"여러분 중에 중보기도 받으실 분 또 없습니까? 기도해 드리겠습니다."

"우리는 괜찮으니 오늘 밤만큼은 목사님이 받으세요. 목사님 여기에 누우세요."

환우들이 이구동성으로 자신들의 통증은 없어졌으니 이제는 목사님께 사랑의 빚을 갚을 수 있도록 해 달라고 했다. 그 제안을 받는 순간 코끝이 찡하게 달아올랐다. 방 한가운데 누워 있는 내 온몸에 환우들은 가녀린 두 손을 얹고 눈물어린 기도를 해 주었다. 환우들의 사랑을 받는 그 순간 '천국은 이런 곳이구나!' 라고 생각했다. 김 집사님은 내 건강을 염려하여 붕어를 사다 정성껏 즙을 내어 몸보신하라면서 주셨다.

그때 나는, 사랑이란 일방적으로 주는 것이 아니라 서로 주고받는 것임을 깨달았다. 사랑을 줄 수 없을 만큼 가난한 사람도 없고 사랑을 받지 않아도 될 만큼 부유한 사람도 없다는 노래가 마음에서 흘러나왔다. 지금까지 살아온 생애 중에 이토록 아름다운 시절이 있었는지 모르겠다. 아마도 하나님과 동행하는 자에게 주시는 영생의 기쁨이 아닌가 싶다. 영생에 이르는 길을 묻는 이들에게 예수님은 "하나님을 사랑하고 네 이웃을 네 몸과 같이 사랑하라"고 말씀하셨다. 천국은 먼 미래의 어떤 특정한 장소를 가리키는 것이 아니다. 예수님이 우리 가운데 오셨을 때, 이미 그 나라는 시작되었다. 그 나라에 들어가는 열쇠는 믿음이다. 그리고 사랑의 나눔을 통해 이루어진다.

사랑하면 건강해져요

치유센터에 살고 있는 쥐를 몰아내기 위해 고양이 한 쌍을 사 왔다. 그런데 이 녀석들이 식당과 부엌을 가리지 않고 여기저기 뛰어다녀서 어쩔 수 없이 두 마리를 한 줄에 묶어 놓게 되었다. 그러자 전혀 예상치 못한 재미있는 상황이 벌어졌다. 각자 가고 싶은 곳으로 달려가다가 서로의 목줄에 걸려 넘어지는 것이었다. 고양이들이 몸부림을 치면 칠수록 점점 줄에 걸릴 뿐이었다. 힘이 센 고양이가 약한 고양이를 질질 끌고 다니질 않나, 먹을 것이 생기면 으르렁거리며 다른 고양이를 얼씬도 못하게 하질 않나.

다음날 보니 서로 지쳤는지 두 마리 모두 힘없이 앉아 있었다. 그리고 하루가 더 지나서 재밌는 일이 일어났다. 이 녀석들이 서로 간격을 맞추어 나란히 걸어 다니기 시작한 것이다. 싸움을 멈추고 함께 걷게 된 것은 서로 운명공동체라는 것을 깨달았기 때문일 것이다.

생물학자들이 쥐를 대상으로 사교 관계와 체내에서 일어나는 변화를 연구한 적이 있다. 첫 번째 우리에는 한 마리 쥐를 넣고, 두 번째 우리에는 다섯 마리를 함께 넣어 쥐끼리만 살게 했다. 그리고 세 번째 우리에는 다섯 마리를 넣되 사람과 사귀면서 살게 했다. 그리고 같은 시간에 같은 음식을 넣어 주었다. 환경은 같게 하되 교제 형태는 달리한 것이다. 시간이 지나면서 첫 번째 우리에 혼자 사는 쥐는 성격이 날카로우며 공격적으로 변했고 육백 일을 살았다. 두 번째 우리의 쥐들은 대체로 보통 성격에 칠백 일을 살았다. 세 번째 우리의 쥐들은 활발했고 구백오십 일을 살았다. 왜 쥐들의 수명이 다른지를 연구하는 중에 사랑을 받은 쥐의 체중이 제일 많이 나기는데 그 이유는 다른 쥐보다 뇌의 무게가 더 무겁기 때문이라는 사실을 알아냈다. 쥐의 뇌를 해부해 본 결과, 첫 번째 우리의 쥐의 뇌신경 세포간의 그물망은 빈약하였지만 두 번째 우리의 쥐들의 그물망은 혼자 사는 쥐보다 훨씬 발달해 있었다. 세 번째 우리의 쥐들은 그물망이 섬세하게 얽혀 있었다. 이 실험은 사랑을 받고 사랑을 나누는 생활이 두뇌 현상에 얼마나 큰 영향을 미치는지를 보여 주었다.

사람도 마찬가지다. 다른 사람을 사랑하고 도우면서 사는 이타적인 사람의 뇌와 자기밖에 모르고 친구도 없이 사는 이기적인 사람의 뇌는 다를 수밖에 없다. 가족과 교우 그리고 일터의 동료들 사이에는 보이지 않는 줄이 묶여 있다. 모두가 자기만을 생각한다면 앞으로 나아갈 수 없다. 모두가 자기만 고집한다면 생명의 풍성함을 누릴 수 없다. 비록 힘들지만 더불어 사는 훈련이 된다면 공동체는 거대한 힘을 발휘하게 된다. 우리의 가정과 직장을 강하게 하는 힘은 사랑과 평안의 끈으로 하나 되는 것이다.

참 포도나무에 가지가 붙어 있으면 열매를 맺는 것처럼, 서로 사랑하고 위해 주며, 격려하고 힘을 주며, 용서하고 서로를 위해 기도하면 열매가 저절로 맺힐 것이기 때문에 걱정할 필요가 없다. 사랑 안에 있으면 반드시 풍성한 생명의 결실을 맺게 된다. 사랑은 우리를 하나 되게 하여 하나님의 거룩함에 이르도록 하는 신비한 축복이다.

사랑과 인체의 상관성

하나님의 사랑이 어떻게 우리를 치료하는가? 하나님은 영이시기에 보이지 않지만 사랑으로 자신의 존재를 드러내신다. 그 사랑은 빛이요, 소멸하지 않는 불이다. 그래서 내면의 어둠을 내쫓을 수 있는 것이다. 두려움은 염려, 불안, 죄의식과 관련이 있다. 이것들은 광범위한 증상들을 일으킬 수 있고, 다양한 감정적·육체적 무질서를 가져올 수 있다. 그렇지만 하나님의 사랑이 우리 안에 가득 찰 때, 우리는 하나님 안에서 완전해지며 염려와 불안은 사라지게 된다. 사랑이 온전히 이루어지면 심판 날에 담대함을 갖게 된다. 어려운 현실을 뚫고 일어설 수 있는 용기가 생기는 것이다.

사랑은 그 자체가 바로 우리의 생명이라고 할 정도로 우리 인간에게 중요하다. 사랑으로 가득 찬 사람은 쉽게 늙지 않고 오랫동안 젊음을 간직할 수 있으나 사랑이 없는 메마른 사람은 빨리 늙어 죽는다는 사실에 많은 학자들이 동의하고 있다. 사랑이 노화를 방지하는 가장 좋은 묘약인 것이다.

서울대 의대 신경과학연구소장 서유헌 박사는 사랑과 인체와의 상관성을 다음과 같이 밝히고 있다. 최근 연구에 의하면, 사랑에 대한 열정은 뇌에서 유리되는 여러 종류의 신경 전달 물질에 의해 좌우되는 것으로 밝혀지고 있다고 한다. 지적이고 형이상학적인 사랑은 '도파민'이라는 신경 전달 물질에 의해 이루어진다. 도파민은 이성과 지성, 창조를 관할하는 중요한 신경 전달 물질이다. 이 도파민 신경계의 발달로 천재나 영재가 될 수 있고 도파민 신경계의 고장으로 정신

분열증이 발생한다고 알려져 있다. 플라토닉 사랑은 바로 ‘도파민성 사랑’이라고 이야기할 수 있는데, 사랑의 열정은 강하지 않으나 오래도록 사랑의 향기가 지속된다.

좀더 열정적이고 감정적인 사랑은 ‘페닐에틸아민’이라는 전달 물질에 의해 주로 이루어진다고 한다. 뇌에서 페닐에틸아민이 많이 생성되어 나오면 사랑의 열정이 증가된다. 이어서 뇌에 있는 모르핀인 엔도르핀이 분비되어 사랑을 더욱 성숙하게 만들고, 사랑의 희열을 극대화시키며 지속시킨다. 이 신경 전달 물질들은 잠시도 가만히 있지 못하게 하며 마약과 같이 푹 빠지게 하는 ‘격정적인 사랑’의 묘약이다. 바로 상사병의 주역인 셈이다. 오랫동안 사랑해 온 연인이 죽었을 때, 깊은 슬픔에 잠기게 되는 이유도 바로 이 엔도르핀이 감소하기 때문인 것으로 알려졌다.

사랑의 감정은 생물학적으로 볼 때 도파민, 페닐에틸아민, 엔도르핀, 옥시토신과 같은 신경 전달 물질들의 조화로운 작용으로 생긴다고 할 수 있다. 이러한 조화로운 작용이 깨질 때 사랑의 감정이 사라지고 노화가 더욱 빨리 진행되나, 조화로운 작용이 오래도록 지속되면 사랑의 감정이 충만하여 장수에 이를 수 있다.

관심과 사랑을 실천하면 감정을 매개하는 신경 전달 물질에 긍정적인 영향을 미치게 되고, 억제적인 신경 전달 물질계의 활성은 낮추고 흥분성 신경 전달 물질계의 활성은 높여 주어 일의 추진력을 향상시킨다. 그뿐만 아니라 임파구를 포함한 면역계의 활성도 높여 주어서 우리 몸을 각종 질병에서 방어할 수 있게 해 준다.

많은 의학보고서에서 볼 수 있듯이 ‘긴밀한 관계’가 사랑을 받는 사람에게 긍정적인 영향을 미치는 것으로 나타났다. 의학박사 케스린 쿤트라프는 약물예방훈련프로그램 담당자로서 ‘사랑은 건강에 중

요한 영향을 끼친다'는 것을 증명하기 위하여 〈미국의학저널〉
(*American Journal of Medicine*)에 게재된 웨스턴 리저브 대학의 연
구 내용을 인용하였다.

협심증을 앓은 적이 없는 1천 명의 기혼 남자들을 대상으로 연구했
는데, 이들은 콜레스테롤 수치가 높고 고혈압과 당뇨가 있었으며 중
년의 나이에다 심전도 역시 비정상이었다. 앞으로 5년 내에 협심증으
로 발전될 가능성이 20배 이상 많은 사람들이었다. 연구 결과는 흥미
로웠다. "당신의 아내는 당신에게 사랑한다는 표현을 자주 합니까?"
라는 질문에 "아니요"라고 대답한 사람들은 협심증이 2배나 더 많이
나타났다. 콜레스테롤과 혈압의 수치가 높을수록, 걱정과 스트레스가
많을수록 배우자의 사랑은 더욱 중요한 완충제 역할을 한다.

〈미국전염병학저널〉(*American Journal of Epidemiology*)에 게재된
한 연구에서, 연구자들은 십이지장궤양을 앓아 본 적이 없고 증상도
보이지 않는 8천5백 명의 남자들에게 궤양 증상이 나타나기 전에 완
성하는 조건하에 질문지를 나눠 주었다. 5년 후 2백54명의 남자들에
게서 궤양 증상이 나타났는데, "아내가 사랑과 지지를 보여 준다"고
대답한 남자보다 "내 아내는 나를 사랑하지 않는다"고 답한 남자들
이 3배가 넘는 궤양 증세를 보였다. 즉 배우자의 사랑이 흡연, 나이,
혈압, 일에 대한 스트레스 혹은 다른 요인보다 더욱 강하게 궤양 증
상에 영향을 미친 것이다.

진실로 우리는 사랑의 하나님께서 명하신 '서로 사랑하라'는 계명
에 순종할 때에 건강한 삶을 누릴 수 있게 되어 있다. 우리 모두가 수
직적으로는 하나님과 긴밀한 관계를 형성하고 수평적으로는 그 어떠
한 배경과도 상관없이 사람과 사람 사이 긴밀한 관계를 형성하는 것
이 참 아름다운 일이다.

“사랑하는 자들아, 하나님이 이같이 우리를 사랑하셨은즉 우리도
서로 사랑하는 것이 마땅하도다”(요일 4:11).

더불어 사는 삶이 주는 유익

처음 하는 중보기도

환우들은 오랜 투병생활을 해 오면서 병보다 무서운 것이 '외로움'인 것을 잘 알고 있다. 그 외로움을 이길 수 있는 것은 열린 관계이다. 그래서 우리 치유센터에서는 누구나 사랑을 주고받으며 고독을 이길 수 있도록 돕고 있다. 서로가 힘을 불어넣어 마음이 안정될 때 환우들은 참 행복을 느끼게 된다.

한편 고독은 우리의 영혼을 정화시킨다. 비고 비인 마음에 성령님의 불길은 뜨겁게 타오르고 이로써 하나님의 진정한 사랑을 깨닫게 된다. 그 사랑은 오래된 죄책감으로부터 영혼을 자유롭게 하며, 마음의 평화를 누리게 한다. 심령이 새로워지면 그동안 속여 왔던 흑암의 권세는 사라지고 위로부터 부어지는 소망이 생긴다. 인생이 겨울 한복판에 서 있지만 두렵지 않다. 겨울이 지나면 봄이 오듯이 고난 너머에는 부활의 소망이 있기 때문이다. 하나님의 거룩한 사랑은 세속의 물결을 뛰어넘게 하는 하늘의 능력이다. 하나님의 사랑은 불꽃이 되어 언 땅을 따뜻하게 지펴 나간다.

치유센터에서는 매일 오후 황토방에 모여 환우들끼리 쑥뜸을 떠 준다. 황토방에 그윽한 쑥향이 어우러진 고즈넉한 산골짜기를 마음 속으로 그려 보기 바란다. 배 위에 올려져 있는 쑥뜸에서 연기가 모락모락 피어올라 방 안을 가득 채운다. 쑥뜸의 열기는 피부를 뚫고 들어가 오랜 질병으로 쇠약해진 몸의 기운을 북돋아 준다. 시중을 드는 사람은 밤바다를 사랑으로 어루만져 준다. 조용히 들려오는 찬송가로 마음이 편안해진다. 그리고 옆에 누워 있는 환우의 손을 잡고 사랑의 기도를 드린다.

"하나님 아버지! 나의 마음에 흐르는 사랑의 불기운이 지체의 몸에 퍼져 있는 암세포를 태우게 하소서."

쑥뜸이 끝나면 체질에 따라 따뜻한 녹차와 오미자차를 마신다. 황토방 아궁이에는 장작들이 활활 타고 있다. 옹기종기 모여 손을 비비면서 장작불에서 나오는 원적외선을 쬔다. 아무리 창백한 안색이라도 연지곤지를 찍어 바른 신부마냥 얼굴이 빨갛게 달아오른다. 일상적인 얘기에도 무엇이 그렇게 우스운지 까르르 웃음이 터져 나온다. 마음이 훈훈해지면서 막혔던 담이 허물어진다. 장작불이 꺼져 숯불이 되어 갈 때면 감자나 고구마를 묻어 둔다. 주위에 둘러선 가족들의 눈들이 반짝이고 입 안에는 침이 가득 고여 산다. 사랑의 추억이 마음의 창고에 쌓여 간다. 힘든 일을 만났을 때, 마음 창고에서 이 추억들을 꺼내 보면 위로가 될 것이다.

아침저녁으로 드리는 예배시간에는 말씀을 통해서 천상의 세계를 경험한다. 오전에는 그룹으로 성경공부를 하며 영적인 대화를 나눈다. 환우들은 주님의 말씀만이 자신의 생명을 소생시켜 줄 수 있다면서 목마른 사슴이 시냇물을 사모하듯이 은혜를 사모한다. 시한부 인생들에게 하나님의 말씀은 생명 그 자체이다. 말씀을 통해 하나님의 사랑이 저들의 영혼에 부어진다.

한번은 사도행전을 중심으로 묵상 시간을 가진 적이 있다. 성령의 능력은 초대 교회 성도들에게 새로운 삶의 양식, 즉 말씀과 기도 그리고 유무상통하는 삶을 살도록 했다. 그리고 표적과 기사를 날마다 더하여 구원받는 사람을 더하셨다. 우리는 사도행전 말씀을 묵상하면서 이 시대에도 변함없이 성령의 공동체를 통하여 치유의 은총을 더하시리라고 확신하게 되었다.

이렇게 사도행전 말씀을 나누던 중에 경기도 퇴계원에서 직장암으로 오신 정 집사님이 성령 충만을 경험하셨다. 그는 자신의 영혼을 비추는 사랑의 빛 앞에서 매시간 참회와 감격의 눈물을 흘렸다. 이제까지 남을 위해 진실한 기도 한 번 드리지 못했다면서 이른 새벽과 늦은 밤에 예배당에 나와 눈물로 중보기도를 드렸다. 또 직장암의 고통을 잊은 채 고통 받는 말기 암 환자들을 보살피기 시작했다. 오후 시간에는 환자들을 위해 쑥뜸과 지압, 안마로 봉사하셨다.

정 집사님은 광주에서 오신 말기 위암 환자의 손을 붙잡고 밤이 새도록 가족들과의 화해를 권면하기도 했다. 35세 된 말기 위암 자매님은 남편과의 갈등의 골이 너무 깊은 나머지 마음의 분을 삭이지 못해 암을 얻게 되었다. 위통이 있어 병원에 갔더니 위암 말기란다. 곧 수술대에 올랐으나 이미 퍼질 대로 퍼져 버려 손도 못 대고 그대로 덮어 버렸다. 자매님은 피해의식과 남편에 대한 증오심을 가슴에 품고 살았다. 이에 정 집사님은 그 자매님을 위해 간절히 기도하며 설득했다.

며칠 후 자매님은 남편과 시어머니에게 화해를 요청했고, 자신의 죄를 용서해 달라는 말까지 남겼다. 그리고 아름다운 주일 아침에 하나님 품에 안기고 싶다는 소망을 말하였다. 소원대로 자매님은 주일 아침에 고통스런 생을 마감하고 영원한 안식으로 들어갔다. 정 집사님은 자신의 기도에 응답하셔서 영혼을 변화시켜 주신 하나님의 사랑에 뜨거운 눈물을 흘렸다.

이렇게 헌신적으로 중보기도에 앞장서는 정 집사님이 복내에 오게된 사정은 이렇다. 정 집사님은 2000년 7월에 직장암 수술을 받고 항암치료와 검사를 해 오고 있었는데 4차 항암치료 중 암이 재발한 것이 발견되었다. 의사는 첫 수술은 성공적이었지만, 항문을 살리기 위해 약간 미심쩍다 싶은 것을 그대로 둔 것이 화근이었다고 하며 재수술을 하자고 했다. 전이가 아직 없는 것이 불행 중 다행이었다. 하지만 이번에는 항문을 막고 인공항문을 내어야 한다고 했다. 의사의 지시도 잘 따랐고 수술도 잘되었기에 무난히 나을 것이라 생각했는데 재발선고를 받고 나니 앞이 캄캄했다. 수술을 다시 해 봤자 또다시 재발하지 말란 법도 없고 건강보다 죽기 전에 하나님과의 관계를 바로 하는 것이 우선이라는 생각을 하게 되었다. 지나온 인생길을 돌아보면서 하나님과의 관계가 바르지 않았음을 깨달은 것이다.

어린 시절, 알코올 중독자 아버지에게 학대받는 어머니 밑에서 자란 정 집사님은 많은 상처를 입고 살아야 했다. 결혼 적령기가 되자, 예수 믿는 사람이라는 이유 하나만으로 남편과 결혼하였다. 외아들로 가난한 집안에 홀시어머니 수발을 들며 살아가고 있었다. 그런데 신앙인 남편에 대한 그녀의 기대는 산산조각이 났다. 알고 보니 그와 결혼하기 전부터 여자가 있었고, 결혼 후에도 여자관계가 복잡하기 이루 말할 수 없었다. 예수 믿는 남자면 안심할 수 있을 거라 생각했는데 독선적이고 가부장적인 것이 말할 수 없을 정도였다. 교회 직분까지 맡고 열심히 섬기는 것 같지만 불신자보다 못한 남편 때문에 교회에 나가도 답답하기만 하고, 기도도 안 되었다. 남편을 미워하며 원망하는 정 집사님 마음에 상처만 깊어 갈 뿐이었다. 살아도 살아 있는 것 같지 않았다.

결혼생활로 고생하면서 폐결핵과 자궁적출 수술까지 받았지만 남편은 변화되지 않았다. 참고 참다가 애들을 어느 정도 키워 놓았다고 생각되어 결혼 20년 만에 이혼을 했다. 남편 얼굴을 안 보면 살 수 있을 거라는 생각에서였다. 남편은 이혼 조건으로 자식들과의 생이별을 강요했다. 이런 오래된 상처와 남편에 대한 한과 분노가 몸에 독으로 쌓여 암이 생길 수밖에 없었던 것이다.

가까운 기도원에 가서 기도를 하는데 자신은 잘못한 게 하나도 없는 피해자인데 암까지 걸려 억울하다는 생각만 들었다. 죄라면 참고 견딘 거밖에 없는데⋯⋯. 맺힌 것을 풀고 용서하라는 설교말씀을 들었지만 남편을 용서할 수가 없었다. 그러다가 말씀에 순종하는 뜻에서 10일간 금식을 했다. 그런데 놀랍게도 말씀을 듣고 읽고 기도하던 중, 하나님 앞에서 자신이 얼마나 큰 죄인인지 깨닫게 되었다. 말씀대로 살지 않았고, 자식을 위해서 기도도 제대로 드리지 않았고, 주일을 제대로 지키지 않았음을 알고 참회의 눈물을 흘렸다.

말씀 앞에서 눈물 흘리며 회개할 때 주님을 만났다. 그때 병을 이길 수 있다는 것과 하나님의 사랑을 깨달았다. 책을 좋아해서 늘 읽을거리를 옆에 끼고 살았지만 정작 신앙서적과는 담을 쌓고 지내던 정 집사님은 그날 이후 신앙서적을 즐겨 찾게 되었다. 그리고 때마침 김영준 장로님이 쓰신 《사랑받는 세포는 암을 이긴다》라는 책을 만나게 되었다. 한 자 한 자 정독해 가던 중 하나님과의 관계만 정립된다면 병은 아무것도 아니라는 생각이 들어 우리 치유센터에 내려오게 되었다.

이혼 후 살기 위해 몸부림치면서 외롭게 생활하던 중 지금의 남편을 만났다. 재혼한 남편은 첫 아내를 폐암으로 잃었다. 그는 아내를 살리기 위해 기도원에서 오랫동안 생활하며 기도와 찬양을 드리며 아픈 아내를 돌보았다. 하지만 기도원에서 의학을 무시하고 기도만 하는 것은 곤혹스러웠다. 아내의 팔이 부어오르자 기도원에서는 암세포가 팔 쪽으로 몰려나가는 것이라고 했다. 그 바람에 다른 조치도 못 취해 보고 기도원에서 아내를 잃었다. 남편은 이 일로 상처를 받아 재혼을 한 뒤에도 교회만 왔다 갔다 할 뿐 마음을 열지 않았다.

그래서 정 집사님이 수술을 거부하고 기도원에 들어간 것과 복내로 내려가는 것을 남편은 매우 못마땅하게 생각했다. 그는 어떻게 그리 독할 수 있느냐면서 이제 교회에 발을 끊는다는 조건으로 정 집사님을 내려 보냈다. 정 집사님은 전 남편과 아이들 문제 때문에 지금의 남편에게 마음고생을 많이 시켜 온데다가 자신마저 암에 걸려 재발한 것이 한없이 죄스러웠다.

복내는 정 집사님의 안식처이자 작은 천국이었다. 정 집사님은 복내에서의 생활을 이렇게 말씀하셨다.

"전 이곳에서 적잖이 놀라고 큰 감동을 받았습니다. 그 중에서도 환자를 눕혀 놓고 목사님과 환우들이 손을 얹고 사랑의 중보기도를 하는 모습은 충격에 가까웠습니다. 음식 또한 꿀맛이었습니다. 사랑이 담긴 기도로 만든 음식을 깊이 감사하며 먹었습니다. 목사님과 봉사자들을 보면서 하나님의 사랑이 어떤 것인지 비로소 깨달았습니다. 한 번도 남을 위해 기도해 본 적이 없는 제가 이곳에서 처음으로 중보기도라는 것을 해 보았습니다. 하나님의 사랑이 얼마나 큰지 말씀을 보면서 알게 되었습니다. 몸도 많이 좋아졌습니다. 직장암에 걸리고 나니 참 단순한 듯한 배변이 얼마나 감사해야 할 일인지 깨닫게 되었습니다. 늘 시원하지 않고 찔끔 보았는데 여기 온 지 얼마 안 되어 나도 모르는 새 정상적인 변을 보았습니다. 꿈인지 생시인지……. 처음엔 일시적인 것이 아닐까 했으나 꿈이 현실이 되었습니다.

그리고 저녁예배 때마다 말씀 묵상을 하고 서로 나누면서 내 영혼은 흥분되었습니다. 말씀 가운데서 하나님의 사랑과 위로를 받았고 때론 성령님의 책망도 들었습니다. 말씀을 통해서 하나님의 음성을 듣게 된 것입니다. 매일 산책하고 운동하면서 피곤한 감도 없어지고 이제 건강하다, 살았구나 하는 확신이 들었습니다. 전엔 말씀 따로 생활 따로여서 성령님을 몰랐지만 말씀에 가까워지니 성령 충만이 어떤 것인지 알게 되었습니다. 전엔 항상 기뻐하라, 범사에 감사하라는 말씀에 내가 왜 그래야 하는지 몰랐지만, 이제는 알게 되었습니다. 하나님이 우릴 너무 사랑하시니까 기뻐하지 않을 수 없는 것입니다. 또한 말씀대로 항상 기뻐해야 건강한 삶을 누릴 수 있다는 진리가 거기에 있었습니다."

정 집사님은 자신감도 회복하셨다. 전 남편 때문에 아이들을 보지 못하면서 마음에 너무 큰 멍이 들었고, 자신을 이해해 주지 못하는 큰 아들과의 관계에서 패인 골은 큰 상처가 되었다. 사도행전을 묵상하는 중에, 자식은 하나님의 것인데 하나님이 기뻐하시는 자녀가 되도록 잘 가르치지도 못하고 기도하지도 못했던 것에 가슴이 미어졌다고 한다. 자신의 영혼이 주님 안에서 치유되면서 이제 화해의 손을 내밀 자신이 생겼다고 하면서도 죽기 전에는 다시 보고 싶지 않다는 큰아들에게 쓴 편지는 아직 부치지 못하고 있다고 했다. 정 집사님은 숨이 붙어 있는 날까지 예수님과 함께 고난을 이겨 나가겠다면서 이렇게 다짐하셨다.

"복내에 오면서 내 인생에는 큰 변화가 있었습니다. 옛날의 나는 십자가에서 죽었고 여기서 새로 태어난 것입니다. 이제 내가 할 일은 내 남편이 하나님과 화목케 되는 것, 생이별로 생긴 자식들의 상처를 하나님께서 싸매어 주시도록 기도하는 것입니다. 원망과 저주 대신에 나로 인해 상처받은 자들을 위해 사랑으로 기도할 마음이 생겼습니다. 아무 죄 없이 나를 위해 돌아가신 예수님을 생각하면 아무것도 항변할 말이 없습니다. 참사랑이 무언지 깨달은 사람으로서 숨이 붙어 있는 날까지 이웃을 돌보고 싶습니다. 죽음의 고통을 이미 겪은 사람으로서 아픈 사람을 위해 기도해 주고 위로해 주면 그들이 힘을 얻을 수 있을 것 같습니다. 그들에게 희망과 용기를 불어넣는 것이 바로 제가 할 일입니다."

남편을 죽인 아들

1999년 8월, 로사 태풍이 복내 산골짜기를 할퀴며 불어 댔다. 골짜기를 타고 올라온 회오리바람은 현관의 철제문도 뒤틀어 놓을 만큼 위력이 대단했다. 그 바람에는 나무도 견디지 못하고 하늘로 치솟았다가 길 위로 쓰러졌다. 형제들과 나는 길을 내기 위해 억수로 쏟아지는 빗속에서 톱질을 했다. 물기가 묻은 톱날이 자꾸 목질에 걸려 나무 몇 개 자르고 나니 기진맥진했다. 하필이면 그날이 17기 치유교실이 시작되는 날이었다. 나는 참가하기로 예정된 환우들이 무사히 도착할 수 있을지 걱정이 되어 산 어귀까지 몇 번이고 왔다 갔다 했다.

그 중에는 보성군 회천보건소 간호사님의 소개로 오실 아주머니도 포함되어 있었다. 드디어 환우를 태운 차가 도착해서 맞고 보니, 뒷좌석에 길게 누운 환자가 보였다. 아들로 보이는 사람이 그 환자를 안아 숙소로 옮겼다. 그들을 따라 방에 들어가 보니 환자 특유의 노린내가 진동했다. 영양실조로 손가락이 오그라져 있었다. 아래를 살펴보니 소변주머니가 달려 있었다. 혼자서는 꼼짝할 수 없는 하반신 마비 환자였다. 대개 이런 환자들은 두세 시간마다 자세를 바꿔 주지 않으면 욕창이 생기기 때문에 누군가가 옆에 붙어 있으면서 간호를 해야 한다.

봉사자들은 아주머니의 손발이 되어 하나님의 사랑을 나눠 주었다. 며칠이 지나자 아주머니의 얼굴이 풀어지고 어색하지만 가끔 웃음도 지어 보였다. 어느 날 아침, 간이침대에 누워 예배를 드리고 난 뒤 아주머니가 애타는 표정으로 나를 불렀다. 그리고 주저주저하면서 말을 꺼냈다.

"목사님! 제가 이곳에 와서 하나님을 믿게 되었습니다. 그리고 하나님께 내 처지를 말씀드렸습니다. 그런데 목사님께도 꼭 말씀을 드려야 할 것 같아서요."

나는 오그라진 그의 손을 붙잡고 안심을 시켰다. 그의 눈에선 눈물이 하염없이 흘러내렸다. 한참을 그렇게 울다가, 가슴에 묻어 두었던 사연을 꺼내놓기 시작했다.

결혼을 하면서부터 그의 인생에 어두운 그림자가 드리워지기 시작했다. 알코올 중독자인 남편에게 매일 구타를 당한 것이다. 지옥이었다. 남편은 과대망상증까지 있어서 능력 밖의 엄청난 일을 저지르고는 모든 뒤처리를 아내에게 강요했다. 파월 장병이었던 남편은 국가를 위해 생명을 바쳤다는 것을 훈장 삼아 매사에 시비를 걸었다. 빚더미에 찌든 가정을 일으키기 위해 파출부 생활을 하며 고생했지만 되돌아오는 것은 주먹질뿐이었다. 아주머니가 복내에 오시기 3년 전쯤, 남편은 여느 때처럼 술에 잔뜩 취해 문을 걷어차고 집으로 들어왔다. 들어오자마자 생트집을 잡고 아주머니를 구타했는데 하필이면 남편의 발길질에 목덜미가 채였다. 정신을 잃고 혼수상태에 빠진 아주머니는, 그때부터 몸이 마음먹은 대로 움직이지 않았다. 목 아래 하반신에 마비가 온 것이다. 그리고 피눈물 나는 투병이 시작되었다.

자신의 폭력에 아내가 반신불수가 되었음에도 남편은 여전했다. 술에 만취되어 들어와 아내에게 욕설을 퍼붓고, 이젠 피할 수도 없는 지경이건만 발길질을 해 댔다. 일이 이 지경이 되다 보니 아들들이 아버지에게 분노를 품기 시작했다. 그리고 어느 날, 어머니에게 폭력을 휘두르는 아버지를 보다 못한 큰아들이 홧김에 아버지를 넘어뜨리고 끈으로 목을 졸라 죽이고 말았다. 큰아들은 즉시 구속 수감되어 검사 구형 15년을 받고 판사의 선고를 기다리게 되었다.

졸지에 남편을 잃고 아들마저 감옥에 갇힌 신세가 된 아주머니는 작은아들과 고등학생 딸이 정성껏 간호를 했지만 살 의욕을 찾지 못하고 절망의 늪에서 허덕이고 있었다. 수면제를 먹고 자살을 하려 해도 움직일 수 없었다. 몇 번이나 혀를 깨물고 죽으려고도 했지만 그때마다 남은 자식들 걱정에 포기하고 말았다. 그 소식을 전해들은 큰아들이 어머니에게 애원하는 편지를 보냈다.

"사랑하는 어머니! 좌절하시면 안 됩니다. 제가 형기를 마치고 나가서 효도할게요. 다시 한 번 용기를 내어 일어나셔야 합니다."

아주머니는 눈물 젖은 편지를 마음에 담은 채 더 이상 자식에게 짐이 되어서는 안 되겠다고 결심하였다. 그러던 중 보건소 간호사님에게서 치유센터를 소개받은 것이다. 처음에는 자기 같은 사람을 무료로 받아서 봉사해 주는 데가 어디 있겠느냐면서 거절을 했지만, 간호사님의 끈질긴 설득으로 오게 되었다. 아주머니는 믿음으로 살아갈 수 있도록 도와 달라고 애원하면서 연신 눈물을 흘렸다.

이 사연을 듣는 순간, 무거운 납덩어리가 가슴을 짓누르는 것 같았다. 이렇게 기구한 운명이 있을까? 이렇게 살 바에는 차라리 죽었으면 더 좋았을 텐데 하는 심정도 들었다. 하지만 나는 하나님께서 이 딸을 통해 이루시고자 하는 뜻이 있을 거라는 믿음을 붙잡으려고 안간힘을 썼다. 정신을 가다듬고 아주머니의 눈물을 닦아 주며 목석같이 굳어져 버린 하반신을 부여안고 눈물로 기도드렸다.

"사랑하는 아버지 하나님! 이 딸에게 있는 남편에 대한 분노와 증오를 녹여 주시고, 남편을 용서하게 해 주십시오. 아들을 감옥에 넣어 둔 채 살아야 하는 이 어머니의 마음을 위로해 주소서. 치유의 은총을 허락하셔서 두 다리로 걸어 다닐 수 있도록 해 주소서. 아니, 가슴이라도 들 수 있어서 방을 기어 다닐 수 있게라도 해 주소서. 영양실조로 오그라진 손도 다시 펴 주셔서 마음껏 쥘 수 있도록 해 주소서. 이 딸이 비록 누워 있으나 수많은 자들에게 하나님의 사랑을 증거하게 해 주소서. 주 예수님의 이름으로 기도합니다. 아멘."

다른 환자들도 자신의 아픔을 잊은 채 온기가 식어 있는 자매님의 온몸을 붙들고 합심으로 부르짖었다. 우리 모두는 아주머니를 위해 온 정성과 사랑을 쏟았다. 의자에 앉을 수 없기 때문에 앉아서 먹을 수 있는 임시 식탁을 만들었다. 봉사자들은 아주머니의 식사를 날라다 주며, 자신들도 그 자리에 앉아 함께 식사를 했다. 밥상을 받은 아주머니는 지난 3년 동안 따뜻한 국 한번 제대로 먹지 못했는데 하면서 눈물을 글썽거렸다. 여기 와서 평생 처음 사람대접을 받고 보니, 자신도 반드시 일어나서 다른 사람을 도우면서 살아야겠다는 말씀도 하였다. 누워 있는 아주머니는 환한 얼굴로 이미 다른 환우들과 봉사자들에게 하나님의 사랑을 나타내고 있었다. 아주머니의 마음이 남을 배려하는 아름답고 고운 마음씨로 변해 가는 것을 보면서 하나님의 사랑은 능치 못한 것이 없음을 다시 한 번 확신하게 되었다.

하나님께서는 아주머니에게 재활의 길을 예비하셨다. 강의를 위해 치유센터를 방문하신 광주기독병원 송경의 원장님이 재활치료를 돕겠다고 약속해 주신 것이다. 그 후 재활의학과 전평식 과장님과 원목실 그리고 자원봉사자들의 협조로 본격적인 재활치료가 시작되었다. 그동안 사정이 여의치 않아 발급받지 못한 생활보호자 카드도 발급되었다. 이제는 전국 어느 병원에 가더라도 무료 치료를 받을 수 있을 뿐 아니라 정부보조로 생활비도 받게 되었다. 얼마 전 큰아들에게 4년이라는 최종 구형이 선고되었다. 15년 검사 구형에서 11년이나 감형되었으니 얼마나 감사한지 모른다. 또 어느 독지가의 도움으로 그동안 살던 컨테이너 생활을 정리하고 방 두 칸짜리 보금자리를 마련하게 되었다. 여전히 걸어가야 할 험난한 투병의 길이지만, 하나님만 바라면서 꿋꿋이 나아가기를 기도드린다.

사랑, 여성의 힘

50대 중반의 아주머니 한 분이 치유센터를 찾으셨다. 심장병으로 온몸이 퉁퉁 부어 숨쉬는 것이 편치 않은 분이었다. 아주머니는 결혼을 했으나 임신을 하지 못해 결국 합의이혼을 당했다. 이혼 후 얼마 만에 아이가 둘 있다는 홀아비를 소개받아 고심하다가 재혼하여 섬으로 들어갔다. 그런데 결혼 후 며칠이 지나, 전처가 낳은 아이들이라며 한 명씩 데리고 오는데 다섯 명이나 되었다. 시집을 안 올까 봐 아이들을 친척집에 숨겨 두었다가 한 명씩 데려온 것이다. 그렇다고 결혼을 물릴 수도 없어서 그냥 주저앉았다. 그리고 자신도 임신이 되어 아이를 낳았고, 아이를 어느덧 넷이나 낳게 되었다. 아주머니는 눈만 뜨면 아홉 명이나 되는 아이들 뒤치다꺼리에 정신없이 살았다.

결혼생활은 평탄치 못했다. 남편은 전처의 아이들에게 잘 못 해 준다면서 돌담 사이 구멍으로 늘 감시의 눈초리를 보냈다. 술에 만취된 어느 날은, 남편에게 무조건 복종하지 않는다고 낫을 들고 죽이려고도 했다. 엉겁결에 나무로 된 부엌문을 닫고 들어가면 남편은 낫을 찍어 대며 문을 흔들었다.

한술 더 떠서 3대째 외아들인 남편의 무분별한 자녀 사랑 때문에 아이들도 성격이 비뚤어져 있었다. 얼마나 버릇이 없는지 시간에 맞춰 밥상이 차려 있지 않으면 엄마에게 예사로 주먹질을 했다. 더욱 소망이 없는 것은 남편이 하루걸러 한 번씩 목포에 나가 해녀들과 외박을 하고 들어오는 것이었다. 자신은 몸이 콩가루가 될 정도로 아이들과 씨름하고 밭일에 진땀을 흘리고 있는데…….

이런 상황이 계속 되면서 언제부턴가 가슴에서 썩은 냄새가 올라오기 시작했다. 그동안 충격을 받아 심장에 이상이 생긴 것이 분명했지만 선뜻 병원에 가질 못했다. 큰 병이 나서 입원이라도 하면 이 많은 자식들을 누구에게 맡길지 염려되었기 때문이다.

그렇게 힘겹게 살아가던 중 우여곡절 끝에 섬 생활을 정리하고 여수로 이사 나오게 되었다. 남편은 새 여자를 얻어 두 사람 사이에서 낳은 아들 둘을 데리고 떠나 버렸다. 새로 얻은 여자에게도 자녀들이 넷이나 있었다. 여수에 나온 아주머니는 본인이 낳은 딸만 둘 데리고 혼자 살았다. 그러던 중 심장병이 날로 심해져 제대로 숨을 쉴 수 없을 지경이 되었다. 하루하루를 예측할 수 없는 불안한 생활이었다. 죽었다가 살아나는 위험한 고비를 숱하게 넘겼다. 오그린 채 죽으면 염을 할 때 어렵다는 이야기를 듣고서 잠잘 때는 두 손을 가지런히 펴고 잠을 청했다.

병세는 깊어 가고 병원비가 없어 쩔쩔 매고 있던 중 정식 면허는 없지만 심장병을 잘 치료한다는 한 사람을 소개받았다. 돌팔이 의사라고도 할 수 있겠지만 다행히 그분의 도움에 힘입어 목숨을 이어 갈 수 있었다.

그러던 중 남편이 동거하던 여자와 헤어졌다는 소식을 듣게 되었다. 부모로부터 물려받은 재산을 완전히 탕진하고 알거지가 되자 동거녀가 떠났다는 것이다. 아주머니는 주위 사람들과 친지들의 결사적인 반대를 무릅쓰고 남편을 다시 받아들이기로 결심했다. 물론 아버지가 불쌍하다는 딸들의 착한 마음씨도 일조했다.

드디어 집을 나간 남편이 들어오자 만감이 교차했다. 실로 오랜만에 한 방에서 자려 하니 이것이 꿈인지 생시인지! 다른 한편으론, 부부로서 애정도 없는데 왜 이런 선택을 했는가 하는 마음도 있었다. 남편이 한없이 불쌍하면서도 한편으로는 칼로 찔러 죽이고 싶은 심정이 불쑥 튀어 올랐다.

'한 칼에 죽여야 남편에게 보복을 당하지 않을 거야. 어디를 찌르면 한 번에 죽일 수 있을까?'

이런 공상에 사로잡혔다가도 스스로 놀라 머리를 흔들었다. 가끔은 폭발할 것 같은 분노와 보복의 감정을 다스리려고 갖은 노력을 다했다.

어느 날, 아주머니는 남편이 굵은 뱀 위에 누워 있는 꿈을 꾸었다. 남편은 일어나라는 재촉에도 아랑곳하지 않고 여기가 좋다면서 움직이질 않았다. 똑같은 꿈을 연 삼일 동안이나 꾸게 되자 머지않이 심상치 않은 일이 벌어질 거라는 생각이 들었다. 아니나 다를까, 얼마 후 남편은 폐암 말기 선고를 받게 되었다. 이 말에 아주머니의 눈에서 이유 없는 눈물이 하염없이 흘렀다. 칼을 휘두르지 않아도 죄의 대가를 스스로 치르고 있는 남편의 초라한 모습 때문이었을까, 아니면 미우나 고우나 한 이불 덮고 살아온 남편에 대한 애정이 조금이라도 남아서일까?

아주머니는 자신의 사연을 눈물로써 말하더니 내게 기도 요청을 하셨다.

"목사님! 저에게 다른 소원은 없어요. 오직 사랑하는 마음을 갖도록 해 주세요. 나 자신도 부끄러운 죄가 있는 사람인데 누가 누굴 정죄하겠어요? 남편이 죽기 전에 진심으로 사랑하는 마음을 갖게 해 주세요."

아주머니와 대화를 하면서 나도 남성의 한 사람으로서 가해자라는 생각이 들어 고개가 숙여졌다. 그리고 잊을 수 없는 상처를 사랑으로 싸매려고 몸부림치는 여성의 거룩함에 감탄하지 않을 수 없었다. 신랑 되신 예수님이 어린 양의 혼인잔치에 이 땅의 여성들을 거룩한 신부로 맞이해서 그 눈에 눈물을 씻어 주실 것이다.

숨어 계신 하나님

어느 추석날, 집으로 가지 못한 분들을 위로해 주려고 특별 예배순서를 마련했다. 환우들이 돌아가면서 자신이 좋아하는 찬송을 한 곡씩 부르고, 각자의 마음을 담은 기도문을 낭독하는 시간을 가졌다. 영혼의 아픔을 치유받기 위해 이곳에 온 한 자매님은 '고통을 받아들이는 기도'를 읽다가 그만 복받치는 서러움에 울먹이기 시작했다. 유방암에서 시작하여 암이 폐로 전이되어 요양 중인 다른 자매님 역시 눈물에 젖은 채 가쁜 호흡을 조절해 가며 띄엄띄엄 기도문을 읽었다. 모두들 눈을 지그시 감고 눈물을 참으려 노력했지만 어느새 코끝이 찡해지면서 눈가에 눈물이 고이는 것을 막을 수는 없었다.

간경화로 요양차 부산에서 막 도착한 강 집사님 차례가 되었다. 좋아하는 찬송 한 곡을 부르고 기도문을 읽으라는 요청에 퉁명스럽게

"나는 기도문 안 읽고 그냥 내 마음대로 기도하면 안 됩니까?"라고 물으셨다. 그러고는 이렇게 기도하셨다.

"하나님! 어찌 이런 일이 있을 수 있습니까? 내 자식들 아픈 것 안 볼라꼬 피해서 이곳까지 왔는데, 내 자슥 같은 놈들이 몸이 아파 눈물 흘리는 모습을 차마 볼 수가 없습니다. 나는 당장에 내려갈랍니다. 예수님 이름으로 기도합니다."

요양하러 오신 분이 당장에 내려가겠다는 황당한 기도를 하는 것을 들으면서 어떻게 해야 할지 난감했디. 환우들 역시, 사신늘이 눈물을 흘려 어머니 같은 분을 상심케 함으로써 죄인 아닌 죄인이 되니 난감해했다. 어머니를 모시고 온 아들도 당황했다. 나중에 알고 보니 강 집사님에게는 그렇게 기도할 만한 가슴 아픈 사연이 있었다.

강 집사님은 수년 전에 간암으로 남편을 먼저 보낸 뒤, 홀로 자녀들 뒷바라지해 왔다. 목사에게 시집간 큰딸이 캐나다 유학을 가서 이민목회를 준비하고 있었는데, 결혼한 지 반년이 채 안 되어 사위가 뇌출혈로 쓰러졌다. 이민목회의 푸른 꿈을 안고 떠난 지 반년 만에 식물인간이 되어 돌아온 사위를 보는 심정이 어떠했겠는가? 게다가 딸까지 병 수발로 지쳐 간이 상하고 말았다. 설상가상으로 아들 내외는 총알이 오가는 아랍 지역에서 선교사로 사역하다가 간 질환을 얻게 되었고, 며느리는 비밀경찰에 쫓겨 도망가다 그만 허리를 다쳐 위험한 디스크 수술을 받아야만 했다.

그동안 억척같이 천막을 만들어 팔며 뒷바라지하면서 자녀들이 목회의 길로 가기를 바랐던 강 집사님은, 불구의 몸이 되어 돌아온 자식들을 앞에 두고 억장이 무너질 만하셨다. 사연을 말씀하시는 동안에도 강 집사님은 연신 고개를 흔들면서 혼잣말로 중얼거렸다.

"나는 집으로 돌아갈란데이, 갈란데이……."

요양 중인 환우들이 미워서가 아니셨다. 질병으로 고통 받는 자녀들을 안 보면 마음에 쉼이 있을 줄 알았지만, 자기 자식들처럼 투병하는 다른 젊은이들을 보니 차라리 자신의 현실로 돌아가고 싶었던 것이다.

나는 강 집사님의 투박한 기도와 넋두리에서 무한한 어머님의 사랑을 느낄 수 있었다. 하나님의 사랑을 대신해 주는 것이 어머니의 사랑뿐임을 새삼 깨달을 수 있었다. 늦었지만 정성껏 저녁을 대접하면서 하룻밤 주무시고 최종 결정을 하시라고 권면했다. 다음날 새벽예배를 마친 후, 강 집사님이 성큼성큼 내게 오시더니 아들만 먼저 보내겠다고 전했다. 그리고 저녁쯤에는 "내 사위가 이곳에 와서 살아야겠어요" 하는 것이 아닌가! 반신불수의 몸이지만 이곳에 오면 예배만큼은 드릴 수 있지 않겠느냐는 생각에서 하신 말씀이었다. 하루 종일 침을 흘리면서 텔레비전 앞에 멍청히 앉아 있는 사위가 안타까워 잔소리를 늘어놓기도 했지만 별 반응이 없어 지쳐 버렸던 것이다.

며칠 후 강 집사님 가족들이 어머니를 모셔가기 위해 치유센터에 왔다. 휠체어를 의지해야 하는 사위는 일곱 시간을 귀성차량 틈에 끼어 소변을 참느라 얼굴이 노랗게 되어 있었다. 오랜만에 하늘도 좀 보고 땅도 밟으면서 재활의지를 다졌으면 하는 가족들의 희망에 힘든 길을 나선 것이다.

그날 저녁 우리는 함께 예배를 드렸다. 얼마 전까지 주의 말씀을 선포하셨을 목사님의 입에는 쉬지 않고 흐르는 침을 막기 위한 휴지가 물려 있었다. 혀가 어눌하고 손발을 제대로 쓸 수 없는 상태였지만, 있는 모습 그대로 예수의 이름을 증거하라는 권면에 '아멘'으로 화답하였다. 가슴에 있는 예수의 생명을, 비록 몸은 누워 있지만 눈빛으로라도 말할 수 있지 않느냐는 내 말에 고개를 끄덕였다. 옆 사람과 손을 잡고 찬양하자는 제안을 하자 목사님 옆에 앉은 자매님이 그의 왼손을 꼭 잡아 주었다.

그에게 좋아하는 찬송가 한 곡을 부르라고 했더니 찬송가 341장 "너 하나님께 이끌리어"를 힘을 다해 불렀다. 비록 가사는 알아들을 수 없었지만, 그것은 영혼 깊은 곳에서 울려나는 진정한 찬양이었다. 그의 영혼에서 우러나오는 찬양을 들으며 그의 가족 모두가 한 사람씩 차례로 눈물을 흘렸다. 가족의 잇따른 불행과 끝이 보이지 않을 것 같은 고통에 지치고 굳어졌던 마음이 풀리기 시작했다. 잘 이해할 수 없는 고난이지만, 그런 가운데서도 하나님의 선하심을 바라보는 중에 그들의 영혼이 위로를 받았다. 세상이 부러워할 만한 것은 아무 것도 가진 것이 없었다. 그러나 예수 이름만으로 행복할 수 있었다.

우리는 자리에서 일어나 목사님 내외분을 향해 걸어갔다. 두 분을 둘러싸고 몸에 손을 댄 채 무릎을 꿇고 사랑의 중보기도를 간절히 드렸다. 모두가 성령님의 위로하심을 경험했다. 주 안에서 진정한 가족애를 가슴 뜨겁게 나눌 수 있었다. 육신의 가족이라도 예수 안에서 하나가 되지 않으면 진정한 가족이 되지 못하는 경우가 허다하다. 하지만 예수 안에서 참사랑의 가치를 추구하는 새 가족 공동체에는 치유케 하는 힘이 있다.

"누가 내 모친이며 내 동생들이냐? ……누구든지 하늘에 계신 내 아버지의 뜻대로 하는 자가 내 형제요 자매요 모친이니라"(마 12:48-50).

공포의 외인구단

주일예배를 마치고 점심식사를 하는데 삼십대 중반쯤 돼 보이는 낯선 남자가 보였다. 우연히 눈이 마주쳐 목례를 나누었다. 그는 나를 알고 있다는 표정이었다. 식사를 마치고 상담실로 옮겨 대화를 나누었다. 얼마 전에 있었던 전인치유세미나를 듣고 내 사역에 관심을 갖게 되었다고 했다. 그는 개업한 지 6년 된 의사선생님이었다. 병원이 어찌나 잘되는지 자신이 관리를 못할 정도로 환자가 밀려오고 있다고 했다. 그렇게 환자가 많게 된 비결이라도 있느냐고 물으니 담담히 자신의 과거를 풀어놓았다.

고등학교 시절, 그는 간염으로 학교를 휴학해야 했다. 그때 평생 궂은일로 고생하는 시골사람들을 보게 되었다. 이 일을 계기로 그는 사랑의 인술을 베푸는 의사가 되어야겠다고 결심했다. 아픔을 통해서 막연하나마 소명을 깨닫게 된 것이다.

공부를 열심히 해서 의과대학을 마친 그는 지방의 선교병원에서 수련의로 일하게 되었다. 그러나 만성간염으로 체력이 떨어져 결국 중도에 전문의 과정을 포기할 수밖에 없었다. 그동안 이를 악물고 공부한 것이 다 수포로 돌아간다는 생각에 낙심이 되었다. 앞으로 어떤 길을 가야 할지 정말 막막했다. 그러다가 고향에 내려와 스물일곱에 개원을 했다. 군의관 의무 복무기간을 면제받게 되어 다른 동료들보다 6년 빨리 시작한 것이다. 이미 개원한 의학박사들과 전문의들 틈새에서 밥벌이라도 제대로 할 수 있을지 걱정이 태산 같았다. 주변에서도 별 기대를 하지 않았다.

그러나 우려와는 달리 그의 진료실은 활기가 넘쳤다. 찾아온 환자들을 가족처럼 대하며 병력기록지에 환자의 병세뿐만 아니라 가족들의 형편과 시시콜콜한 이야기까지 모두 메모하였다. 그리고 다음 진찰 때는 가족들 근황까지 물으면서 환자들에게 따뜻한 관심을 보였다. 환자들로서는 가족들 이름까지 기억해 주는 의사선생님을 처음 만났을 것이다. 소문에 소문이 이어져 그의 병원은 문전성시를 이루었다.

하루에 200명이 넘는 분들을 일일이 상담하다 보니 목소리가 잠겨서 말을 할 수 없을 정도가 되었다. 그래서 말하는 대신 할아버지 할머니들의 손을 잡아 주게 되었다. 그들은 의사가 자신들의 거친 손을 잡아 주니 어쩔 줄 몰라 하면서도 행복해했다. 따뜻한 손으로 아픈 곳에 손을 대면 파스를 바른 것처럼 시원해진다는 이야기도 종종 들었다. 진료비가 없는 분은 무료로 치료해 주고 차비까지 손에 쥐어서 보냈다. 거동이 불편한 환자는 택시를 태워 보내기도 했다. 그러니 환자들이 얼마나 좋아했겠는가? 게다가 주일 오후에는 바람도 쏘일 겸 해서 환자의 집을 찾아갔다. 손님을 관리하기 위해서가 아니었다. 그저 얼굴이 보고 싶고, 형편이 궁금해서 찾아 나선 걸음이었다.

"오메! 누구시당가? 우리 의사선상님이 이 누추한 곳까지 오셨뿌렸네잉."

"할머니! 그동안 어떻게 지내셨어요? 아프신 곳은 없으세요?"

산골마을까지 의사선생님이 찾아오셨다면서 온 마을 사람들이 감격해했다. 돌아오는 차 안에는 호박, 참깨, 고구마, 감자가 가득 실려 있었다. 동네 분들이 감사하다면서 반강제적으로 실어 준 선물이었다.

노인 환자들의 입소문은 대단한 위력을 발휘했다. 군내버스를 타고 온 동네 분들이 단체로 병원으로 몰려왔다. 그의 병원이 그 지역 의사회, 약사회에서도 화제가 되었다. 그 지역이 자리가 좋아서 환자가 모여든다는 소문이 나면서 근처에만 다섯 곳의 병원이 줄이어 들어섰으나 별반 재미를 못 봤다. 그에게는 그들이 흉내 낼 수 없는 경영철학이 있었기 때문이다. '의술은 돈버는 직업이 아니라 예수님의 명령을 실천하는 도구'라고 여기는 사랑의 마음 말이다. 다른 의사들이 병원 운영에 별로 도움이 안 된다고 노인환자들을 무시했을 때,

그는 사랑으로 그분들을 돌보았다. 환자들은 박사학위나 최신 의료장비보다 사랑의 인술을 베푸는 의사를 좋아했다.

"하나님! 저를 괴롭히는 간염을 낫게 해 주세요. 그러나 간염으로 하나님의 손에 붙들려 있는 것도 괜찮으니 하나님이 알아서 하세요."

그의 솔직한 기도였다. 인생의 좌절을 안겨 주었던 간염이 오히려 그를 겸손하게 한 것이다. 의대 동문회라도 가면 전공별로 모임을 갖게 마련이다. 하지만 그는 전공과목이 없기 때문에 오갈 곳이 없었다. 초라한 자신을 원망하기도 했다. 그러나 더 이상 열등감 때문에 패배의식을 갖지 않게 되었다. 언제부터인가 오히려 동료 의료인들의 선망의 대상이 되어 있었다.

그의 말을 듣는 순간, 내 가슴이 뜨거워졌다. 나도 간염이 악화되어 이 골짜기에 내려오게 되었고, 그 연약함 때문에 치유사역을 시작하게 되었기 때문이다. 간염 때문에 하나님의 손에 붙들려 살아온 두 간염쟁이들의 이야기를 듣다가 옆에 있던 자매님까지 위로를 받았다. 그 자매님 역시 정신과 수련의 과정을 밟다가 힘들어서 중도에 포기하고 낙담 중에 치유센터에 와서 잠깐 휴식을 취하는 중이었다. 자매님은 한술 더 떠서 하나님께 찬양을 드렸다.

"두 분에게 간염 바이러스를 주신 하나님을 찬양해요. 저도 그렇게 하나님께 붙들릴 수 없을까요?"

자매님의 진지한 갈망에 우린 어이가 없어서 웃었다. 하지만 약한 처지에 있을 때에 오히려 하나님의 능력을 온전히 드러내는 도구가 될 수 있다는 것에 감사하고 있음을 서로 느낄 수 있었다.

바닥에서 훈련받는 자들의 승리

이곳에서 치유사역을 위해 봉사하고 있는 형제자매들의 면면을 생각해 본다. 찬양사역을 담당하고 있는 케냐 선교사 출신 서성우 선교사님은 고환암에서 폐암으로 전이되어 수술하고 항암치료를 받은 환자이다. 폐의 기능이 좋지 않아 호흡을 가다듬으면서 소리를 내야 하지만 감사할 뿐이다. 그의 간증과 찬양은 많은 암 환자들에게 가장 큰 위로가 된다. 그의 아내와 두 아이도 산골짜기로 내려와 고통을 함께 나누고 있다.

정보·행정을 담당하고 있는 형제는 컴퓨터 프로그래머 출신이다. 그는 설암으로 혀를 잘라 내고 허벅지 피부를 이식해 겨우 발음을 하고 있다. 치유센터에 걸려 온 전화라도 받을 때면 발음을 똑똑히 하려고 무지 애를 쓰는데 그 모습이 안쓰럽기도 하고 대견스럽기도 하다. 요즘에는 치유교실 진행까지 담당하고 있다. 일반 사회에서 생활하고 있다면 꿈도 꿀 수 없는 일이다.

시설 관리를 담당해 온 형제는 우울증을 앓아 일곱 차례나 목숨을 끊으려 했던 중증환자였다. 대학을 중도에 포기하고 집에서 무위도식하고 있다가 치유센터에 봉사훈련생으로 들어왔으나 지금은 환우들을 위해 오락치료로 봉사하고 있다. 자신의 우울한 감정을 뛰어넘어 웃음을 만들어 내고 있으니 기적이 아니고 무엇인가?

이들 모두는 이곳에 와서 예수 그리스도를 만나고 새로운 꿈을 꾸게 되었다. 남은 생애를 아름다운 봉사자로 보람 있게 살면서 하나님을 기쁘시게 해 드리는 꿈 말이다. 보통 젊은이 같았으면 시한부 인생이라면서 자포자기하고 말았을 텐데, 오히려 약한 것을 통해 부르시는 하나님의 소명을 깨닫고 자신처럼 고통 받는 이들을 위해 봉사하겠다고 결심한 것이다.

다윗이 아둘람 굴에 숨어 있을 때 마음이 원통한 자, 빚진 자, 환난을 당한 자들이 모여들었다. 세상의 실패는 오히려 하나님을 전적으로 바라보게 한다. 바닥에서 훈련받은 자만이 훗날 위대한 왕국을 이루는 일에 앞장설 수 있다. 낙오와 좌절을 딛고 일어서 공포의 외인구단처럼 최후에는 승리의 노래를 부를 것이다. 아무리 인생이 어렵다고 해도 아주 낙심하지는 말자. 오히려 그 아픔을 감사하자. 그리하면 그 십자가를 자랑스럽게 여길 수 있으리라.

3 몸과 마음과 영혼을 위한 선물

위로의 힘

아름다운 섬 보길도에서 가족들과 1박 2일의 짧은 휴가를 보낸 적이 있다. 고산 윤선도가 머물러 있었으며, 아직까지는 때 묻지 않은 무채색의 풍광이 있는 곳이다. 우리는 해질 무렵 배에 올랐다. 육중한 배는 굉음을 내며 서서히 완도 화흥포 선창을 떠났다. 오십여 대의 차를 실은 대형 철선은 하얀 물거품을 일으키고 굵직한 파도를 만들어 내며 한려수도의 아름다운 섬들을 유유히 스치고 지나갔다. 수평선으로 떨어지는 석양의 빨간 불덩어리를 보면서 모두들 탄성을 질렀다. 빨간 불기둥이 작은 파도 조각에 부딪치며 바다를 벌겋게 물들였다. 많은 피서객들로 있을 곳이 여의치 않아 나는 차 의자를 젖히고 몸을 뉘였다. 옆자리에 있는 아내의 얼굴을 보니 석양빛에 반사되어 유난히도 아름다워 보였다. 때를 놓칠세라 나는 진한 아부를 했다.

"당신의 모습이 너무도 아름답군요!"

"어머, 그래요? 호호호."

아내는 흐뭇한 미소를 띠며 행복한 표정을 지었다. 짧은 대화를 주고받은 우리는 서로 말없는 평화를 즐겼다. 태양이 수평선 너머로 떨어진 후, 바다에는 검은 먹물을 뿌려 놓은 듯 고요한 적막이 흘렀다. 나는 망망대해에 펼쳐진 검푸른 바다를 보면서 인간의 왜소함을 느꼈다. 때마침 FM 라디오에서는 멘델스존의 '한여름 밤의 꿈'이 흘러나왔다. 숨차 오르도록 분주하게 살았던 시간이 접히고 서서히 긴장의 끈이 풀리기 시작했다. 칠흑 같은 어둠을 뚫고 작은 불빛이 보였다. 뱃길을 안내해 주는 등대였다. 비록 작지만 매우 중요한 역할을 하고 있었다. 드디어 보길도 항구의 환한 불빛이 우리를 반겨 주었다.

마침내 도착한 보길도. 이곳에 있는 예송리 흑명석(黑鳴石) 해수욕장에서 들리는 노래야말로 자연이 들려주는 가장 아름다운 하모니였다. 흑명석은 파도에 깻돌이 씻겨 내릴 때 들리는 소리가 마치 돌이 노래를 부르는 것 같다는 데서 붙여진 이름이다. 아침 일출과 함께 듣는 파도와 깻돌 소리는 마치 태고의 시간으로 되돌아간 느낌이었다.

사람들은 현대를 관리사회라고 한다. 어린이에서부터 노인까지, 일정한 테두리에 꼭 죄어서 많건 적건 인간적인 자유가 구속되고 있다. 인간이 톱니바퀴처럼 교환 가능한 부품으로 전락되고 개성을 발휘할 기회를 상실하고 있다. 한마디로 구속 스트레스에 묶여 있는 셈이다. 그렇다면 이 굴레에서 벗어나게 할 방법은 없을까? 음악은 그 굴레에서 사람을 해방시킬 힘이 있다. 음악은 자유 또는 여유를 지향한다. 달리 표현하면, 음악은 반복과 변화의 예술이다. 스트레스가 쌓일 때 잠시 안전지대로 피해서 심신을 휴양시키고 충분한 활력을 얻은 다음 다시 도전하는 것이 바람직한 생활의 지혜이다. 어떠한 강

자에게도 휴식은 필요하다. 음악이 가지고 있는 자기 강화/자기 확대의 작용이 상처 입은 마음에 힘을 주고 위로해 줄 것이다.

음악은 옛날부터 생명의 상징으로 감지되어 왔다. 살아 있는 것은 무언가 생생한 소리를 내고 있으나 죽으면 소리를 내지 않는다. 또 음악에는 마음이 평온해지는 안정감을 주는 요소도 있다. 음악을 듣고 있노라면 마음이 아득해지는 것을 누구나 경험했을 것이다. 즉 음악은 '위로의 대화' 다. 그러면 음악의 어떤 요소가 생명감이나 안정감을 줄까?

첫째, 강약이 있다. 강은 긴장을 주고 약은 긴장을 푸는 성질이 있다. 원래 유기체는 본능적으로 긴장을 한 뒤에는 그 긴장을 풀고 싶어 한다. 강한 자극을 준 다음, 부드러운 자극을 가하면 매우 기분이 좋아진다. 즉 생명체의 내적인 질서에 순응하는 자극이 주어지면 안정된 기분이 된다.

둘째, 템포의 변화가 있다. 심포니의 구조를 보면 알 수 있듯이 빠른 템포 뒤에는 반드시 느린 템포가 뒤따른다. 대체로 빠른 곡일 때는 음이 강하고 느린 곡일 때는 음이 약해진다. 이런 것이 생명체의 리듬 원리에 잘 맞다.

셋째, 장조와 단조가 있다. 장조는 촉진적이며 인간의 심리에 긴장을 주는 듯한 밝은 음조이고, 단조는 억압적이고 슬프며 어두운 음조이다. 만물은 음양의 요소를 가지고 있는데, 음악은 음양이 조화를 이루도록 돕는다.

넷째, 높낮이가 있다. 음계가 높으면 긴장이 강화되고 낮아지면 풀어진다. 또 소리가 높아질 때는 숨을 들이쉬고 낮아질 때는 내쉬게 됨으로써 자연히 호흡이 조절된다. 호흡이 안정되면 기분도 안정된다. 심호흡이나 한숨을 쉬면 기분이 가라앉는 것과 같다.

서양 의학은 세균에 의한 질병이나 외과수술 분야에서 눈부신 발달을 이루었다. 그러나 한편으론 지나치게 대증적(對症的)이며 약의 부작용이 무섭다는 비판을 받고 있다. 이를 보완하기 위해 서구에서는 음악치료사(music therapist) 제도가 확립되어 음악대학은 물론이고 의과대학에서까지 전문과정을 개설하여 전문가들을 양성하고 있다. 동양 의학에서는 기(氣)라는 것을 중요시하며 병의 근본 원인을 치료하는 데 중점을 둔다. 그런 의미에서 음악요법의 발상법은 한방과 닮았다고 하겠다.

'물'을 주제로 한 음악은 긴장을 풀어 주고 평온을 가져다주는 효과가 있다는 사실이 널리 알려져 있다. 공부나 일에 지쳐서 슬럼프에 빠졌구나 싶으면 헨델의 '수상음악'을 들으면 좋다. 헨델은 자신이 멀리했던 조지 1세가 영국의 왕이 되자 어떻게 해서든 그에게 사과하기 위해 음악선(船)을 꾸며 이 곡을 연주했다고 한다. 어디까지가 사실인지는 모르지만, 왕의 놀이답게 유유하고 굴곡이 없다. 가끔 나오는 힘찬 관악기 소리가 우울한 기분을 밀어내는 것 같다.

찬양 가운데 거하시는 하나님

앞에서도 잠시 소개한 서성우 선교사님 이야기를 좀더 하려고 한다. 그가 복내에 처음 왔을 때는 케냐에 있는 그레이스 칼리지에서 악기와 음악을 가르치면서 음악선교를 하던, 33세의 젊은 가장이었다. 휴가를 끝내고 출국을 보름여 앞둔 날, 고환에 통증을 느껴 동네 병원을 찾았다. 의사는 단순한 염증이라며 6개월 정도 약만 복용하면 괜찮다고 했다. 그런데 갈수록 통증이 심해지고 고환이 커져 종합병원에 가 진료를 해 보니 고환암이 폐에까지 전이되어 고환암 4기라고 했다. 그는 그날 처음으로 고환에도 암이 생긴다는 것을 알았다.

'왜, 하필 접니까?'

왜 이런 일이 일어난 건지 아무리 생각해도 알 수 없었다. 그의 아내는 교회에 발길을 끊고 술을 마시며 방황했다. 너무 통증이 심하여 안락사라도 해 주었으면 좋겠다 싶었다. 그러다가 문득 떠오른 생각, 케냐 원주민들의 삶이었다. 길을 가다가 강물 위로 허옇고 둥근 물체가 떠오르는 것을 보았다. 저게 뭘까 하고 가까이 가 보니 탯줄이 그대로 달린 갓난아이였다. 아이를 버린 부모에 대한 분노가 가슴 밑바닥으로부터 끓어오르는 것을 참아야만 했다. 이불 꿰매는 바늘반한 가시나무들과 맨발의 아이들, 가시나무에 한 번 찔리면 상처가 썩어서 결국 다리를 절단해야 하고 때로는 죽음까지도 가져오는 의료 환경, 온 천지가 똥과 동물들의 시체로 발 디딜 곳 없고 비만 오면 완전 똥통으로 변하는 주거 환경, 그리고 소똥으로 만들어진 동굴 집에 빛줄기가 들어오도록 볼펜 한 자루만한 구멍만 뚫어놓고 동물의 공격을 피하기 위해 계속 연기를 피워 두 눈이 하얗게 되어 버린 백내장 노인의 얼굴들…….

서 선교사님은 케냐 원주민의 삶에 비해 그동안 자신이 얼마나 행복하게 살아왔는지 생각했다. 그리고 이렇게 간증했다.

"하나님의 능력으로 저는 치료받을 것을 믿습니다. 여러분도 그럴 것입니다. 그러나 또 한편 죽을 수도 있음을 기억하십시다. 자신을 내려놓으십시다. 삶에 대해 집착하지 말고 남대히 수님의 뜻을 따를 준비를 하십시다. 우리의 삶과 죽음은 주님의 뜻에 달려 있습니다!"

공교롭게도 선교사님의 나이가, 9년 전 내가 병들어 이 골짜기에 들어왔을 때와 비슷했다. 내 마음에 불안, 초조, 후회, 좌절, 낙심, 자포자기 등 그때의 감정이 주마등처럼 스치고 지나갔다. 죽음의 골짜기를 소망의 문으로 삼아 주신 하나님의 은총이 서 선교사님에게도 함께하실 것이다.

　C. S. 루이스는 《고통의 문제》에서 "고통 받는 자가 가장 위로받을 수 있는 때는 같은 고통을 당해 본 자가 함께 손을 잡고 옆에서 눈물을 흘려 줄 때다"라고 했다. 환우들은 같은 고통 가운데 있으면서도 하나님을 온전히 신뢰하며 찬양하는 서 선교사님의 모습에서 큰 도전과 위로를 받았다. 최근 서 선교사님은 더 이상 암이 발견되지 않는다는 통보를 받았다. 찬양 가운데 거하시는 하나님이 치료해 주신 것이다.

　선교사의 모범되신 예수님도 인생의 질고와 십자가의 고통을 피하지 않으셨다. 죽음 뒤에 맞이할 부활을 통해 온 인류에게 기쁨을 주시려는 하나님의 계획을 알고 있었기 때문이다. 그의 입술을 통해 죽음의 자리에서만 피어날 수 있는, 부활을 노래하는 생명의 찬가가 온 누리에 다시 울려 퍼질 것이다. 육신의 어둠은 오히려 영혼의 눈을 더욱 밝혀 준다. 그리고 맑은 눈으로 하나님의 사랑을 바라보게 된다. 그 사랑은 영혼의 어둠을 밝혀 주는 햇살이다. 사랑의 햇살이 비취면 모든 인생을 아름답게 지으신 하나님께 노래하게 된다.

　다윗의 시편을 묵상하면서 그가 우리와 같은 연약한 성정을 가졌던 사람임을 알 수 있다. 그러나 우리와 다른 점이 있다. 그것은 인생의 모든 순간을 노래할 수 있었다는 것이다. 매일 다윗의 시편에 잠기면 우리의 마음에서도 아름다운 노래가 저절로 넘친다. 성경에는 다윗이 하프를 연주하여 사울 왕의 질병을 치료했다는 일화도 있다. 사울의 칼날을 피해 도망 다닐 때도 다윗은 주옥같은 시편을 지어 불렀다. 아둘람 굴에 피신해 있을 때도 '새벽을 깨우리로다'라고 노래 부르며 와신상담하였다. 부하를 죽음의 땅으로 내보낸 뒤 그의 아내와 부적절한 관계를 맺었지만 회개의 노래를 불러 하나님을 다시 만날 수 있었다. 인생의 마지막에는 자식과 신하들에게까지 배신을 당하고서 슬픈 비가(悲歌)를 불렀다.

골이 깊을수록 산이 높다고 한다. 다윗은 인생의 밑바닥을 경험했기에 하나님을 깊게 의뢰할 수 있었다. 진실하게 주를 앙망하는 자에게 부어 주시는 거룩한 영감이 그 영혼을 사로잡았다. 이런 고난의 씨줄에 하나님을 경외하는 마음이 날줄로 겹치면서 모든 영혼의 상처를 감싸 줄 수 있는 비단 같은 노래를 지을 수 있었다. 다윗은 전체 150편의 시편 중에서 73편 이상을 기록했다. 그의 노래는 시대와 환경을 초월해서 인간의 고뇌와 환희를 영적으로 승화시켜 대변해 주고 있는 듯하다. 우리도 이와 같이 세상의 고통으로 마비된 영혼의 감수성이 회복되어 하나님을 향해 거룩한 새 노래를 부를 수 있기를 소망한다.

"여호와는 나의 힘과 나의 방패시니 내 마음이 저를 의지하여 도움을 얻었도다. 그러므로 내 마음이 크게 기뻐하며 내 노래로 저를 찬송하리로다"(시 28:7).

우리 안에 부어 주신 새로운 영

매일 소주 한 병씩

우리 가족과 1년 2개월간 함께 생활한 오십 중반의 알코올 중독자가 있었다. 그는 빈농의 아들로 태어나 농사일을 도우며 성장했다. 농사일로 학교는 뒷전이 되어 초등학교 졸업이 그의 마지막 학력이었다. 머슴살이 2년여 동안 죽도록 일만 했으나 마침 그 해 흉년이 들어 보릿자루도 못 얻을 형편이 되었다. 그 후 가족들과 소식을 끊고 30년 동안 제주에서 휴전선 근처까지 공사 현장을 따라다니며 막노동꾼으로 전국을 떠돌았다. 욱하는 성질을 참지 못해 동료들에게 폭력을 휘둘러서 감옥신세를 지기도 했다. 그리고 공사 현장에 남아 있던 철근 가닥을 엿 바꿔 먹다가 경찰의 불신검문에 걸려 억울한 옥살이도 해야 했다.

힘든 인생살이를 잊기 위해 한두 잔 마신 술이 결국은 중독이 되고 말았다. 술을 안 마시면 하루도 살아갈 수 없는 처지가 된 것이다. 매일 만취되어 휘두르는 그의 손찌검을 견딜 수 없어 아내와 자녀들도 떠나 버렸다. 인생의 소망이라고는 다 끊어지고 없어 무위도식하며 떠돌았다. 하지만 이제나 저제나 아들이 돌아오기만을 기다리는 노모는 명절 때만 되면 마을 어귀 정자에 앉아 눈물을 훔쳤다.

그러던 어느 날, 만신창이가 된 몸을 이끌고 그가 고향을 찾았다. 노모의 눈물을 하늘이 받으셨을까! 죽은 자식이 돌아왔다고 그의 어머니는 기쁨을 감추지 못했다. 그러나 고향에 돌아와서도 연일 술에 찌들어 과거에 대해 원망하는 생활을 반복했다. 상태는 점점 심각해져 피해망상과 환각증상으로 주위 사람들을 힘들게 했다.

하루는 뱀이 화장실 쪽으로 갔다고 고함을 치면서 집에 불을 질렀다. 방 안의 불더미에 갇혀 죽기 직전, 그에게 돌아가신 아버지의 환상이 보였다. 너무 놀라 화염에 쌓인 방문을 박차고 나와 산으로 도망했다. 경찰 조사 결과, 정신질환에 따른 우발사고로 처리되어 풀려나오기는 했지만 동네 사람들의 눈빛이 예전 같지는 않았다.

다른 가족들도 더 이상 그에게 해 줄 것이 없었다. 고심 끝에 그를 정신병원에 입원시키기로 했다. 완강히 거부하는 그에게 강제로 마취주사를 놓아 국립정신병원에 입원시켰다. 다행히도 입원 성적이 우수해 6개월간의 병원생활을 마치고 퇴원을 했다. 그러나 일상생활에 적응하는 것이 힘들었던지 얼마 못 가서 자신을 짐승처럼 학대하기 시작했다. 하늘을 항해 억울한 인생을 보상해 달라고 소리를 내질렀다. 하지만 아무도 좌절과 원한 섞인 그의 이야기를 귀 기울여 듣지 않았다.

그러던 중 그의 동생 소개로 치유센터에 들어오게 되었다. 산골짜기에 들어온 뒤에도 술을 끊지 못하고 두 홉들이 소주를 하루 한 병씩 마셨다. 술기운이 떨어지면 몸부림을 치다가 결국은 십오 리나 떨어진 면소재지까지 걸어가 술을 마시고 들어왔다. 밤새 만취되어 새벽 내내 "하나님이 어디 있어? 하나님이 있으면 나와 봐" 하며 고성을 지르곤 했다. 만류하는 내게, "나는 정신병자여서 사람을 죽여도 감옥에 안 들어가요. 알아요?" 하면서 주먹을 불끈 쥐어 보이기도 했다. 그럴 때면 등골에 식은땀이 흘러내렸다. 자칫 잘못하면 우리 가족 전부가 죽을지도 모른다는 생각도 들었다. 고민 끝에 전술을 바꾸어 그에게 매일 술을 사다 주었다. 목사가 술심부름이나 한다는 주변의 눈총이 있었지만, 그를 성급하게 교정하기보다는 그에게 동정과 긍휼을 베푸는 것이 필요하다 싶어서였다. 3개월쯤 이렇게 하고 나니, 그와 나 사이에 조금씩 신뢰가 쌓이기 시작했다.

그는 평소 자신의 인생에 대해 많은 불만을 가지고 있었다. 인생의 한이 담긴 글을 써서 항상 뒷주머니에 넣고 다니며 아침저녁으로 산에 올라 그 종이를 펴들고 고래고래 소리를 쳤다. 뿐만 아니라 산등성이의 허리를 가로지르는 임도(林道)를 보면서 울분을 삭이지 못했다.

"군수 이놈의 자슥이, 현장도 안 나와 보고 임도 허가를 내줘서 산림을 훼손시키고 있어! 언제 한번 만나기만 해 봐라. 귓방망이를 올려 부쳐야지."

그러던 어느 날, 복내 면장님이 군수님을 모시고 치유센터를 방문하게 되었다. 사전 연락도 없이 갑자기 이루어진 일이라 경황이 없었다. 치유센터 가족들과 한 사람씩 악수를 하던 군수님 손이 드디어 아저씨 앞에 이르렀을 때, 나는 아저씨가 평소에 입버릇처럼 말한 일이 실제로 벌어지면 어쩌나 잔뜩 긴장한 채로 그의 손을 주시했다. 하지만 군수님이 손을 내밀자 아저씨는 주먹을 날리기는커녕 떨리는 손을 겨우 내밀어 악수에 응했다. 긴장한 채 보고 있던 우리는 동시에 한숨을 내쉬었다. 군수님 일행이 떠난 뒤 아저씨께 물었다.

"아저씨, 언제는 군수님 만나면 손 좀 봐 주겠다고 큰소리 치시더니 악수도 제대로 못 하시고……. 뭔 사나이가 자기 말에 책임도 못 지고 그러세요?"

"어, 그 사람이 군수였단 말이여? 나는 몰랐제. 알았다면 귀싸대기를 올려 부쳤지라."

한번은 치유세미나가 열리는 중에 환자들과 봉사자들이 함께 아저씨를 위해 사랑의 중보기도를 드렸다. 그런데 기도 중에 갑자기 그가 두 손을 번쩍 들더니 큰 소리를 내지르는 것이 아닌가!

"하나님이여! 나의 이 원통함을 풀어 주십시오."

놀란 나는 기도 중에 눈을 뜨고 그의 얼굴을 살폈다. 발작이 일어나지는 않았는지 걱정이 되어서였다. 놀랍게도 그의 두 눈에서 눈물이 주르륵 흘러내리고 있었다.

'오, 하나님이시여! 인생의 한이 섞인 저 눈물을 씻기옵소서.'

나는 그를 위해 더욱 간절히 기도했다. 그리고 며칠이 지난 어느 날, 아내가 아저씨 꿈을 꾸었다면서 이렇게 말했다.

"제가 기도를 하러 산에 올라가는데 누가 뒤에서 쫓아오는 것 같아 뒤돌아보니 아저씨가 따라오대요. 그런데 아저씨 얼굴에 불이 붙어 있지 뭐예요. 깜짝 놀라서 불을 끄려고 가까이 갔는데, 신기하게도 아저씨 얼굴은 전혀 타지 않았어요."

"아마도 성령의 불이 임하신 모양이오. 아저씨께 무슨 좋은 일이 일어날 것 같군!"

그로부터 다시 며칠이 지난 후, 식구들이 예배를 드리려고 모였을 때였다. 아저씨가 성경책을 펴들고 오더니 물었다.

"목사님! 이런 일이 있을 수 있습니까?"

“무슨 일이신데요?”

“제가 그림을 그리는데요, 바로 옆 귓가에서 속삭이는 소리가 들렸습니다. 누가 있나 봤는데 아무도 없어요.”

“목소리라뇨?”

“요한복음 15장을 읽으라는 목소리였어요. 제가 성경에 대해 뭘 압니까? 요한복음이 있는지 없는지조차 모르잖아요. 그래서 성경을 뒤적거려 겨우 찾아 방금 읽고 오는 길이에요. 그런데 무슨 뜻인지 모르겠어요.”

나는 머리를 긁적이고 있는 아저씨께 성경을 펴서 요한복음 15장 말씀을 알아듣기 쉽게 설명해 드렸다.

“포도나무에 가지가 붙어 있으면 많은 열매를 맺고, 떨어져 있으면 말라 죽는다는 내용이지요. 예수님과 성도 간에 교제가 있어야 생명의 열매를 맺고, 성도간의 사랑을 통해서 기쁨을 얻을 수 있다는 말씀이지요. 즉 아저씨가 예수님 안에 계시면 풍성한 삶으로 인도하시겠다는 하나님의 약속이에요. 아저씨 수지맞으셨네요.”

“거참 이상한 일도 다 있네요?”

“이상한 일이 아니고요, 하나님께서 사랑하시는 자에게 그분의 음성을 들려주시는 일이 종종 있어요. 자, 이제부터가 중요해요. 술을 끊고 예수님 품 안에서 하나님이 기뻐하시는 삶을 살도록 결단합시다.”

“그러죠. 네, 좋습니다. 앞으로는 술을 절대 입에 대지 않겠습니다.”

입술을 지그시 깨물며 각오를 다지는 아저씨의 모습이 믿음직했다. 나는 다른 식구들에게 아저씨를 위해 합심으로 기도하자고 제안했다. 기도 중에 성령님의 감동이 있었다. 이제부터는 사도 바울처럼 주님을 충성되게 섬기는 인생을 살기를 바라는 뜻으로 호칭을 '바울이 아저씨'로 바꿔 부르라는 음성이었다.

나는 그에게 사도 바울처럼 소명을 따라 새 생활을 하라는 의미에서 이름을 '바울'로 바꾸자고 제안했다. '바울'은 '작음'을 뜻한다. 사도 바울은 "모든 성도 중에 지극히 작은 자보다 더 작은 나에게 은혜를 주신 것은 그리스도의 풍성을 이방인에게 전하게 하시려는 하나님의 경륜이었다"고 회고하면서 하나님께서 "세상의 천한 것들과 멸시받는 것들과 없는 것들을 택하사 있는 것들을 폐하려 하신다"고 말했다.

바울 아저씨를 부를 때마다 하나님의 살아 역사하심에 대해 내 안에서 감사가 넘쳤다. 그는 무서운 핍박자 사울이 사도 바울이 된 것처럼 하루하루를 봉사로 지냈다. 치유센터 구석구석, 그의 손길이 안 미친 데가 없을 정도였다. 열심히 일을 하고 마음도 편하니 건강이 완전히 회복되었다. 환자를 위한 황토 솔잎 방을 만들기 위해 열심히 솔잎을 뜯고 황토방 주변을 빙 둘러서 벽돌을 쌓는 작업까지, 환자 숙소를 짓는 일에 두 사람 몫의 일을 해 주었다.

여기저기서 주워 모은 나무뿌리를 식칼로 다듬는 모습이 안쓰러워서 전문가용 조각도를 사 드리며, 황토방 옆에 전시대를 만들어 아저씨가 만든 공예품을 진열하겠다고 했더니 무척 고마워했다. 여느 사람처럼 그 역시 자신의 재능을 인정받을 때 행복했던 것이다. 아무도 그의 말을 진지하게 들어 주지 않았기에 자신의 존재가치를 인정받는 것만으로도 감격스러워했다.

사실 인간의 행복지수를 높이는 것은 그리 어려운 일이 아니다. 가까운 사람에게 인정받고 용납받으면 공허한 마음은 이내 따사로운 햇살에 반사되는 은빛 물결처럼 찬란해진다. 하물며 하나님께로부터

“나의 사랑하는 자요, 기뻐하는 자”라고 격려받으신 예수님은 얼마나 행복했겠는가? 예수님도 사명을 감당하시기 위해 하나님의 격려가 필요했다. 틈만 나면 나무뿌리와 씨름하면서 지난날의 상처를 극복하는 바울 아저씨를 볼 때마다 감사가 넘칠 따름이었다.

가끔 내쉬는 한숨을 제외하면 원망의 말수도 훨씬 줄어들었다. 담배를 끊지 못했지만, 머지않아 담배연기보다 주님을 더 사랑하게 될 거라 믿었다. 환자 숙소를 지을 때도 사도 바울처럼 충성되게 봉사하였다. 그래서 준공식 때는 여러 귀빈들, 특히 두려워했던 군수님 앞에서 표창패를 받기도 했다. 공사를 마치고 막노동 일꾼에게 시상을 하는 준공식 이야기를 들어본 적이 없다. 하지만 자신이 한 일이 얼마나 가치 있는 일인지 깨우쳐 주어 자신감을 회복하도록 돕고 싶어 표창을 한 것이다.

얼마 후 바울 아저씨가 치유센터에서 독립하고 싶어 해 키우던 흑염소를 내주어 마을로 내려 보냈다. 그는 그곳의 마을주민들을 도우면서 혼자 생활했는데, 가족도 없이 혼자 생활하다 보니 먹는 것도 여의치 않은지 가끔 보는 얼굴이 초췌해 보였다. 걱정이 되어 다시 들어와 함께 살자고 제안했지만 아저씨는 자유롭게 살고 싶다며 사양했다. 그리고 얼마 후, 영혼에 날개를 달고 영원한 자유를 찾아 하늘나라로 떠났다. 깨어진 마음, 집을 나간 아내와 자식들에 대한 원망, 고달픈 나그네 인생을 뒤로하고서.

주당 7대 불문

술 때문에 어려운 일을 당한 분이 또 한 분 계셨다. 평생 교단에서 독일어를 가르치다가 은퇴하신, 청년 시절부터 매일 소주 두 병씩을 마시며 아내 없이는 살아도 술 없이는 살 수 없다던 분이었다. 나름대로 술을 끊어 보려고 별별 방법을 다 시도했지만 번번이 실패로 끝났다. 술을 끊기 위해 수원 근교의 기도원에 간 적도 있는데, 밤이 되어도 잠이 오지 않자 위험한 산길을 타고 내려가 그간 못 마신 술을 몽땅 마시고는 그것도 모자라 기도원으로 술을 사들이기까지 했다. 이를 지켜보는 그 아내의 마음은 절망감만 깊어질 뿐이었다. 그러던 중 우리 치유센터에 입소하신 것이다.

처음 며칠 동안은 금단 현상 때문에 잠을 이루지 못했다. 매일 아침마다 피곤한 기색이 역력했다. 하지만 얼마 지나 않아 3일 금식을 무사히 마칠 수 있었다. 새로운 환경에 적응하고 마음도 안정되는 듯 보였다. 아침예배를 시작으로 진행되는 규칙적인 생활도 잘 감당했다. 2개월간의 금주생활을 마친 그는 퇴원하기 전날 밤, 이런 소감을 발표하셨다.

"저는 한때 주당(酒黨)이라고 불렸습니다. 주당 7대 불문을 아십니까? 첫째로 청탁(청주냐 탁주냐)불문이요, 둘째로 안주불문이요, 셋째로 노소불문이요, 넷째로 장소불문이요, 다섯째로 시간불문어요, 여섯째로 거리불문이요, 일곱째로 생사불문입니다. 그리고 술을 먹고 나누는 대화에도 수준이 있습니다. 고급은 '사상'을 논하고, 중급은 '사건'을 논하고, 저급은 남의 '험담'을 합니다.

저는 사상을 논하면서 고급스럽게 술에 미쳤던 사람입니다. 처음에는 내가 술을 마셨고, 점점 술이 술을 마시더리고요. 그러더니 나중에는 술이 사람을 마셨습니다. 서울의 유명한 정신과에 입원하기도 하고 통원치료도 받아 보았지만, 알코올 중독자의 비참한 최후에 대한 통보를 받고서 소망 없이 살아왔습니다. 그런데 이곳에 와서 영육의 치유를 경험하게 되었습니다. 2개월의 생활은 지난 5년 동안 형식적인 교회생활에서 깨닫지 못했던 신앙의 무지를 일깨워 주었습니다. 그동안 알코올 중독자인 나를 참아 주면서 내조해 준 아내에게 무어라 고맙다고 해야 할지 모르겠습니다. 제가 무사히 고비를 넘길 수 있었던 것은 말씀을 묵상하고 암송함으로 하나님께 위로받고 결단을 견고히 했기 때문입니다. 그 중 대표적인 말씀이 이사야 41장 10절이었습니다. '두려워 말라, 내가 너와 함께함이니라. 놀라지 말라, 나는 네 하나님이 됨이니라. 내가 너를 굳세게 하리라. 참으로 너를 도와주리라. 참으로 나의 의로운 오른손으로 너를 붙들리라.' 주님의 은혜에 감사드립니다."

우리는 노부부를 끌어안고 이후로도 성공적인 금주생활이 이어질 수 있도록 기도해 주었다. 그의 아내의 눈에는 하염없는 눈물이 흘러내렸다.

알코올 환자를 위한 치유프로그램

우리나라 성인의 63퍼센트가 술을 마신다고 한다. 대학생의 93퍼센트, 고등학생의 84퍼센트가 술을 마신다. 국민 전체가 '술독'에 빠진 것이다. 통계에 따르면 아동학대 가운데 70퍼센트가 술과 관련되어 있으며, 부부 폭력의 52퍼센트가 술 때문에 일어난다. 이뿐 아니라 한 해 동안 발생하는 전체 사망자의 약 12퍼센트가 술과 관련되어 있다.

한국보건사회연구원의 최근 보고에 따르면, 직·간접적인 음주 관련 손해비용이 연간 약 13조 6천억 원에 이른다고 한다. 이 금액은 국민총생산(GNP) 대비 2.75퍼센트에 해당하며, 이웃나라 일본의 1.85퍼센트와 비교해 보면 우리나라의 손실액 비중이 훨씬 더 크다. 이 금액을 개별적으로 계산해 보면 1인당 약 30-35만 원으로, 4인 가족을 기준으로 할 경우 약 120-140만 원 정도가 소비되는 것이다.

이 통계는 금주자까지 포함한 것이기에 실제로 애주가들의 부담은 훨씬 클 것이다.

알코올은 인간의 정신을 변화시키는 대표적인 약물이며 알코올 중독은 바로 이러한 감정의 변화를 가져오는 '감정질병'이다. 알코올 중독자에게 술은 인생의 가장 중요한 부분으로서 배우자, 가족 또는 친구 이상의 관계가 되는 것이다. 이에 따라 중독증이 진행되어 고통스러운 결과가 나타나더라도 술이 자신에게 좋은 것이고 술을 포기하는 것은 자신의 영혼을 바친 소중한 연인을 버리는 것과 같은 엄청난 상실이라고 느끼게 된다. 그래서 알코올 중독자 중에 암이나 간경화에 걸려 술을 마시지 말아야 하는데도 술을 끊지 못하고 술을 안고 있다가 죽음을 맞는 경우가 종종 있는 것이다.

알코올 중독자는 도덕적인 문제를 가지고 있는, 근본적으로 성격에 결함이 있어 처벌이나 비난을 받아야 할 대상이 아니다. 만성적인 질환을 앓고 있는 사람으로서 치료나 재활을 받아야 할 대상인 것이다. 또 알코올 중독은 혼자만의 문제가 아닌 가족 전체에게 영향을 미치는 복합적인 문제이다. 중독자들의 자녀는 일반 가정의 자녀들보다 음주 문제, 학교 부적응, 낮은 자존감, 반사회적이고 공격적인 행동 등의 문제를 더 많이 경험하는 것으로 알려져 있다.

중독자들의 회복이란 중독 진행 과정만큼이나 단계별 회복 과정이 필요하다. 그것은 술로 인한 심리적, 사회적, 경제적, 가족적, 영적인 손상으로부터 그 기능을 회복하여 생산적인 사회인으로 복귀하는 것을 의미한다. 재발을 방지하기 위해서는 단주 계획과 술 마시지 않고 생활하는 데 필요한 사회 기술, 대인관계 기술, 문제 대처 기술 등을 배워야 한다. 우리가 기억해야 할 점은, 중독자가 우리 사회에서 격리되어야 하는 존재가 아니라 우리와 더불어 살아가야 할 사람이며 진정한 사랑의 기반 위에서 함께 어루만져야 할 사람이라는 것이다. 특히 한국 교회가 알코올 중독자들에게 애정을 가지고 이들을 위한 치유 프로그램과 재활의 장을 마련할 수 있기를 기도한다.

미국에는 유명한 중독 퇴치 프로그램들이 많이 있다. 알코올, 담배, 성(性), 노름 중독 등에서 환자들을 구제하는 프로그램인데, 이것들이 약물치료를 포함한 어떤 치료보다 더 효과적인 결과를 나타내고 있다고 한다. 이 프로그램을 통해 회복되는 이들의 공통점은 무엇일까? 그들은 한결같이 다음과 같이 말하며 새 삶을 시작한다고 한다.

"내 이름은 ○○○입니다. 나는 알코올 중독자입니다. 내 힘으로는 아무것도 할 수 없고 그분의 힘을 의지할 때 치유가 가능하다는 것을 확신합니다."

에스겔서 36장 26절에 치유의 이치가 잘 소개되어 있다.

"또 새 영을 너희 속에 두고 새 마음을 너희에게 주되 너희 육신에서 굳은 마음을 제하고 부드러운 마음을 줄 것이며."

굳은 마음은 상처로 인한 쓴 뿌리에 해당되고 부드러운 마음은 사랑을 주고받을 수 있는 사랑의 뿌리가 아닐까? 인간 스스로 마음을 좌우할 수 있는 것이 아니라, 성령께서 하시는 일이라고 성경에 명백히 나와 있다. 내 힘으로는 안 된다.

'인'(人) 자와 '위'(爲) 자를 붙여 쓰면 '거짓 위'(僞)가 된다. 즉, 인간의 행함은 거짓이다. 그러나 그리스도의 영은 우리를 바꾸어 놓는다. 그리스도의 의(義)를 깊이 깨닫는 것이 나 자신을 바꾸는 기초이다. '의'(義)는 '아'(我 = 나) 위에 '양'(羊 = 그리스도)으로 이루어져 있다. 인간의 불쌍한 운명을 바꾸어 놓는 것은 그리스도의 사랑이다. 생명공학 기술로 인간의 수명이 조금 연장될 수는 있겠지만 영생을 원한다면 창조주가 주시는 사랑의 에너지인 예수 그리스도를 받아들여야 할 것이다.

또 다른 모양의 치유

6개월 시한부 인생이라면?

알고 지내던 사람이 아주 멀리, 돌아올 수 없는 곳으로 떠나갔다. 인생은 만남과 이별이라는 말이 실감난다. 이 말이 머리에서 가슴으로 내려오기까지 꽤 많은 시간이 흘렀다. 가 버린 사람은 그 현실을 떠나면서 마침표를 찍게 되지만, 남아 있는 사람은 고독에 몸부림쳐야 한다. 살아 만날 수 있을 때에 최선을 다해 그를 사랑했는지 묻고 또 물으면서.

진정으로 사랑했던 사람이라면 영원한 행복을 향해 떠나가는 이별을 기뻐해야 할 것 같은데, 죽음은 그렇게 단순하지가 않다. 이별에 대해 초연하자니 인간에 대한 감정이 메마른 것 같고, 슬퍼하자니 생명을 주관하시는 하나님의 섭리에 반항하는 것 같다. 이 문제는 단지 시간이 지나간다고 해서 풀릴 것 같지 않고, 나그네 인생길 순례를 마치고 '영원한 시간' 안으로 들어가고서야 그 모순이 풀릴 것 같다.

강명규. 그는 외국인 노동자에게 복음을 전하기 위해 젊음을 송두리째 바친 선교사이다. 아직 기댈 어깨가 필요한 꽃다운 아내가 있고 아빠의 돌봄이 필요한 어린 두 아들이 있었다. 1년 전에 담도에 있는 암 조직을 제거하였으나 주변 장기에까지 많이 퍼져 있어 통증 완화만을 위해 신경을 끊고 봉합하였다. 그는 6개월 시한부 인생을 선고받고서 마지막 몇 장의 달력을 넘기고 있었다. 그러던 중 선배인 내가 암 환자들을 돕고 있다는 소식을 듣고 아내와 함께 치유센터를 방문하게 되었다.

며칠 동안 산골짜기에서 생활하면서, 그는 자연에 깃든 하나님의 사랑을 보기 시작했다. 여유를 되찾아 몇 편의 시를 쓰기도 했다. 또 정신분열증으로 요양 중에 있는 자매가 시를 쓸 수 있도록 도와주기도 했다. 그의 아내는 환우들에게 노래와 수화를 가르쳐 주었다. 우리는 젊은 이 두 사람을 끌어안고 눈물로 범벅이 된 채 기도했다. 강 선교사는 의료적인 시한부 선고에 매이지 않고 하나님의 소명을 끝까지 감당하기로 결심했다.

그 이후 그는 목사고시를 거쳐 목사안수를 받았다. 또 치유선교를 위해 군포에 개척교회를 설립하기도 했다. 주변 사람들은 그의 거침없는 행동을 적잖이 걱정하며 지켜보았다. 하지만 결국 영원한 소망을 바라보면서 굳은 믿음으로 한 알의 밀알로 썩어졌다. 내게는 잠깐 스치는 만남이었지만 긴 여운이 남는 것은 그가 유한한 이 세상에 살면서도 믿음으로 '영원한 생명'을 누리고 살았기 때문일 것이다. 만약 당신이 6개월 시한부 인생을 선고받았다면 이 땅에 무엇을 남기고 갈 것인가? 당신의 죽음을 진정으로 슬퍼하며 아쉬워할 사람이 있는가?

1개월 시한부 인생이라면?

대장암 말기 때 오신 박종애 집사님. 박 집사님의 병세를 확인하려고 방에 들어선 김영준 장로님은 누워 있는 집사님 곁에 앉으시더니 손을 잡고 "하나님! 저는 아무것도 모릅니다. 하나님께서 지혜를 주셔서 올바른 판단을 할 수 있게 해 주세요"라고 간절히 기도하셨다. 그리고 머리끝에서 발끝까지 세밀히 진찰한 뒤 환자의 병세에 대한 것은 물론이고 묻지 않은 것까지도 자상하고 친절하게 말씀해 주셨다. 그리고 환자의 손에다 자신의 손, 보호자의 손, 내 손까지 올려놓게 하고는 하나님 사랑의 능력이 임해 치유해 달라고 눈물로 기도하셨다. 치유교실 시간에는 긴 의자에 누운 채 듣고 있는 박 집사님의 이름을 부르며 몇 번이고 힘내라고 격려하셨다.

박 집사님의 남편은 아내에게 말기 암 진단이 내려지자 하던 일을 그만두고 아내 곁에 있으면서 열심히 간호했다. 아내와 남편이 간호해 주고 사랑을 표현하는 암 환자들은 그렇지 못한 환자보다 6개월에서 2년 정도 더 오래 사는 것으로 알려져 있다. 애타는 마음으로 하루하루를 보내는 그들의 사랑이 눈물겨웠다. 박 집사님은 매일 진통제와 영양제를 수시로 맞으며 하루하루 연명했다. 아들은 엄마 옆에서 기타를 치면서 찬양으로 엄마를 위로하고, 예배당에 나와 엄마를 위해 기도했다. 간호사가 주사를 놓으러 가면 수고하신다며 힘내라고 꿀물을 타 주기도 했다. 밤이면 엄마와 농담을 주고받으며 웃음꽃을 피웠다. 다른 이들이 산책을 하고 있으면, 세 식구는 휠체어를 밀고 가까운 동산으로 올라가 기도하고 찬양하였다.

박 집사님은 배에서 복수가 빠지면 암 덩어리가 뱃가죽 위로 솟아올라와 있을 정도로 병세가 심했다. 배 전체에 조금의 틈도 없이 암이 꽉 차 있는데 이렇게 견디고 있는 것이 기적이었다. 그 모습이 너무 안타까워 위로하면 얼굴에 미소를 띠며 수줍어했다. 그러면서 한 번은 이런 말씀을 하셨다.

"생각해 보니 지금까지 살아오면서 봉사 한 번 못 하고 살았어요. 회복하면 주방에서 봉사하고 싶어요. 여기 오기 전에는 남을 위해서 기도 한 번 제대로 못 했어요. 그런데 새벽에 교회에 들어서니 직장암으로 요양 중인 정 집사님이 본인도 힘들 텐데 저를 위해 눈물 흘리며 기도하고 있잖아요. 얼마나 감동받았는지 몰라요. 목사님! 저는 한 가지를 잃어 가고 있지만 복내에 와서 백 가지를 얻었어요."

얼마 후 박 집사님은 집에 다녀오겠다면서 치유센터를 내려가셨다. 다시 돌아오기로 약속한 전날 밤에, 집사님의 남편이 다급한 목소리로 전화를 걸어왔다. 어제까지 저녁 식사도 잘하고 이야기도 잘하던 사람이 오늘 아침 갑자기 쇼크 상태에 빠져 병원으로 옮겼는데, 의사 말이 몇 시간 안 남았다고 한다고 했다. 그리고 이튿날 밤 아들이 다시 전화 연락을 해 왔다.

"어머니 어떻게 됐니?"

"조금 전에 하늘나라로 가셨어요."

"그랬어? 그동안 아빠와 지훈이가 그렇게 사랑과 정성을 쏟아 간호를 했는데 마음이 많이 슬프겠구나!"

"그래도 우리 엄마랑 복내에서 좋은 시간 가졌어요."

장례 후 그의 가족들이 치유센터를 찾아왔다. 남편 집사님은 그동안 아내가 사랑 많이 받고 가게 도와주어서 정말 감사하다고 몇 번이나 인사를 했다. 아들 지훈이는 식당에 오지 않고 예배실에서 혼자 피아노를 치면서 찬양을 했다. 함께 예배드리던 엄마 생각에 밥을 먹을 수 없었나 보다. 하지만 슬픔 가운데서도 다시 만나게 될 천국의 소망으로 감사하는 가족들을 보면서 다시 한 번 신앙의 위대함을 깨달았다.

　'보고자 하는 대로 보인다'는 말이 정말 맞다. 상황의 어려움이 계속되면 부정적인 사고에 지배를 당한다. 모든 일을 부정적으로 바라보게 된다. 그리고 결과적으로 일과 관계를 그르치게 된다. 그러나 감사하고자 하는 마음으로 세상을 바라보면 행복이 마음 안에 흘러 천국을 누릴 수 있게 된다. 모든 순간이 주께로 말미암은 것임을 깨달아 매일매일 '감사의 제사'를 드리며 살아갈 때 후회 없는 삶을 살 수 있다.

　일과를 마치고 잠자리에 들기 전에 '매일 나는 죽는다'라는 생각을 해 보라. 하나님 품안에서 누릴 영원한 안식을 소망하면서 말이다. 그때에 자신의 욕망을 비우게 되며, 영원한 나라를 위해 지금 할 수 있는 일이 무엇인지 쉽게 깨달을 수 있게 된다. 하나님을 사랑하며 이웃을 사랑하며 사는 진리를 말이다.

아직 할 일이 남았어요!

"채문희! 복내 목사님 오셨어. 알아보겠어?"

　내가 응급실로 찾아갔을 때, 거의 혼수상태에 있는 아내를 남편되는 분이 흔들어 깨웠다. 누워 있는 환자는 위암에서 발병해서 간암으로까지 전이된 35세 된 자매님이었다. 그녀는 아직 손길이 필요한 세 딸의 엄마이기도 했다.

　그동안 자매님은 유치원을 경영하면서 열심히 살아왔다. 자식을 대하듯이 사랑하는 마음으로 어린아이들을 대했다. 이것이 소문이 나자 자연히 유치원생들이 차고 넘쳤다. 시설도 확장하여 옮겼다. 그리고 목포에서 제일 큰 유치원을 인수할 계획도 세웠다. 자매님의 소망은 경제적인 안정을 하루 속히 이루어 조각가인 남편이 마음껏 작품 활동을 할 수 있도록 뒷바라지하는 것이었다. 그 일념으로 파김치가 되도록 몸을 혹사했다. 게다가 교회 일에도 열심이 특심이어서 모든 행사를 주관하며 앞장서서 일했다. 저녁이 되면 쓰러지다시피 들어왔지만 다음날 아침이면 피곤한 몸을 이끌고 기계처럼 일터로 나갔다. 목표를 다 이루기 전까지 멈춰서는 안 된다는 강박관념에 짓눌려 있었다.

그러다가 배에 통증이 있어서 병원에 갔더니 위암이라는 진단이 나왔다. 정밀진단을 위해 조직검사를 한 결과, 짧으면 2개월 길어도 2년밖에 못 살 것이라고 했다. 웬 청천벽력이란 말인가? 모든 인생의 계획이 물거품처럼 사그라지는 좌절을 겪어야만 했다. 항암치료라도 받지 않겠느냐는 의료진의 권고에 실낱같은 희망을 걸고 몇 차례 받았다. 독한 항암제 때문에 머리카락이 다 빠져 모자를 쓰고 다녔다. 머리카락이 빠져 나가면서 여성으로서의 자존심도 뿌리째 뽑혀 나갔다. 항암치료에 대해 기대를 하진 않았지만, 특별한 호전증세가 없었다. 그러던 중 주위 분들의 소개로 마침내 우리 치유센터에 오게 되었다.

하루는 자매님이 나에게 자신의 진로를 상담해 왔다.

"오늘 유아교육학과 대학원 원서를 사 오라고 남편을 보냈습니다."

"무슨 소리입니까?"

"주변에서 기도하는 분들이 그러시는데요, 제가 아픈 것이 아마도 선교사로 부르실 하나님의 뜻인가 보래요. 그래서 당장에라도 유아교육을 더 배워서 중국의 어린 영혼들을 위해 헌신하려고요."

"자매님! 아픈 중에도 주를 위해 헌신하고자 하는 마음이 참 아름답군요. 하지만 새로운 목표를 정해 놓고 얼마나 몸을 더 혹사하려고 그래요. 하나님은 사역보다 자매님과 깊이 교제하기를 원하십니다.

일은 하나님이 하실 것이니 잠잠히 그분에 대한 신뢰를 가지고 바라보세요. 지금까지 내가 하지 않으면 안 된다는 집착으로 살아왔지 않나요? 이제부터라도 하나님께 모든 문제를 맡기고 마음을 느긋하게 갖고 평강을 누리세요. 그래야 병도 낳을 수 있어요.”

대개 질병이 찾아오게 되면 환자들은, 자신이 무슨 일을 해야만 하나님이 치료해 주실 것이라는 강박관념에 사로잡히게 된다. 그동안의 죄와 불신앙에 대해서 보상을 해야만 질병의 저주를 풀어 주실 것이라는 생각 말이다. 하지만 하나님은 구원뿐만 아니라 치료도 믿음의 방법으로 응답하기를 기뻐하신다. 자존적인 신념을 내려놓고 자신의 마음을 비우는, 자신과의 싸움을 해야 하는 것이다.

자매님은 유치원을 정리하면서 복내에 몇 차례 들러 요양할 방을 정하고 갔다. 큰아이 입학 때문에 복내로 주소를 옮기기도 했다. 치유교실 때는 통증이 있는 몸을 이끌고 들어와서 피아노 반주와 레크리에이션 치료를 담당해 주었다. 그러나 마음먹은 대로 몸이 따라 주지 못했다. 복부의 통증은 점점 심해졌고 결국 서울에 있는 종합병원으로 실려 가게 되었다.

위급하다는 소식을 듣고 서울의 병원을 찾아갔다. 응급실에 누워 있던 자매님은 산소호흡기와 링거 그리고 심장 박동을 체크하는 줄 등에 몸이 뒤엉켜 있었다. 간으로 전이된 암세포에서 발생한 독 때문에 온몸이 가려운지 연신 긁어 댔다. 그런데 호흡기를 의지해서 생명을 구차하게 연명하고 있는 것이 귀찮았는지 갑자기 호흡기 호스를 빼서 던져 버렸다. 심장 박동을 체크하는 줄도 같이 떨어져 나갔다. 그리고 희미한 눈으로 나를 바라보면서 신음에 섞인 몇 마디를 하였다. 처음에는 무슨 말인지 잘 알아듣지 못해 몇 번이고 귀를 기울였다.

"목-사-님! 아직-할-일이-남아-있어요……."

"그래요, 복내에 들어와 암 환자를 위한 병원을 짓기로 했지요. 너무 걱정하지 말아요. 그 아름다운 소원이 한 알의 밀알처럼 땅에 떨어져 열매를 맺을 거예요."

나는 시편 23편의 "여호와는 나의 목자시니 내가 부족함이 없으리로다"라는 말씀으로 위로해 드렸다. 그리고 아버지 집에 영원히 거할 소망을 갖도록 권면했다. 집사님은 대답할 힘이 없는지 고개만 계속 끄덕였다. 예배를 마친 다음 나는 남편과 함께 장례절차를 논의했다.

"집사님, 장례는 어떻게 치르기로 하셨나요?"

"화장하기로 했어요. 집 가까운 산에 재 묻을 곳을 한 곳 봐 두었어요. 아이들에게 엄마의 자취라도 남겨 주어야 할 것 같아서요. ……목사님! 안정된 삶을 살아 보려고 쏜살같이 달려왔지만 이런 모습으로 생을 마감하게 되네요. 하지만 어려운 고통 가운데서도 주님만을 위해서 살아가는 신실한 분들을 만나 도움을 많이 받았습니다. 그 만남들을 통해서 내 믿음의 눈이 열리는 축복을 받게 되었습니다."

다시 병실로 들어와 보니 마침 친척 분들이 많이 와 계셨다. 내가 "채 집사님! 우리 다시 만나요" 하자 "예, 목사님"이라고, 힘없이 외마디 말을 던지고 씩 웃어 주었다. 손을 흔들어 배웅해 주던 자매님을 두고 돌아서는 내 발걸음이 그렇게 무거울 수가 없었다.

'이 세상에서 다시 만날 수 있을까? 이 세상에서 만날 수 없다면 저 천국에 가서야 만날 수 있겠지.'

얼마 후 남편 집사님에게서 자매님이 하나님 품에 안겼다는 전화를 받게 되었다. 내 마음에는 고인을 떠나보냈다는 아쉬움보다 엄마 없이 살아야 할 세 아이의 고독감이 몸서리쳐졌다. 또 아내 없이 세 딸을 홀로 키워야 하는 남편의 앞날을 생각하니 아찔하기까지 했다.

장례를 치른 후 남편 집사님은 어린 둘째 딸의 손을 잡고 쳐진 어깨로 치유센터를 찾아왔다. 아내가 암의 통증을 움켜잡고 환우들을 위해 레크리에이션을 지도하고 찬양 반주를 하던 곳이기에.

"목사님! 시간이 갈수록 혼자라는 것이 힘들어져요."

"아내가 떠났다는 것을 현실로 느끼기까지 시간이 꽤 걸릴 겁니다."

"다른 딸들보다 둘째 딸이 엄마를 애타게 기다렸어요. 엄마가 집으로 오기로 약속한 날을 손꼽아 기다리다가 끝내 오지 않자 자지러지도록 울었지요. 엄마가 다시는 올 수 없는 곳으로 갔다는 것을 깨닫게 해 주기 위해 엄마의 임종을 직접 보여 주었어요. 그 후 다시는, 엄마가 보고 싶다고 떼쓰지 않아요. 흑-흑."

고개를 숙인 채 앉아 있는 딸은 오가는 말을 알아들었는지 애써 서러움을 억누르는 표정이었다. 아이는 다시 만날 수 없는 엄마에 대한 그리움을 어린 가슴에 묻고 있었다. 자라면서 엄마의 빈자리는 더 커져 갈 것이다. 아무리 좋은 새 엄마가 들어와도 그 자리를 대신 할 수는 없을 것이다. 많은 암 환우들을 하나님께 먼저 보냈지만 이들 유가족의 아픔은 내게 더욱 아프게 다가왔다.

얼마가 지나서 남편 집사님은 아내와 같이 질병으로 고통 받는 영혼들을 위해 신학대학원에 입학하였다. 그가 신학대학원 동기생들과 치유센터를 방문하던 날, 우리는 서로 끌어안고 주님의 인도하심에 감사했다. 그러나 아내 없이 세 딸을 돌보아야 하는 힘겨운 생활을 생각하면 지금도 버거움의 한숨이 저절로 쉬어진다.

웃고 있는 영정 사진

야윈 몸에 예쁜 모자를 쓴 40대 후반의 자매님이 차에서 내렸다.

자매님은 한쪽 팔을 깁스 하고 있었다. 옷차림과 말투를 보아 교양과 인격을 두루 갖춘 분 같았다. 알고 보니 13년 동안 유방암으로 항암 치료를 비롯해서 방사선치료 등을 수없이 받아 온 분이었다. 그러나 호전이 되지 않아 고심하던 중에 김 장로님께 이끌리어 복내까지 내려오게 되었다.

치유교실이 시작되었지만 자매님은 적응을 못 하는 것 같았다. 교육이나 예배 시간이 되면 맨 뒷자리에 마지못해 앉아 있으면서 마음의 안정을 찾지 못한 채 고개를 숙이고 있었다. 나는 자매님을 위해 탄식하는 마음으로 중보기도를 드렸다. 그리고 며칠이 지난 어느 날 아침, 예배를 드리는데 더 이상 그 영혼을 방치해서는 안 된다는 성령님의 감동이 내게 임했다. 나는 예배를 마치고 곧 그 자매님과 상담을 했다.

자매님은 연신 눈빛을 피하며 자신의 문제를 감추려 했지만 대화를 하는 중에 경계를 풀게 되었다. 오랫동안 교회를 출석하여 지금은 집사 직분도 받았지만 제대로 된 집사가 아니라면서 속마음을 털어 놓았다. 그러면서 이제부터라도 참다운 신앙생활을 할 수 있도록 도와 달라고 하였다. 아직 믿음이 든든히 서지는 못했지만 천사와 같은 심성을 소유한 자매임을 느낄 수 있었다.

상담을 마친 뒤부터 자매님은 맨 앞자리에 앉기 시작했다. 예배 중에는 온몸으로 말씀을 들으려고 노력했다. 산책 시간도 하루하루 늘려 나갔다. 노래를 부르면서 춤을 추는 등 즐거운 생활을 하였다. 시간만 나면 내 막내딸 사랑이와 이야기를 나눴다. 자매님은 부모를 따라 산골짜기에서 외롭게 사는 우리 아이들을 안쓰러워했다.

열흘의 일정을 마친 뒤 서울로 올라간 자매님은 다음 달 다시 복내에 내려왔다. 건강이 훨씬 회복된 것 같았다. 자매님은 서울의 유명백화점에서나 볼 수 있는 좋은 옷을 우리 아이들을 위해 선물해 주었다. 아이들은 난생 처음 고급 옷을 입고 쑥스러운지 계속 옷자락만 만지작거렸다. 또 열악한 주방시설에서 주방 일을 하는 아내를 보면서 늘 안타깝게 생각하던 자매님은 주방 시설을 개선하도록 돈을 건네주며 나를 협박(?)했다.

"목사님, 제가 헌금했다는 것을 아무에게도 알리지 마세요. 이 사실이 다른 환자들에게 알려지면 헌금을 못 하는 다른 분들의 입장이 난처해지잖아요. 또 목사님도 오해받을 수 있어요. 헌금을 낸 사람에게만 특별히 잘해 준다고."

자매님은 내 아내를 친동생처럼 여기고 다른 환우들에게도 아낌없는 사랑을 베풀었다. 자신도 죽어 가고 있으면서 남의 아픔을 위해 그토록 진실한 사랑을 쏟을 수 있을까? 펴지지도 않는 팔로 다른 환자들을 껴안고 눈물로 기도하던 자매님! 그의 진실한 눈물로 회개하고 돌아온 영혼들이 스쳐 간다. 직장암과 투병하던 자매님, 교통사고 후유증으로 힘겨워하던 형제님, 가정파탄으로 인생의 의미를 상실했던 아주머니, 병고를 겪던 명문 여대 여 교수님……

자매님의 남편 역시 아내를 위한 헌신적인 사랑으로 우리에게 진한 감동을 남겨 주었다. 유방암에 좋다는 약을 구하기 위해 우리나라는 물론 중국까지 찾아다녔다. 13년 동안 투병생활을 하면서도 자매님 얼굴에 그늘이 없는 이유는 바로 남편의 뜨거운 사랑 때문이었다. 남편은 아내를 위해 침술을 배워 매일 침을 놓아 주고 오일 마사지를 해 주었다.

마침 서울에 올라갈 일이 있어서 자매님 집을 방문하였다. 한강변에 자리 잡은 전망 좋은 고층 아파트였다. 저녁 식사를 마친 뒤 한강이 보이는 창가에 앉아 차를 마시면서 자매님 부부와 함께 신앙 성장에 대한 이야기를 주고받았다. 그리고 아침에는 예배를 드렸다. 그날 큐티 본문은 시편 23편이었다. 늘 읽고 암송하는 말씀이지만 그날따라 하나님께서 생생하게 들려주시는 음성을 들을 수 있었다. 말씀을 나누고 함께 손을 꼭 잡고 눈물의 기도를 드렸다. 며칠 후 자매님이 정밀검사를 받기 위해 검사대에 누웠는데, 그때 이 말씀이 떠올라 마음의 안정을 되찾을 수 있었다고 전했다.

그리고 얼마 후, 서울의 모 대학 병원에서 유전자치료가 성공했다는 보도가 있자 암 환자들이 그 병원으로 몰려들기 시작했다. 자매님도 실낱같은 희망을 품고 그 수술에 자신의 몸을 맡겼다. 1차 수술을 성공적으로 마치고 2차 수술로 들어갔다. 그러나 수술을 마치고도 마취가 풀리지 않아 하체가 마비되는 사고가 발생했다.

급히 올라와 달라는 가족들의 연락을 받고 중환자실로 갔다. 들어가 보니 산소마스크와 죽을 넣을 수 있는 호스만이 자매님의 생명을 지탱해 주고 있었다. 얼굴을 살펴보니 언제 죽음의 벼랑으로 밀려날지 두려워하고 있었다. 무슨 말이 위로가 되겠는가? 나는 머리 위에 손을 얹고 간절한 마음으로 회복을 위한 기도를 드렸다. 기도를 마치고 눈을 떠 보니 자매님의 눈에서 눈물이 흘러 하얀 베개를 적셨다. 눈물을 닦아 주며 희망을 잃지 말라고 용기를 준 뒤 황망히 중환자실을 빠져 나왔지만, 내 눈에서도 주르륵 눈물이 흘러내렸다.

얼마가 지난 후, 가족들에게서 다시 전화가 왔다. 자매님이 소천했으니 장례식을 주관해 달라는 전화였다. 부랴부랴 새벽바람을 맞으며 길을 나섰다. 그때 그 허전함을 무엇으로 말할까? 죽음의 공포에 떠는 암 환자들에게 내가 해 줄 수 있는 것이 무엇일까? 사역에 대한 회의가 밀려들었다.

장례식장에 도착해 슬픈 가슴을 안고 영정 앞으로 다가서는 순간,

나는 깜짝 놀라고 말았다. 자매의 영정사진은 해맑게 웃고 있었다. 먼저 도착해 조문을 한 김 장로님이 흥분된 어조로 말씀하셨다.

"오늘 새벽에 꼭 저 모습으로 나에게 찾아왔어요. 자기가 하늘나라로 떠나는데 인사를 드리러 왔다면서. 꿈인지 생시인지 모를 정도로 생생했어요. 아내를 흔들어 깨워 무슨 소리를 들었냐고 묻기까지 했으니."

유가족들은 그 상황을 전해 듣고 큰 위로를 받았다. 자매님의 얼굴에 웃음이 가득한 것은 하나님 우편에 앉아 두 팔로 맞으시는 예수님을 보았기 때문임을 믿을 수 있었다.

죽음, 가장 큰 선물

환자들을 돌보다 보면 죽음도 많이 목도하게 된다. 회복되면 다시 오겠다고 손을 흔들며 떠난 사람이 죽음의 소식을 전하는 경우도 종종 있다. 이제는 다시 못 만날 그들과 유가족에 대한 연민이 무력감과 우울증에 젖게 하여 며칠 동안 말을 잃어버리기도 했다. 죽음의 공포에 두려워하는 환우들을 위해 내가 할 수 있는 일은 무엇인가?

헨리 나웬은 다음의 세 가지 이유로 죽음을 가장 큰 선물이라고 했다. 첫째, 죽음은 아이다움을 되찾아 하나님을 향한 의존적 존재로 복귀하는 것이다. 둘째, 죽음을 통해 모든 사람과 하나 되며 평등해질 수 있다. 셋째, 죽음은 참된 열매를 맺기 시작하는 것이며 우리의 관심사를 성공에서 존재로 옮겨 가게 한다.

우리 사회에서는 '아이다움'이 성장과 함께 버려야 할 것으로 경시되고 있고, 끊임없이 일어나는 전쟁과 인종간의 갈등으로 사람들 사이의 형제자매애가 조롱받고 있으며, 오직 제한된 시간에 거둘 수 있는 성공에만 초점이 모아지고 있다. 게다가 우리는 두려움이 많은 사람들이다. 갈등, 전쟁, 불확실한 미래, 질병, 그리고 무엇보다도 죽음을 두려워한다. 그 두려움 때문에 우리는 자유를 빼앗기고 있으며, 사회는 온갖 협박과 거짓 약속으로 우리를 마음껏 조종한다. 하지만 우리가 출생 전이나 죽음 이후에도 변함없이 우리를 사랑하시는 하나님께 다다를 수 있을 때, 억압이나 박해나 죽음은 우리의 자유를 빼앗을 수 없을 것이다. 우리가 사랑으로 말미암았고 사랑 안에서 죽으리라는 것, 그리고 우리 존재의 모든 부분이 사랑에 깊이 뿌리를 내리고 있으며 우리의 하나님은 참 사랑이라는 내면의 지식에 이를 때, 온갖 형태의 질병과 죽음은 그 힘을 잃게 될 것이다.

예수님은 십자가의 사랑을 통해서 우리를 위해 죽음과 두려움을 이기는 길을 열어 주셨다. 우리가 삶과 죽음에서 그분의 방식을 선택한다면 우리는 죽음과 두려움을 이길 수 있다. 그렇게 된다면 사도 바울처럼 우리도 죽음을 조롱하면서 맞설 수 있다.

"사망아, 너의 이기는 것이 어디 있느냐? 사망아, 너의 쏘는 것이 어디 있느냐? 사망의 쏘는 것은 죄요 죄의 권능은 율법이라. 우리 주 예수 그리스도로 말미암아 우리에게 이김을 주시는 하나님께 감사하노니"(고전 15:55-57).

우리는 예수님처럼 죽음과 친해지는 길을 선택할 수 있다. 그리스도인은 모든 사람들과 하나 되어 하나님의 사랑받는 자녀로 살 특권이 있다. 그럼으로써 우리는 또한 다른 이들을 돌보는 사람이 될 수 있다. 인간의 유한한 운명에 맞서 본 자만이 형제자매가 죽음의 두려움을 내쫓도록 도와줄 수 있으며, 그들을 하나님의 은혜의 빛으로 인도할 수 있을 것이다.

호스피스운동

모든 사람은 죽는다. 그때가 언제인지 몰라도 사람은 틀림없이 죽는다. 죽음의 문제만큼 인간에게 시급하고 중대한 문제도 없다. 신학자 칼 바르트는 죽음에 대해서 이렇게 말했다.

"사람은 언젠가는 시체가 될 것이다. 많은 사람들이 그 시체에게 화환이나 꽃을 던지고 여러 가지 유창한 말과 악기의 선율로 슬픔을 나타내곤 하지만 그 후에는 돌아서서 잡담을 하며 집으로 돌아간다. 남겨진 시체는 관 속에 집어넣든지 재로 만들어 항아리 속에 담아 깊은 땅 속에 묻는다. 아직 한동안 빛이 있으나 잠깐 후 영영 빛에서 차단된다. 나중에 그를 아는 최후의 사람까지도 죽음의 길로 가면 먼저 시체가 되어 버린 사람은 사람들의 기억에서 완전히 사라진다. 이것이 우리를 기다리는 가장 확실한 죽음의 양상이다."

이러한 죽음의 필연성에도 불구하고 인간은 죽음의 문제를 기피하고 생각조차 하기 싫어한다. 이것은 생을 향한 인간의 본성과 죽음 앞에서 느끼지 않을 수 없는 불안, 공포, 환상 그리고 그것에 대한 방어 본능 때문이라 할 수 있다. 그러나 죽음에 대한 생각을 떨쳐 버림으로써 죽음의 문제가 해결되는 것은 아니다. 우리는 죽음을 이해함으로써 삶을 이해한다. 죽음은 넓은 의미에서 생명의 한 과정이기 때문이다. 죽음을 단지 두려운 것, 피안적인 것으로 회피하기보다는 새로운 삶의 시작으로 보아야 한다. 이러한 죽음을 가장 아름답게 맞이할 수 있도록 돕는 일을 호스피스 사역이라고 한다.

호스피스란, 특히 임종을 앞둔 사람들에게 사랑을 실천하는 것을 말한다. 이때에 육체적인 문제뿐만 아니라 정서와 영의 문제를 전인적으로 다루는 것이 중요하다. 급속한 산업화와 정보화의 물결 속에서 버려질 수밖에 없는 임종환자와 노인환자들에 대한 호스피스 사역에 교회와 목회자가 관심을 가짐으로써 영혼을 진실하게 섬기는 교회상을 이루어 갈 수 있을 것이다.

오늘날 가정은 점차적인 핵가족화 추세로 가족의 임종을 살필 겨를이 없는 비인간화된 곳으로 변하고 있다. 뿐만 아니라 병원의 의료진들은 육체적인 죽음의 순간을 될 수 있는 대로 지연시키려고만 하고 있다. 그러므로 다른 어느 때보다 고통과 죽음에 대한 호스피스 교육이 죽음을 앞둔 당사자나 그를 돕고자 하는 사람에게 필요하다. 특히 교회를 중심으로 하는 호스피스 사역은 영적 간호에 비중을 많이 둔다.

죽어 가는 이들에게 가장 큰 소망은 다시 태어난다고 하는 것이다. 여기에 기독교 신앙의 위대성이 있다. 인간에게 과연 죽음은 영원한 종말인가? 성경은 그것으로 끝나는 것이 아니라고 말한다. 예수 그리스도께서 죽으시고 부활하심으로써 우리에게 영원한 생명을 주셨기 때문이다. 이제 죽음은 전혀 새로운 의미를 지닌다. 죽음은 생의 마지막 성장단계이다. 죽어야 부활이 있고, 영원한 삶을 바라볼 수 있다.

죽음은 당사자의 문제이지만, 남아서 그것을 지켜보는 생존자들의 문제이기도 하다. 그래서 호스피스 프로그램에 적극적으로 관여하고 있는 사람들은 유가족들과 친지들의 마음을 어떻게 어루만져서 정상적인 생활을 할 수 있게 할 것인지 생각해야 한다. 유가족 봉사자들은 유가족을 돕고자 할 때 다음 몇 가지를 특히 유의해야 한다.

첫째, 여러 가지 신체적·심리적 고통을 겪는 사망자의 가족들을 서두르지 않고 도와주어야 한다. 신체적 증상, 불면증, 식욕부진, 우울증 등은 바로 사라지는 것이 아니므로 기다려야 한다. 환자가 사망한 후에 발생되는 가족의 비통함은 상실에 대한 고등의 인간반응이다. 비통은 정서적·신체적으로 혼란을 초래하여 다른 가족들에게 영향을 주기도 한다. 혹은 시간이 지남에 따라 비통함을 잘 극복할 수 있고, 자신들의 유용한 다른 자원을 이용하기도 하지만 이와 상관없이 간호와 지지가 오랫동안 요구되기도 한다.

둘째, 유가족들의 이야기를 잘 들어 주는 일이다. 유가족들의 경우 하고 싶은 이야기는 많은데 들어 주는 사람이 없다. 사실 들어 주는 일이 쉬운 일은 아니다. 죽고 나면 죽은 사람에 대해 일단 미화시키는 경향이 있고 그 사람에 대해 자꾸만 무언가를 이야기하고 싶어 하기 때문이다. 그런데 이 아름다운 추억들이 죽은 사람에 대한 슬픈 감정들을 치유하게끔 한다. 유가족들의 이야기를 들으면서 '운명이 다해서' '하나님의 뜻이니까' 라는 말은 하지 말아야 한다.

셋째, 유가족 봉사자들은 유가족들이 죽은 자에 대해 가지고 있는 죄책감을 들어 주어야 한다. 슬픔에 직면한 사람들은 "내가 생전에 좀더 잘했더라면, 내가 그때 좀더 현명했더라면 이런 일은 일어나지 않았을 텐데……"라는 말을 자주 한다. 남녀노소를 막론하고 자기 힘으로는 막을 수 없는 일인데도 그들은 죽음에 대한 책임감을 느낀다. 마치 의도적으로 남을 죽게 한 것처럼 죄책감을 갖는다.

이 같은 죄책감 중에서 비현실적 죄책감(neurotic guilt feelings)이 문제이다. 정상적인 죄책감은 시간이 경과하면 회복되지만, 비현실적인 죄책감은 오히려 역효과를 가져온다. 특히 어린아이가 부모의 실수로 사망하였을 경우에 그 부모들은 후회와 죄책감, 양심의 가책, 의기소침과 함께 해결할 수 없는 질문들이 늘어나게 된다. 이때 유가족 봉사자들은 유가족에게 심한 충격을 주지 않는 범위 안에서 죄책감을 느끼는지의 여부를 알아보고 마음의 평안을 얻도록 부드럽게 인도해야 한다.

임종은 죽음을 맞은 당사자의 문제이기도 하지만, 그것을 지켜보는 사람들에게도 문제가 된다. 우리는 죽은 사람 이외에 유가족, 친지들의 마음을 어떻게 어루만져서 정상적인 생활로 돌아갈 수 있게 할 것인지 생각해야 한다. 사별 후에 슬퍼하는 가족들을 돌보는 것은 교회기관이나 자원봉사단체 등에서 할 수 있으나 유가족을 임종자와 한 단위로 전문적으로 돌보는 것은 호스피스의 본질적 역할 가운데 하나이다.

호스피스의 역사는 중세 수도원으로 거슬러 올라간다. 수많은 여행자, 빈민, 고아, 그리고 죽어 가는 환자들이 안식처를 찾아 헤맬 때 수도원들은 이들을 수용하여 의학적 치료는 물론 보호와 휴식을 제공했다. 20세기 후반에 들어와서는 죽어 가는 만성병 환자를 보살피기 위하여 영국에서부터 실시되었고, 최근에는 캐나다·미국 등지로 확산되어 가고 있다. 이들은 병원 내에서도 치료와 간호를 해 주지만, 지역 사회 단위로 가정을 방문하여 환자의 통증을 완화시켜 주고 주거환경과 생활환경을 개선시켜 주며 개인적인 친절과 봉사를 제공하기 위해 꾸준히 일하고 있다. 한국에서도 호스피스에 대한 관심이 폭증하고 있는 추세이다.

최근 말기 환자들의 고통이 개인과 가정 문제가 아니라 사회 전체 문제로 부각되고 있는 가운데 한국호스피스협회는 ‘올바른 호스피스 제도 정착을 위한 성명’을 발표했다. 협회는 성명을 통해 “호스피스는 인간적인 고도의 사랑이 요구되는 돌봄 차원에서 모든 전문 직종들이 함께 힘을 모아 접근하는 총체적인 팀 활동”이라고 전제하고 “호스피스 제도화가 일부 전문 직종의 영역을 넓혀 주거나 말기 환자들을 전문적으로 도우려는 마음이나 지식 없는 이들에게 수입을 보장해 주는 차원에서 이루어질 소지도 있다”고 우려했다.

또 올바른 호스피스 제도 정착을 위해서 임종을 앞둔 환자들이 인간의 존엄성을 유지하며 죽음을 맞이할 수 있는 권리가 충분히 보장되는 제도가 필요함을 지적하고 모든 유형의 호스피스 프로그램이 정착될 수 있는 제도, 일부 전문 직종이 총체적으로 참여해 호스피스의 진정한 의미를 되살리는 제도가 만들어져야 한다고 밝혔다. 그리고 호스피스 현장에서 열심히 활동하고 있는 종사자들의 의견이 충분히 반영되고 그들을 격려하고 지원하며 국민의 공감대가 폭넓게 형성되는 제도가 마련되기를 바란다고 덧붙였다. 이와 같은 성명은 요즘 호스피스의 제도화에 따라 우후죽순처럼 일어나는 호스피스운동에 대해 적절한 지침을 제공했다고 여겨진다.

향후 몇 년 후에는 40대 이상 중 50퍼센트가 암에 걸린다는 보고가 있었다. 현재 한 해 6만 4천 명, 하루에 162명이 암의 고통으로 생을 마감하고 있다. 이 중에 천 명만이 호스피스 시설의 도움을 받고 있는 실정이다. 나머지는 일반 병원과 집에서 고통스런 죽음을 맞이하고 있다. 하지만 호스피스 의료 행위도 건강보험의 혜택을 받을 수 있도록 하고, 국가 차원에서 암을 관리하겠다는 계획이 발표되었으니 참으로 다행한 일이 아닐 수 없다.

다시 일어난 기적

어느 부활절 아침, 동네 노인 몇 분을 포함해 20여 명의 환우들이 부활절 예배를 드리고 있었다. '죽음에서 일어난 나사로' 라는 제목의 설교가 있은 다음 축도에 이어 감사의 찬양을 부른 뒤 모두 제자리에 앉는데 유독 같이 예배드리던 박 장로님만은 고개를 그대로 숙인 채 앞의 의자에 기대어 서 있었다.

우리 모두는 그저 '장로님이니까 기도를 깊이 하나 보다' 라고 생

각했다. 그런데 옆에 있던 분이 "박 장로님이 이상해요" 하고 비명을
질렀다. 모두 소스라쳐 돌아보니 완전히 핏기가 없는 것이 흰 초 같
았다. 급히 "장로님" 하고 불러 보았으나 전혀 대답이 없었다. 그제
야 '죽은 사람'이라는 생각이 들었다. 김영준 장로님은 즉시 박 장로
님을 안아서 의자에 눕혔다. 온몸이 이미 굳어 시체를 만지는 듯했
다. 즉시 심폐소생술로 들어갔다. 옆에 있던 사람들이 발을 동동 구
르며 당황했다. 나는 웅성거리는 교우들에게 "모두 박 장로님을 살려
달라고 기도합시다"라고 부탁한 다음, 환우들과 함께 무릎을 꿇고 농
성으로 기도했다.

3분여가 지났다. 그러나 여전히 숨을 쉬지 않았다. 목에 있는 동맥
을 살펴보았으나 맥박이 없고 심장은 완전히 정지되었다. 동행했던
이 장로님은 박 장로님의 코에 손을 대고 숨을 쉬는지 확인하더니 고
개를 내저었다. 그러나 중단하지 않고 심폐소생술을 계속하길 또 3
분, 드디어 김 장로님의 손에 반응이 전해져 왔다. 다시 1분 경과, 드
디어 박 장로님이 눈을 한 번 깜빡했다. 성도들의 기도 소리가 하늘
을 찌르는 듯 계속되었다. 김 장로님은 "주님, 박 장로님이 아직 하나
님 사업을 덜 마쳤으니 생명을 연장해 주세요"라고 기도하면서 심폐
소생술을 계속했다. 또 2분이 지나자 박 장로님의 눈꺼풀이 들렸다.
그리고 호흡이 돌아오고 심장이 제대로 뛰기 시작하는, 믿을 수 없는
광경이 펼쳐졌다.

박 장로님은 주위를 둘러보더니 "무슨 일이에요? 무슨 일이 났나
요?" 하며 자리를 툴툴 털고 일어났다. 박 장로님은 살아났지만 우리
모두는 까무러쳐 죽을 뻔했다. 옆에서 지켜보던 모든 분들이 함성을
질렀다.

"할렐루야! 부활의 주님을 찬양하세."

김 장로님은 물끄러미 본인의 손을 내려다보았다. 성도들의 간절한 기도와 함께 죽은 자를 살려 낸 믿음의 손이었다. 예수님이 나사로를 살리실 때 곁에 서서 무덤을 막고 있던 돌을 밀어 내 주고 다시 일어난 나사로의 세마포를 풀어 주던 그 믿음의 손이었다. "내게 능력 주시는 자 안에서 내가 모든 것을 할 수 있느니라"라는 사도 바울의 고백이 내 마음에 스치고 지나갔다. 우리의 기도와 믿음의 손길이 아니었다면 박 장로님은 축복을 받으며 성경책을 움켜잡은 채 천국에 가셨을 분이다. 그러나 하나님께서는 그를 데려가지 않으셨다. 박 장로님을 통하여 이루고자 하신 거룩한 사업을 완성하고 하늘나라에 돌아오기를 원하셨던 것이다. 그것이 틀림없다.

부활 주일에 부활의 소망을 주는 이적이 일어났다. 화려한 부활절 칸타타도 없고, 주고받는 기념 계란도 없는 산골짜기의 초라한 교회에서 일어난 부활의 사건이다. 이 교회에는 도시의 여느 교회처럼 밤을 밝혀 주는 네온 십자가가 없다. 단지 세상에서 소망이 없어 절망의 가슴을 안고 골짜기를 찾아온 환우들과 아랫동네에서 올라온 팔순의 할머니 몇 분이 있을 뿐이다.

참새 한 마리도 하나님의 허락 없이는 땅에 떨어지지 않을진대, 왜 천하보다 귀한 생명을 잠시 취하셨다가 생명을 불어넣어 주셨을까? 아마도 우리의 믿음 없음을 불쌍히 여기고 내려주신 하늘의 표적이 아닐까! 예수님을 죽은 자 가운데서 삼일 만에 부활시킨 바로 그 사랑의 능력이었다. 이 일을 계기로 우리 모두는 죽음 너머에 계시는 부활하신 예수님을 만나는 영광을 누릴 것을 더욱 확신하게 되었다. 또 하나님께서 산속 깊은 골짜기에서 조용하게 일어나고 있는 전인치유사역을 통해서 생명을 건지시는 일을 하고 계심을 깨달으니 새삼 두렵기까지 했다. 부활의 소망 없이 고통당하는 이들에게 참 생명을 전하도록 영광의 직분을 맡겨 주심을 감사드린다.

죽음은 인간의 영혼을 흔들어 깨워 육체의 현저한 일이 부질없는 짓이라는 걸 알게 해 주는 위대한 스승이다. 죽음의 문턱에 있는 암환자들과 생활하면서 죽음을 가까이서 생각하는 나는 행복한 사람이다. 생의 마지막을 생각하면서 영원한 가치를 추구하도록 하시는 하나님의 음성을 선명하게 들을 수 있으니 말이다.

3부

전인치유목회의 이론과 실제

인간은 우리가 '우주' 라고 부르는
전체의 일부로서,
시간과 공간 속에 제한된 일부이다.
그는 자기 자신이나 자기 생각과 감정이
나머지 전체와 분리된 것처럼 경험하는데,
이는 일종의 의식의 시각적 망상, 곧 착각이다.
이 망상은 우리에게는 일종의 감옥이 되어
우리를 개인적 욕망과
가장 가까운 몇 사람에 대한 애정에
갇혀 있도록 한정시킨다.
우리는 우리의 뜨거운 동정심의 원을 넓혀서
생명 있는 모든 것과 자연계 전체가 지닌
그 아름다움을 끌어안고 살아감으로써
우리 자신을 이 감옥으로부터 해방시켜야 한다.
–알버트 아인슈타인

질병 공화국

교회에서 치유세미나를 인도하면서 "몸이 불편하신 분들, 손들어 보세요" 하면 대부분의 성도들이 고통을 호소한다. 성인병은 이제 나이 든 사람만의 전유물이 아니다. 성인병은 젊은 세대로 빠르게 전파되어 우리나라 전체 사망자 가운데 35~45세의 젊은 남성들의 성인병 사망률이 세계 1위라고 한다. 물론 우리나라 40대 남성의 사망률이 세계 1위라는 것도 잘 알려져 있다. 특히 암은 한 해에 6만 4천 명의 사망자와 11만 명 이상의 발병자를 낳는 질병으로 이미 국가적 재난이 되어 있다.

2002년 통계청 발표에 의하면, 하루에 660명씩 사망하는데 그 중 암으로 사망하는 사람이 162명이라고 한다. 1위는 '암' 2위는 '뇌졸중' 3위는 '심장병'이었다. 관상동맥질환인 심장병도 지난 20년 동안 무려 10배나 증가하여 심지어는 '암'보다도 더 빠르게 증가하고 있는 추세이다. 이대로 간다면 앞으로 수년 내에 심장병 사망률이 암을 앞설 듯하다. 더욱이 심각한 것은 당뇨병이다. 최근 통계에 의하면, 우리나라 인구 중 당뇨 증세를 가진 사람은 소아당뇨를 포함해서 약 5백만 명에 이르며, 매년 5만 명씩 증가한다고 하니 얼마나 무서운 일인가?

특히 위협적으로 다가오는 것은 인스턴트 식품이 어린이의 입맛을 사로잡고 있는 현재, 우리 아이들의 건강에 이상 징후들이 속속 포착되고 있다는 점이다. 당뇨, 지방간, 알레르기 등 각종 질병 앞에 '소아'(小兒)라는 수식어가 붙어도 전혀 어색하지 않은 지 이미 오래다.

상계백병원 강제헌 교수팀이 서울의 한 초등학교 학생 1천 909명을 대상으로 비만도와 성인병 유병률을 조사했는데, 비만아 61명 가운데 지방간, 고지혈증, 고혈압 등 1종 이상의 성인병을 가진 아이가 전체 71퍼센트를 차지했고, 두 가지 이상의 증상을 보이는 아이도 31퍼센트나 되었다(2003년 6월 3일 KBS 1TV '생로병사의 비밀'). 또 2001년 국민건강실태조사에 따르면 0~4세 아이들의 만성질환 1위는 아토피 피부염이며, 지난 10년 사이에 아토피 피부염을 비롯한 소아 알레르기 질환은 10배 이상 폭증하고 있다. 질병 공화국에 대한 심각한 재앙이 보이지 않는가?

한편으로 점성술, 초월명상, 영매술, 요가 등 동양적 신비주의와 서양의 합리주의, 과학주의가 결합하여 뉴에이지라는 환상을 만들어 내고 있다. 게다가 가정과 결혼에 대한 전통적인 가치관 상실로 빚어진 이혼율 증가, 쾌락주의로 인한 인내심과 충성심 결여 등 세속주의 물결의 범람으로 교회도 순수한 신앙을 잃어 가고 있다. 인간과 사회 그리고 자연에 대한 공동체적 사랑이 식어 가면서 점점 죽어 가고 있는 것이다. 단지 그 과정이 서서히 진행되고 있어 잘 모를 뿐이다.

과학의 첨단화는 사람들의 마음을 강퍅하고 공격적인 삶의 방식에 익숙하게 했다. 이 때문에 개인주의와 집단이기주의가 만연하여 공동체 의식이 소멸되고 있다. 이로써 영혼이 찢길 뿐만 아니라 신체, 사회, 자연에까지 병리현상이 심화되었다. 한국 교회에 위기가 닥쳤다고 염려들 하지만 가슴을 시원하게 하는 대안은 보이지 않는다.

요즘 나오는 교회 부흥에 관한 서적들을 보면, 교회의 물량주의와 인본주의에 편승해서 쌓아 올린 지난날에 대한 근본적인 성찰이 생략되어 있다. 극히 개인적이며 개교회적인 이기성을 부추겨 얄팍한 방법으로 몇 사람 더 끌어 모으는 식의 광고 전략이라고나 할까?

이제는 총체적 영성 회복을 위한 전인치유를 실행해야 할 때이다. 생명의 본질 그 자체에 관심을 가져야 한다. 이를 위한 최후의 보루는 하나님의 교회이다. 교회가 부패했다고들 하지만, 그래도 하나님의 희망은 교회뿐이다. 이제는 인간의 생각과 특정 교단의 전통을 기준 삼아 치유사역을 소홀히 하는 일이 없어야 한다. 총체적 치유목회는 이 시대의 필요를 충족시키며 하나님의 뜻을 실현하는 길이다.

교회는 이러한 총체적인 문제를 사랑으로 치유하고 좀더 높은 수준으로 인도할 책무를 요구받고 있다. 그러므로 더 이상 '전인치유'에 대한 관심을 뒤로 미뤄서는 안 된다. 21세기는 전인치유의 시대이다.

치유에 대한 시대적 요청

치유에 대한 관심은 인간 역사와 함께 존재해 왔다. 타락한 인간에게 고통과 죽음이라는 징계가 내려졌을 때부터 이 고통에서 구원받고자 하는 열망이 있었다. 인간은 고통에서의 나음, 즉 '치유'를 원해 왔고 하나님께서는 자기 백성을 치유하는 역사를 행하셨다. 최근 들어 교단과 교파를 초월하여 치유가 교회의 관심사로 대두되고 있는데, 어떤 이유로 교회의 전인치유사역이 이처럼 비상한 관심을 끌고 있는가?

첫째, 현대 사회가 강력히 추구하는 정보화와 과학화로 인한 급격한 비인간화 경향에 대응하여 손상된 인간성을 치유할 필요가 절실히 요구되고 있기 때문이다. 둘째, 인간의 전인성에 대한 사람들의 관심이 높아지고 있기 때문이다. 이런 흐름은 신학만이 아니라 행동과학 및 의학 분야에서도 뚜렷이 나타나고 있다. 셋째, 현대 교회는 예수님의 사역과 초대 교회의 사역 유형이었던, 복음을 가르치고 선포하고 치유하는 것을 본받아야 할 필요성을 재인식하고 있기 때문이다. 넷째, 사회와 자연환경의 상태가 바로 인간의 생명과 직결되었음을 깨닫게 되어 개인 영혼뿐만 아니라 총체적 회복에 관심을 갖게 되었기 때문이다. 지금 이 시대의 문화와 종교 다원화는 가치관 혼돈을 가져왔고 이에 따라 총체적 치유목회의 전문화가 절실히 요구되고 있다.

그러나 안타깝게도 사변적인 기독교 주류 세력이 보수와 권위주의를 중요시 여기면서 배타적인 독선을 낳아 삶과 신앙이 분리되는 현상을 초래하고 있다. 교회 개척기에는 치유목회를 하다가도 교회가 안정기에 접어들면 하나님의 치유은사를 강대상 밑에 묻어 버린다. 그리고 더 많은 성장과 유지를 위한 목회정치에 힘쓰게 되어 양들 하나하나의 필요를 채우는 전인적인 목양사역에 허점이 생긴다. 이로써 영적 기갈에 고통 받는 양들은 영적 아노미 현상을 극복하기 위해 기도원이나 다른 교회를 전전하게 된다. 목회자들은 교회 울타리를 높여서 양들을 통제하려고 하지만 신율법주의의 병폐만을 가중시킬 뿐이다. 꿀이 없는데 어찌 벌이 날아오겠는가?

우리는 거의 기적이 망각되고 무시되는 시대에 살고 있다. 다시 말하면 세상은 인간 우위의 인본주의 가치관과 생각들로 제한되고 있고, 하나님께서 일으키시는 초자연적인 능력은 무시된다. 그 결과로 믿음이란 것이 필요 없게 되고, 다만 어느 한순간의 기대를 충족시키는 정도에 불과한 얄팍한 생각들로 꽉 차게 되었다.

하지만 많은 성도들이 갖은 모양으로 고통당하고 있는 이때에, 복음주의 개신교회에서 하나님의 치유은사를 사용하지 않는다면 타종교나 사이비 종교 그리고 이단들이 이 능력을 가져가서 교회와 성도를 공격하고 사탄을 찬양하는 데 사용할 것이다.

한편 사람들은 신체적인 질병, 정서적인 뒤틀림, 영적인 갈등으로 괴로워하고 있다. 이들은 자신들의 아픔과 상처에 대해 진정한 치유를 기대하고 있다. 이런 시대 흐름 가운데 교회 내부에서도 성령의 새로운 바람이 불고 있다. 영적 싸움의 강조, 효과적인 중보기도 운동, 경배와 찬양을 통한 예배의 갱신, 은사갱신 운동, 그리고 치유사역이 강조되고 있다. 오늘날과 같이 수많은 사람들이 다양한 종류의 치유를 요구한 시대가 일찍이 없었다.

치유목회 기능은 이론보다 앞설 수 없으며, 이론은 실제적 기능이 동반되지 않으면 관념에 머무르고 만다. 치유목회의 이론과 기능은 언제나 성경말씀을 교과서로 삼고, 예수님을 모범 삼아야 한다. 하나님은 목자들이 양들의 전체적인 삶에 들어가 문제들을 치료하고 영성적인 성장을 촉진시키는 성육신적인 목회를 요구하고 있다. 치유목회는 복음 전도와, 불모의 선교지에서 믿음을 갖게 하는 결정적인 동기를 만들어 준다. 로잔대회 전도위원회가 지적했듯이, 이 시대는 "우리의 복음을 확증해 줄 증거가 부족"하다.

우리는 치유은사는 사라졌다는 세대주의적 억측에도 불구하고 교회의 역사적 증거 자료에 의해 치유은사가 지속적되어 왔음을 알고 있다. 더구나 오늘날 세계적으로 급성장하고 있는 중국이나 남아메리카, 아프리카에서는 치유를 통한 전도 능력이 활발하게 나타나고 있다. 심지어 산업화된 서구에서도 활발한 치유사역을 위한 교단적 차원의 보고서가 작성되기도 했다(2001년 영국 성공회). 이는 술과 마약에 속박된 젊은이들과 깨어진 가정들을 상담과 사회적 후원만으로 도울 수 없다는 현실적인 한계에 봉착했기 때문이다. 서구 사회는 물질의 풍요에도 불구하고 극도의 정신적 공항을 맞이하고 있다. 창조주 하나님을 떠난 대가를 톡톡히 치르고 있는 것이다. 결국 치유은사는 시대와 환경을 초월해서 하나님을 결정적으로 믿게 할 수 있게 하는 강력한 도구임을 알 수 있다.

지금 현대 교회 가운데 치유가 강력히 일어난다면 하나님께서 크신 긍휼과 사랑으로써 여전히 자녀들을 돌보고 계신다는 믿음의 감격이 우리 안에 되살아날 것이다. 불신자들에게 하나님의 영광을 보고 믿을 수 있는 기회를 제공할 것이다. 또 오늘날 증가하는 심령술, 점성술, 신비종교 뒤에 도사리고 있는 마귀의 세력을 멸하는 강력한 도구가 될 것이다. 더 나아가 주 예수 그리스도의 능력과 권세를 전파함으로써 불신앙이 만연하고 있는 세상 속에서 성도들의 믿음을 굳건히 세울 수 있을 것이다. 그리고 주님의 사랑과 능력으로 교회가 갱신되어 불신의 세상 가운데 다시 한 번 강력하게 복음이 증거 될 것이다.

그러나 우려되는 것은 기존의 치유선교 접근 방식에 대한 편협성이다. 극단적인 어떤 한두 가지 방법으로 하나님의 광대하심을 제한해 왔기 때문이다. 이제는 인류를 향한 하나님의 일반은총과 특별은총을 균형 있게 수용하여 치유사역의 효과를 극대화해야 하는 요청을 받고 있다. 즉, 생활의학과 영성치유 그리고 현대 의료를 적절하게 조화하는 치료의 과정을 밟아야 한다. 더 나아가 삶의 양식이 총체적으로 변화되어야 하며, 궁극적으로는 하나님께서 원하시는 삶의 예배를 통해 거룩한 백성으로 훈련되어야 한다. 이것이 21세기에 요청되는 미래의 전인치유선교 방식이다.

유전자와 전인치유의 상관관계

영국 공영방송 BBC는 과학자들이 당초 예상보다 2년 빨리 인간 게놈 지도를 완성했다고 보도했다. 그리고 이를 토대로 의약 및 과학적 발전을 이루는 과제가 남았다고 그 의미를 부여했다. 왜냐하면 약 30억 쌍의 염기 서열 조합이 사실상 모두 해독됨에 따라 인간 생명과 관련, 유전적으로 결정되는 모든 것을 규명할 수 있게 됐기 때문이다. 이는 1953년 J. D. 왓슨, F. H. C. 크릭이 유전자를 발견한 지 오십 년 만에 이루어진 일이다. 영국에서 유일하게 '인간 게놈 프로젝트'(HGP)에 참여한 웰컴 트러스트 생거 연구소의 앨런 브래들리 교수는 "인간 게놈 지도 완성은 의심할 바 없이 긴 여정을 향한 힘찬 출발"이라며 "지금 당장 중대한 발견을 기대할 순 없지만 종국적으로 인류 건강에 대한 기여는 굉장할 것"이라고 강조했다. 한국의 인간유전체기능연구사업단의 박홍석 선임연구원은 "인간 게놈지도의 완성은 과학사에서 인류의 달 착륙에 못지않은 쾌거"라며 찬사를 아끼지 않았다. 무엇보다도 유전자 지도 완성은 전인치유사역에 대한 과학적 근거를 더해 주고 있다.

이미 1998년 11월 일본 동경에서는 분자의학 분야 세계 석학들이 모여 '분자의학혁명'을 논의하면서 의학이 정립한 기존의 이론에서 한 걸음 더 나아가 유전자가 엮어 내는 분자로 병을 치료하는 방향을 설정했다. 2000년도 들어와서 의학계는 유전자에 변이가 생기면 생리활동을 이끄는 정상적인 생리 단백질을 생산하지 못하고, 발병 단백질을 생산한다는 것을 알아냈다. 2001년 2월호 〈사이언스〉는, 정상 유전자에 이상이 생길 때 이것을 자동적으로 수리하는 자생력 유전자(Human DNA Repair Gene)를 인간이 태어나면서부터 소유하고 있었다고 발표했다.

〈리더스다이제스트〉 2001년 5월호에는 "미국 조지 워싱턴 의과대학생들이 영성치유를 원하다"라는 기사가 실렸다. 기사의 주요 내용은, 2000년 가을 학기부터 학부 1년생에게 '신앙과 건강' 과목을 개설하고 교회 성직자와 의사가 팀으로 강의하기 시작했다는 것이다.

2002년 1월 24일, 보스턴에 있는 하버드 대학 부속병원에서는 현대 의학으로는 더 이상 치료할 여지가 없는 83세의 노인이 강인한 믿음 하나로 건강을 유지하고 있다는 믿을 수 없는 사실을 놓고 공개토론을 거친 뒤, 믿음이 확실하게 병세를 호전시킴을 확인하였다. 같은 해 5월 3일에는 애틀랜타 주 조지아에서 열린 제25차 일반내과학회에 이 환자의 주치의와 환자를 직접 참석하게 해 공개토론을 펼쳤는데, 이로써 이 놀라운 현실이 또 한 번 과학적으로 증명되었다.

내과학회는 이 사실을 미국의사협회에 속한 전국 모든 의사들에게 알리기로 하고, 7월 24일자 〈미국의학협회보〉(JAMA)에 '만성병에 걸린 83세 부인과 강력한 종교적 믿음'(An 83-year-Old Woman With Chronic Illness and Strong Religious Belief)이라는 논문을 발표했다. 이것은 미국의학협회가 믿음이 현대 의학이 치료하지 못하는 질병을 치유할 수 있다는 것을 인정한 최초의 논문이다. 신앙과 의학이 점점 하나의 목표를 향해 새로운 조화를 시도하고 있다는 증거이다.

최근에는 유전자 발견 50주년 특집을 마련해 그동안의 성과와 미래의 전망을 내놓기도 했다. 이로써 의학계에서는 의학혁명이 시작됐다고 예고하고 있다. 의사들은 새로운 패러다임에 적응하기 위해 또다시 수련을 받아야 할 것이다(〈네이처〉, 2003년 1월호). 얼마 전에 는 미국 의과대학의 절반 이상이 '영성과 치유'라는 과목을 개설하기 도 했다.

학자들은 암, 심장병, 당뇨, 비만, 탈모, 천식 등을 유발하는 유전 자들의 정체를 파악하는 것을 목표로 삼고 있다고 한다. 특히 암 치 료와 이식수술은 인간 유전체의 신비를 벗겨 냄으로써 인류에 가장 큰 혜택을 줄 분야로 꼽히고 있다. 뿐만 아니라 알코올·마약 등에 빠 져드는 각종 중독질환, 정신질환 치료에도 크게 기여할 것이라고 한 다. 현대 의학은 중독질환의 반 정도를 유전적인 요인으로 보고 있 다. 따라서 약물남용이나 인간 행동에 영향을 미치는 유전자를 밝혀 내면, 치료약품이 교도소를 대신하고 반사회적 행동을 예방하거나 치료할 수 있으리라 기대한다.

심지어 미래에는 유전자를 이용해 원하는 모습과 능력을 갖춘 맞 춤아이를 낳을 수 있다는 이론도 거론되고 있다. 즉 정자나 난자 또 는 수정란의 유전자를 미리 검사한 뒤 아이의 성을 여자든 남자든 원 하는 대로 만들 수 있고, 큰 키에 잘생긴 외모와 높은 지능을 두루 갖 춘 완벽한 아이를 선택해 출산할 수도 있다는 것이다.

그러나 현 단계는 종착역이 아니라 출발에 불과하다는 지적도 있 다. 유진자에 대한 해독직입이 완료됐지만 그 기능은 내부분 비스터 리로 남아 있는 상태이기 때문이다. 일각에서는 유전자로 이뤄진 수 천 가지의 단백질을 규명, 분류하는 데 100년 이상 걸릴 수도 있다는 의견까지 제시하고 있는 실정이다.

유전자도 창조주의 피조물

어떻게 단순한 물질인 DNA가 의지, 주변에 대한 인식을 가지고 반응한다는 것일까? 여기서 제3의 존재를 감지하고 인정하지 않을 수 없다. 우주에 존재하는 두 가지 에너지 법칙 중 하나인 열역학 제2법칙에 따르면 세상의 모든 만물은 자연적으로 질서에서 무질서로 변하게 되어 있다. 무질서를 질서화하려면 반드시 에너지 투입이 필요하다. 그렇다면 어떻게 태초의 우주에 이러한 완전한 질서체가 존재하게 되었을까? 이러한 완전한 질서체가 존재하기 위해서는 엄청난 에너지 개입이 있었음에 틀림없다. 이 에너지를 개입시킨 분이 바로 창조주 하나님이시다. 그 사랑의 힘으로 모든 만물이 창조되었고, 보존되고 있는 것이다. 태초에 말씀으로 창조된 빛이 혼돈을 질서로 이끌어 가는 힘이다. 빛의 전자로 시작하여 양성자, 중성자, 그리고 수소, 그 다음은 세상의 모든 물질 순서로 된 것같이 우리 몸의 구조도 창조주의 계획이며 그 계획은 유전자 속에 입력되어 있다.

최근 병의 원인이 유전자 변이로 인한 자생 능력의 저하로 밝혀지면서 기존 의학에 대한 혁명이 요구되고 있다. 즉, 약이나 수술만으로는 변이된 유전자의 설계를 원상으로 회복시키기가 어렵다는 것이다. 결국 우리 몸의 유전자를 만드신 창조주 하나님께 나아가 영적인 치유를 통하여 근본적인 관계를 회복해야 한다는 것이다. 또한 인간을 만드셨을 때의 최초의 자연환경과 생활방식으로 돌아가야 한다는 것이다. 이를 토대로 현대 의료의 적절한 도움이 뒷받침될 때에 효과적으로 질병을 극복할 수 있다. 창조주가 만드신 생활환경을 사람이 마음대로 바꿈으로써 자생력이 약해졌으니, 생활환경을 에덴과 같이 회복해야 다시 원형으로 돌아갈 수 있다. 자생력을 회복하여 건강을 유지하고 병에서 회복되려면, 결론적으로 생명을 창조하고 유전자를 만드신 하나님께 나아가야 한다. 예수님은 이 세상에 오셔서 "수고하고 무거운 짐 진 자들아 다 내게로 오라"고 말씀하셨다. 이를 위해 진리를 가르치시고, 복음을 전파하시고, 질병을 치유하셨다(마 4:24, 9:35).

전인치유적인 삶과 현대 목회

도시인들의 수명은 전원에서 사는 사람들보다 짧아진다는 보고가 나왔다. 환자 발생률도 도시나 공업 지대가 전원 지대에 비교해 볼 때 엄청나게 높다. 이를 뒷받침하는 통계가 많이 발표되고 있으며, 이 사실을 입증이라도 하듯이 도시 인구는 휴일만 맞으면 도시를 떠나 자연을 즐기려고 하고 있다. 앞으로 우리 사회가 완전히 주 5일 근무체제로 바뀌면 더 많은 사람들이 금요일 오후부터 도시를 떠나게 될 것이다. 지금도 장기 휴일에는 교회출석자가 줄고 있다. 도시 교회는 바로 이 사실에 주목해야 하며 이것이 '전인치유'를 시작해야 할 중요한 이유 가운데 하나임을 명심해야 한다.

환경이 이렇게까지 나빠지기 전에 많은 교회들이 도시에 들어섰다. 그 교회들이 지금은 모두 자연이 있는 곳에 수양관이나 기도원을 건립하고 그곳에서 가끔 전교인 수련회를 연다. 매우 바람직하고 좋은 현상이긴 하지만 그 정도로는 공해와 정신적 긴장상태(스트레스)로 인해 유전자 변이를 초래하여 발생하는 여러 가지 질병을 예방하거나, 자생력을 강화하여 이미 발생한 질병에서 헤쳐 나가기에는 역부족이다. 병이 발생하여 입원한 뒤에야 병원을 방문해 기도와 사랑으로 힘을 주기보다는 병을 예방하는 편이 바로 주님의 가르침을 따르는 옳은 길이라 믿는다.

자연에 가까운 곳으로 교회를 옮기거나, 교회가 소유한 기도원 또는 수양관에서 금요일 오후부터 월요일 새벽까지 전인치유 예배생활을 한다면 전교인의 '믿음'과 '영성' 그리고 '신체 건강'은 물론 '자생력' 또한 복원되어, 모두 즐거운 찬송으로 주님이 주신 나날을 유쾌하게 보낼 것이다. 그리고 믿지 않는 이웃들을 초대할 수 있어 전도에 새로운 길도 열릴 것이다. 더 나아가 사람과 환경이 공존하는 생태마을을 이루어 갈 수도 있을 것이다.

에덴동산으로 돌아가라

어떻게 하나님의 사랑 안에서 치유를 경험할 수 있겠는가? 오랫동안 전인치유를 해 오면서 다양한 임상경험을 체득한 김영준 박사는 다음과 같이 권고한다.

첫째, 성경대로의 생활로 돌아가라. 하나님은 사람이 건강하고 즐겁게 살기를 원하신다. 유전자는 하나님의 창조물이다. 하나님의 말씀에 순종하면 유전자는 건재하고, 하나님의 말씀에서 떨어지면 유전자는 잘못된다. 그러므로 말씀에 순종함으로 생명의 에너지를 매일 공급받아야 한다. 우리가 건강하고 장수할 수 있는 길이 성경에 기록되어 있다. "가라사대 너희가 너희 하나님 나 여호와의 말을 청종하고 나의 보기에 의를 행하며 내 계명에 귀를 기울이며 내 모든 규례를 지키면 내가 애굽 사람에게 내린 모든 질병의 하나도 너희에게 내리지 아니하리니 나는 너희를 치료하는 여호와임이니라"(출 15:26).

둘째, 자연과 가까이 하라. 하나님이 창조하신 아름다운 자연을 인간은 파괴하였다. 에덴에서 아담과 하와는 사탄의 꼬임에 빠져 죄를 지었다. 아름다운 이 세상을 사람의 욕심대로 마구 고치다 보니 유전자는 변형된 자연과 어울리려고 힘든 진화를 하였다. 아름다운 자연에 가면 누구나 마음이 즐거워지듯이 사람의 유전자는 아름다운 자연에 들어오면 원형으로 돌아가려고 한다.

셋째, 기도와 명상으로 마음을 비우라. 미국 듀크 의대 교수인 해럴드 괴그니는 노스캐롤라이나 주 더럼 지역의 노인 4,000명을 상대로 6년간 실시한 임상실험 결과를 2000년 7월 18일자 〈유에스에이 투데이〉(*USA Today*)에 발표하였다. "종교생활을 하지 않는 노인들은 기도와 명상을 하는 노인들보다 사망률이 50퍼센트 더 높다"는 결론이었다. 또 UCLA 대학은 목 부위에 동맥경화가 있는 흑인 60명을 상대로 7개월간 관찰한 결과 "하루에 두 번 명상기도를 한 환자들은 동맥경화가 현저히 줄어든 반면 그렇지 않은 환자들은 동맥경화가 더 악화되었다"고 발표하였다.

넷째, 적당한 운동을 하라. 지나친 운동은 에너지의 다량 공급을 요구하며 유해산소를 생산하여 세포의 노화를 촉진하기 때문에 우리 몸에 해롭다. 유해산소는 암을 발생할 수도 있다. 운동이 스트레스가 되면 성인병의 원인인 아드레날린을 만들어 내므로 즐거운 마음으로 운동해야 한다. 복내치유센터에서 실시하고 있는 '새생활 긴깅체조'를 권한다.

다섯째, 자연에 가까운 식탁을 즐겨 하라. 육체는 물질로 구성되어 있어 좋은 물질을 공급해 주어야 회복이 빠르다. 현대인들이 편리한 것을 쫓다 보니 인스턴트식품이나 방부제가 다량 함유된 식품을 즐긴다. 하지만 이런 식습관은 결국 성인병을 앓게 한다. 미국의 경우, 만병의 근원인 비만치료를 위해 쓰는 재정이 국방

비와 맞먹는다고 한다. 그러나 아무리 의료비를 많이 책정해도 생활방식을 바꾸지 않으면 회복이 어렵다.

모든 문제는 근본적으로 사랑의 결핍에서 기인된다. 창조주 하나님이 먹이시는 은혜와 사랑을 따라 사는 데에 우리의 행복이 있다. 그분의 회복케 하시는 생명력에 감사하며, 평온 속에서 에덴동산의 즐거움과 행복을 누리도록 해야 한다. 에덴의 신인(神人)관계와 인간(人間)관계가 회복되고, 에덴동산의 식생활과 생활습관이 회복되면 대부분의 질병이 사라지게 될 것이다.

더 나아가 마지막 때가 이를수록 사랑이 식어져 가므로 그리스도인들은 고통당하는 이웃을 진정으로 돌아보는 사랑과 봉사의 삶을 살아야 한다. 이를 위해 마음과 몸을 병들게 하는 생활문화를 개혁하고, 사회와 환경의 건강 회복을 위해 관심을 넓혀 가야 한다.

전인치유는 생활양식을 바꾸는 의학이다. 속도는 조금 느릴지 모르지만 가장 근본적인 치료방법이며 단지 생명을 연장하는 차원을 넘어 영원한 생명으로 연결해 주는 의학이다. 이 일은 광범위한 일이기 때문에 각 분야의 건강 관련 전문가들이 겸손하게 연합하여 주님의 사랑을 실천할 때에만 가능하다. 교회와 선교병원은 이러한 총체적인 문제를 사랑으로 치유하고 좀더 높은 수준으로 인도할 책무를 요구받고 있다. 이를 실현하기 위해서는 신학대학원과 의과대학원 과정에도 전인치유과목을 개설하여 의학과 신학을 접목시키는 구체적인 노력이 뒤따라야 할 것이다.

2 전인치유목회를 준비하는 교회

전인치유의 필요성

전인치유의 필요성은 지금까지 치료의 한 축을 담당해 온 현대 의료에 대한 애정 어린 비판에서 시작되었다. 즉, 의학 수준이 정밀해질수록 숲은 보지 못하고 나무만 보고 있는 현대 의료에 대한 반성으로부터 출발한 것이다. 그렇다면 현대 의학은 지금 어떤 상황에 놓여 있는가?

첫째, 인간 존엄성을 무시하고 있다. 인간을 기계 부속품이나 생물학적 세포 조직의 일부분으로 보고 마음대로 실험 대상을 삼아 연구함으로써 인간의 존엄성이 무시되고 있다. 그러나 환자는 하나의 '사례'가 아니라 하나의 '인격'이다. 또 이 현상은 의사가 환자 개인에게 제공할 수 있는 시간 부족에 의해 더욱 촉진된다. 인간이란 전인적인 존재이기 때문에 좀더 다각적인 진단이 필요하며, 이를 위해 시간을 확보해야 한다.

둘째, 의학 윤리의 비윤리화 경향이다. 의학 윤리는 히포크라테스 사상을 기반으로 하는데, 여기에 기독교 윤리가 보태져 가난한 환자에 대한 치료 행위는 더욱 강조되었다. 모든 것이 신적인 것에 의해 해석되던 중세에는 의학이 철저히 하나님과 연결되고 종속되어 있어서 신앙이 부재한 의료 행위는 무가치한 것으로 간주했다. 17세기부터 서구사회의 의학은 실증적인 응용과학으로 발전했고, 19세기 후반에는 생리학, 세포병리학, 세포학 등의 공헌으로 점차 과학적으로 체계화되었다. 20세기 중엽 이후부터는 의학이 기술화되고 전문화된 '과학 의료'가 되면서 그 발전 과정에서 비윤리화되는 경향을 보이기 시작했다. 전통적으로 의료는 자비와 사랑을 바탕으로 했기 때문에 의사는 병고에 시달리는 환자를 불평 없이 자발적으로 받아들였고, 이로써 환자와 의사 사이에 정신적인 우애와 유대가 싹트게 되었으며 인격적인 치유가 가능했다. 그러나 의학의 전문화와 분업화는, 환자는 의료의 소비자로 의사는 공급자로 서게 했다. 결국 의학 윤리는 상업성으로 대치되고 말았다.

셋째, 물질화 현상이다. 이명수 박사의 지적에 의하면 물질화 현상은 두 가지 형태로 이해된다. 하나는 만연되어 있는 물질적 인간관이고, 또 하나는 근자의 의료 행위에서 나타나고 있는 물질적 가치 체계이다. 물질적 인간관은 인간을 전인격적으로 만나지 못하게 하는 점에서 앞서 지적한 비인간화 현상이나 의료의 상업성 차원과 긴밀하게 연결되어 있다. 의료 행위에 나타난 물질적 가치 체계는 여러 가지로 살펴볼 수 있겠으나, 한 예로 최근 병원 내에 사치성 시설을 설치하고 병원비를 인상하는 것을 들 수 있다. 과학 기술의 현격한 진보에 따라 경쟁이라도 하듯이 사치성 시설을 만들고 외형상의 건물과 행정이 비대해지면서 환자들의 경제적인 부담이 가중되었으며,

재산이 없는 사람은 감히 병원에 들어설 수 없게 되었다. 황금만능주의가 병원에까지 침투되어 존귀한 인간 생명이 위협받게 된 것이다.

넷째, 과학과 종교의 긴장이다. 과학과 종교를 서로 상반되는 위치에 대립시켜 놓음으로 생긴 문제이다. 성경과 과학은 서로 상충된 것이 아니라 과학은 성경이 준 선물 가운데 하나이다. 하지만 많은 사람들이 성경과 과학이 근본적으로 상반된다고 생각한다. 종교적 신앙을 살려야 한다고 했을 때 많은 의사들은 이는 과학을 거부하는 것이라고 한다. 그러나 이것은 영적인 것과 물질적인 것을 상호갈등으로 파악하는 데서 기인한 것이며, 과학을 선호하는 입장에서 나온 것이다. 그러나 사실상 과학적 방법이란 분석에 기초하고 있다. 생명의 전체 가운데서 과학은, 이를테면 그 한계를 한눈으로 파악할 수 있는 몇몇 단일한 과정들을 뽑아서 그런 것들을 지배하는 법칙들을 발견하는 것에 불과하다. 과학에서 인간이란 원자와 세포와 기관의 집합일 뿐이다. 그래서 과학적인 방법만으로는 생명의 신비를 발견할 수 없다. 그러므로 과학의 한계성을 인정하지 않는 의학이란 있을 수 없으며, 과학만능주의로 신앙을 무시하는 것은 인간에 대한 이해 부족과 과학 자체에 대한 인식 부족에서 기인하는 결과이다.

다섯째, 인간 전체성의 소홀이다. 현대 의학은 인간의 전체성을 망각하고 있다. 이는 현대 의학이 과학적인 방법에 지나치게 의존한 대가이며 인간의 전체성을 무시한 데서 기인되었다. 사실 과학이란 연구 대상물을 계속 분석하고 분해해 봄으로써 이루어지는 것이다. 하지만 인간은 분석에 의해 깨달을 수 있는 부분적이고 분리되는 존재가 아니다. 거듭 강조하지만 인간은 유기체적인 존재, 즉 서로 분리할 수 없는 전인(whole person)이다. 그러므로 현대 의학의 전문화, 세분화, 분업화 현상은 전인치유의 맥락에서 볼 때 시정되어야 할 중요한 문제라 하겠다. 의사는 질병이 번져 가는 신체적 여건만을 관찰해서는 안 되며 인간을 '전인'으로 이해하고 치료 영역을 '전체성'의 원리로 설정해야 한다. 질병은 총체적 원인을 배경으로 하고 있으므로 치료 대책 역시 총체적이어야 한다. 그래서인지 요즘의 신학, 생명과학, 사회과학 등 모든 분야의 관심사가 '생명의 본질'로 집중되고 있는 듯하다. 도전과 응전의 법칙이 적용되고 있는 것이다. 나는 질병의 위기에 신음하는 영혼과 교회들을 위해 하나님이 '전인치유' 사역으로 응전하셨다고 믿는다. 이는 질병이 창궐할 때에 오히려 치유선교를 통한 복음전도의 기회가 많아지는 것을 의미한다. 위기(危機)가 기회(機會)인 셈이다.

의사이신 하나님

성경은 선악과를 따먹은 인간 최초의 죄악이 질병을 가져왔다고 말하면서, 부끄러워 떨고 있던 아담과 하와에게 하나님께서 가죽 옷을 지어 입히신 것이 최초의 치유라고 말한다. 영적·정신적·육체적·전환경적 측면을 포함하는 통전적 치유(Holistic Healing)의 관점에서 성경을 보면, 성경은 아담 타락 이후 병들게 된 모든 피조물을 다시 회복시키시는 하나님의 치유 역사에 대한 증언이다.

하나님은 모세의 입을 통해 자신을 치료자, 의사라고 선포하셨다. "나는 너희를 치료하는 여호와임이니라"(출 15:26). 하나님은 이사야를 통해 치유 언약을 다시 한 번 강조하시고(사 53:4-5), 누가는 그 말씀이 예수님을 통해 실현된 것을 증거했다(눅 4:18). 주님의 관심은 한결같이 천국을 잃어버린 가난하고 소외되고 병들어 불쌍한 사람들이었다. 주님은 하나님을 떠난 자는 다 죄인이며, 그들을 위해 의사로 오셨다고 했다(마 9:12,13). 또 주님은 치유목회에 무관심한 그 당시의 영적 지도자들에게 매우 도전적인 말씀을 하셨다. 세례 요한이 제자들을 통해 예수님이 메시아이심을 확인하려 했을 때도 자신을 직접 메시아라고 말하지 않으시고 소경이 보며 앉은뱅이가 걸으며 문둥병자가 깨끗함을 받으며, 귀머거리가 들으며 죽은 자가 살아나며 가난한 자에게 복음이 전파되고 있음을 전하라고 하셨다(마 11:5). 마가를 통해 병 고침과 축사는 '믿는 자'의 표적임을 밝혔다(막 16:15-16).

주님은 이것을 제자들에게 계승시키셨고(눅 9:1-2, 10:9), 초대 교회에서의 질병 치유 기적은 사도들의 신임장 역할을 하여 놀라운 전도로 이어졌다(행 2:42-47). 바울 사도는 성령에 의한 치유사역(고전 12:9)과 은사를 따라 사랑으로 봉사할 것을 권면했으며(롬 12:3-8), 야고보는 병들었을 때 장로 즉 지금의 목회자들을 초청해 기도받을 것을 권면했다(약 5:14-18). 아울러 사도 요한은, 궁극적인 치유는 하늘나라 입성으로 완성될 것이라고 예언하였다(계 21:4).

주님의 몸 된 교회는 하나님이 의사이신 영적 종합병원이다. 하나님은 목양에 무관심한 목자들을 엄하게 책망하시고, 친히 목자가 되셔서 양을 찾아 먹이고 입히시며, 이 일을 위해 예수 그리스도를 목자로 세우겠다고 하셨다(겔 34장). 주님의 제자인 사역자들은 주님을 따라 치유목회를 해야 한다. 주님의 목회는 하나님 나라 선포와 질병 치유였다. 교육도, 설교도 하나님의 통치 아래 온전하고 건강한 그리스도인으로 변화시키기 위한 수단이었다. 교회는 총체적 치유목회가 가장 바람직하게 이루어질 수 있는 여건을 갖추고 있다.

건강의 성경적 개념

치유사역을 감당하기 위해서는 하나님의 형상을 닮은 '사람'에 대한 '사랑'이 전제되어야 한다. 약하고 힘없고 지친 사람을 목회적 배려로 사랑하고 환대할 때 뜨거운 치유역사가 일어난다. 또 이들을 돕기 위해서 목회자는 주님이 말한 '건강, 질병, 치유'에 대한 바른 이해와 이론 정립 그리고 그것을 다루는 방법에 섬세해야 한다.

건강이란 인간의 전인적 구성요소들, 사람과 자연환경, 사회·경제·정치·영적인 관계가 질서 가운데 조화를 이루어 평안과 화해를 이룬 상태이다. 구약의 히브리어에서 '평화'는 건강과 동의어로 사용되었다. '샬롬'은 개인뿐만 아니라 공동체 전체가 육체적·정신적으로 무사하고 안전한 상태이며, 공동체가 경험하는 평안은 경제적·정치적 번영을 포함하고 있다.

신약에서 '건강'의 뜻으로 사용된 소테리아(행 27:34)는 '신체적 건강' '안녕' '안전함'을 의미하며 '구원'의 뜻으로 번역되기도 한다. 후기애노는 건강이 좋은 상태에 있다는 뜻으로, '조화' '온전함'의 의미로 사용되기도 한다. 건강은 인간 본질과 그 인간성 전체이며 인격의 거룩함이며 하나님의 법에 순종하는 자에게 구원의 결과로 주어진 행복감이다. 건강의 개념을 전인적 관점에서 세분해 보면 다음과 같다.

첫째, 육체적 건강이다. 신체의 모든 기관이 서로 조화를 이루어 완전하게 기능하는 상태를 의미하며, 저항력 또는 생명력과 파괴력 사이의 균형이 유지된 상태이다.

둘째, 정신적 건강이다. 지·정·의가 통합되고 조화를 이루어 평화를 이룬 상태이다. 즉, 시시각각으로 변화하는 상황 속에서 독자적이면서도 능률적이고 현실적으로 조화를 이루는 적응능력과 상호간의 관계를 뜻한다.

셋째, 영적 건강이다. 성령으로 거듭나 충만함을 받고 하나님과의 바른 관계 유지로 성령의 열매가 인격화한 상태를 말한다. 더 나아가 하나님의 뜻을 실현하기 위해 악령과 대결하여 승리하는 상태이다.

넷째, 사회적 건강이다. 신앙의 육화된 삶이 사회적으로 조화를 이룬 상태이다. 즉 신뢰와 사랑을 통한 상호간의 인간관계를 통해 사회적인 구조악이나 병리현상이 개선되어 정치·경제·문화·교육 등이 정의로운 사회를 이루는 것이다.

다섯째, 자연환경적인 건강이다. 인간의 타락과 함께 저주를 받아 질서와 조화가 깨져 파괴적인 상태에 놓인 자연이 회복되어 인간과 서로 유기적이며 조화적인 상태에 놓이는 것이다.

이상을 요약하면, 건강은 창조 때와 같이 하나님과 사람과 사회와 자연환경이 화해를 이루어 완전하고 정상적인 상태로 회복되어 생명력과 역동감이 흐르는 상태이다. 따라서 건강은 모든 관계가 조화를 이루어 하나님께 영광을 돌리며, 하나님 나라의 도래를 기다리는 모습이다.

전인적 질병 이해

질병이란 하나님의 법을 어겨 하나님의 지배를 벗어난 전인적인 인간과 그를 둘러싼 모든 관계의 단절을 말한다. 그 결과 하나님과 자기 자신, 이웃과 사회·정치·문화·자연환경과의 부조화로 온전하지 못한, 그래서 구속적 치유와 성장을 기다리는 상태라고 할 수 있다. 어떤 형태든지 마음과 영혼에 평안함이 없거나 행복하지 못해 기쁨과 감사와 감격이 사라진 것은 질병의 상태이다. 질병을 의미하는 영어 'Disease'는 'dis'(아니다)와 'ease'(평안)의 합성어로 '평안하지 않은 상태'를 의미한다. 질병의 개념을 영역별로 살펴보면 다음과 같다.

첫째, 육체적 질병이다. 저항력과 파괴력의 균형이 깨진 부조화의 상태로서 세균이 침투하거나 사고에 의해 진행된다. 요즘 유전자에 대한 연구가 깊어지면서 질병의 원인이 더욱 명확히 밝혀지고 있다.

둘째, 정신적 질병이다. 정신적 온전함과 평온이 깨진 상태로서 불안, 근심, 공포, 초조, 시기, 질투, 보복심, 이기심, 억압감, 절망 등에 휘말려 감정조절 기능과 표현이 힘들고 우월감이나 심한 열등감에 사로잡히는 상태이다. 최근에는 정신질환의 원인이 뇌의 신경물질 분비 이상과 관련 있다는 의학보고가 있으며, 이에 따라 약물치료와 영성치유를 병행했을 때에 치료 효과가 훨씬 높아진다는 임상사례가 소개되고 있다.

셋째, 영적 질병이다. 하나님의 법과 성령의 지배를 받지 못하고 악한 사탄의 지배를 받아 인간의 정욕과 명예와 욕망을 따라 사는 상태를 말한다. 영적 질병은 모든 병의 근원이 된다.

넷째, 전환경적 질병이다. 자기 자신과의 관계, 대인관계·대신(對神)관계·정치·경제·문화 등 사회 각 영역과의 관계, 그리고 대자연과의 관계에서 조화와 균형을 이루지 못하고 무질서와 불신, 불의, 불만 상태에 놓여 있는 것이다.

현대에 이르러서는 정신과 신체적 질병을 '심인성 질환'이라고도 하는데, 정신적 충격과 병리 상태가 신체에 영향을 주고 신체적 질병이 정신에까지 영향을 미치는 병이다. 또한 영적·정신적 질병과 영적·정신적·신체적 질병이 합병증으로 나타나는 질병상태도 있다. 그러므로 전인적인 질병 이해를 통해 올바로 진단을 하고, 적절한 도움의 방법을 정해야 할 것이다.

질병의 원인에 대해서는 현대 의학, 전통 의학, 종교가 모두 다른 관점에서 말한다. 자연치유력과 건강요법 등에 관해 많은 책을 저술

한 이길상은 병의 원인을 "하나님이 주신 자연치유력에 어떤 제동이 걸린 상태"라고 정의한다. 스위스의 의학자 폴 튜니어는 "질병은 갑자기 발생하는 것이 아니라 그릇된 식이요법이나 폭주, 과로, 도덕적 가책 등이 수년간 쌓여 결국 자신의 존재 활력을 상실하게 됨으로써 온다"고 보았다. 게리 콜린즈는 "바이러스나 영양부족, 운동부족, 노쇠현상, 유전적 결함, 해로운 물질 섭취, 상처 등으로 질병이 온다"고 했다.

성경적 관점에서 볼 때 질병은 "하나님의 뜻에 불순종한 결과 또는 하나님의 뜻에 대항하는 사탄 행위의 결과"로 설명된다. 남자와 여자가 최초로 범한 죄의 결과로 세상에 질병과 죽음이 왔다. 불순종으로 인해 하나님과의 영적 관계가 깨지고 올바른 인간관계의 균형이 파괴될 때 마음의 평안이 깨져 질병이 발생된다. 우리 몸의 기능과 생명의 리듬에 역행하여 살아가는 생활양식이나 무절제하고 무질서한 영적·심리적·물리적 생활과 부주의나 실수가 그 원인이다. 식수오염으로 인한 콜레라는 상수원을 형성하는 문제의 주위환경을 근본적으로 해결해야 사라지듯이 질병을 일으키는 생활환경, 자연환경, 사회적 구조, 병든 인간관계 등 환경을 치유해야 질병이 치료된다.

질병들이 상호연관되듯이 질병의 요인들도 서로 연관되어 작용하는데, 미국 성공회에 속한 프란시스 맥너트 박사는 나음과 같이 강조해서 말한다.

"대개의 질병의 요인은 개인이 어찌할 수 없는 것으로서 병든 관계에서 살기 때문에 생긴다. 질병은 가족이나 혹은 그보다 더 큰 공동체 안에 있는 병든 관계에서 생겨나는 것이므로 좋은 건강을 유지하는 궁극적인 요인은 건강한 크리스천 공동체에서 사는 것이다."

결론적으로 질병은 죄로 인한 하나님과의 관계단절을 일차적 요인으로 하여 육체·정신·사회 모든 부분과 관련되어 있다. 결국 인간은 상호작용하고 보완하는 존재임을 생각해 볼 때 질병은 전인적이고 전환경적인 원인에 의해 발생한다.

치유에 대한 성경적 이해

프란시스 맥너트 박사는 《치유》에서 기독교 치유의 귀중함을 다음과 같이 말한다.

"치유야말로 하나님이 인간적 동정의 감정을 초월하여 '거기 밖에' 계시지 않고 우리와 '함께' 계신다는 것을 가장 뚜렷하게 보여 주는 것이다."

치유는 단순히 병들기 이전 상태로의 회복만이 아니라, 그가 처한 환경 전체적인 회복과 치유를 통해 삶의 모든 영역에서 성장 가능성을 향해 나아갈 수 있는, 정상적인 상태로의 회복을 의미한다. 스위스 제네바에서 치유목회자로 일한 버나드 마틴은 "치유란 영원한 삶으로 이어지는 인격의 완전한 성숙을 저해하는 육체·정신·영적인 모든 속박으로부터 자유롭게 되는 것이며, 삶의 모든 영역에서 정상적인 상태로 회복하도록 그의 인격이 활짝 꽃필 수 있는 기회를 마련해 주는 것이며, 그가 자신의 길을 추구할 수 있는 가능성을 열어 주는 것이다"라고 정의했다. 우리는 모든 차원의 치유를 위해서 일할 필요가 있고, 이를 위해 가능한 모든 방법—정치·경제·문화·의료·가정·영적인 도구—을 동원해야 할 것이다.

교회는 치유의 의미를 실현시킬 수 있는 가장 좋은 곳이다. 따라서 교회는 질병 중에 있는 성도들을 전인적으로 치유하고, 좀더 성숙한 영성적인 존재로 훈련시켜 그리스도의 장성함에 이를 수 있도록 도와

주어야 한다.

종교개혁자 칼빈은 "의료는 하나님이 주신 선물"이라고 했다. 병원
은 신체적·정신적 결핍으로 고통 받고 있는 자들을 향해 사랑의 인술
을 펼쳐 긍휼과 자비를 베풀어야 할 것이다. 이를 위해 생명을 중시하
는 의료윤리가 회복되어야 한다. 뿐만 아니라 건강증진을 위해 지역
보건 개념을 도입하여 일반 사람들이 건강한 삶을 누릴 수 있도록 하
는 정책적 배려가 뒤따라야 한다.

더 나아가 정부와 각종 NGO들은 안녕한 사회를 이루기 위해 공법
이 하수처럼 흐르도록 하는 일에 최선을 다해야 한다. 전체 구조가
병들어 있으면 개인의 삶도 고통스럽게 되어 결과적으로 공동체 전
체가 병리상태로 들어가게 된다. 결국 효과적인 치유를 위해서는 교
회와 병원 그리고 정부 및 사회단체가 하나님이 주신 치유의 은사를
따라 유기적으로 연합해야 한다.

치유는 창조 당시의 전인적이고 전환경적인 회복이다. 그러므로
치유는 인간구원과 사회구원으로 정의될 수 있다. 두 가지의 치유 형
태는 이 땅 위에 하나님의 왕국이 이루어지는 것으로써 인식되어야
한다.

전인적 인간 이해

성경에서 보여 주는 인간의 모습은 어떤가? 사실 성경에서 인간에
대한 정확한 묘사를 찾기란 그리 간단하지 않다. 성경은 인간을 표현
할 때, 몸·정신·혼·영혼·영·마음과 같은 단어를 번갈아 사용한다.
그러나 분명한 것은 몸과 영혼은 분리될 수 없으며, 완전히 상호연관
되어 있고 상호의존적이며 혼합되어 있다는 것이다. 몸과 영혼에 서
로 분리하는 선을 그어서는 안 된다.

정신과 감정의 변화가 몸의 기능에 영향을 주는 것을 우리는 종종 경험한다. 갑작스러운 두려움은 심장 박동의 증가, 가쁜 호흡, 동공의 확장이나 손의 땀과 같은 즉각적인 신체 변화를 일으킨다. 분노, 질투, 원한과 같은 강한 감정들은 혈압과 위액의 분비, 장운동 등에 변화를 줄 수 있다. 심지어 혈액의 콜레스테롤 수치도 긴장과 내적인 갈등을 반영한다. 감정과 느낌 같은 것들은 뇌, 호르몬, 순환계, 면역 체계, 그리고 몸과 관련이 있는 것이다.

이와 반대로 몸의 변화도 감정, 느낌이나 생각의 과정에 영향을 줄 수 있다. 통증은 두려움을, 열은 정신착란을, 흉터로 남은 상처는 인간성 전체에 영향을 미친다. 나는 목회자의 한 사람으로서 환자의 영성치유를 위한 영혼과 육체의 상관성에 대해 다음과 같은 전인적 관점을 갖게 되었다. 영혼에는 '사고의 기능을 하는 정신'과 '감정의 기능을 하는 마음'이 포함되어 있으나 편의상 구분하여 설명하겠다.

●**심령(mind-spirit):** 엄밀히 말해서 우리의 마음은 영적인 것도 아니고 육체적인 것도 아니지만, 병든 마음은 이 두 가지 영역에 영향을 미친다. 마음에 쓰라림을 부추기고 다른 사람들 용서하기를 거절하는 사람들은 곧 영적으로, 신체적으로 병들게 될 것이다. 신약성경에 따르면 용서하지 않는 사람은 하나님의 용서에서 단절된다(마 6:12-15)고 하는데, 이것도 사람을 영적으로 병들게 한다. 심령의 질병은 왜곡된 가정 질서에서 기인하는 경우가 많다. 예컨대, 권위적인 아버지 밑에서 마음에 상처를 입고 자란 사람은 하나님이 멀리 서서 감정 없이 바라보시기만 한다고 생각한다. 이런 사람들은 하나님 아버지의 사랑과 능력의 풍부함을 누리는 데 정서적인 장애가 있다.

●**심신(mind-body):** 오늘날 대부분의 사람들은 마음이 적극적으로

몸에 영향을 미치는 것을 인정한다. 통계에 의하면 전체 질환의 80퍼센트가 심인성 질환에 속하고 있다. 단지 신체적인 접근만으로는 관절염, 궤양, 암 등 수많은 질병 치유를 하는 데에 한계가 있다. 설령 일시적으로 치유가 되었더라도 마음 치유를 병행하지 않으면 건강은 지속되지 못할 것이다.

● **영심**(spirit-mind): 사람은 영적 존재이다. 영은 직관, 양심, 영교(靈交)를 통해서 하나님과 관계를 맺고 있다. 영이 하나님과 단절된 상태 중에 있는 사람은 마음에 열등의식, 부적당감, 죄책감, 분노, 강박관념, 불안, 초조 등을 일으킬 수 있다. 진정한 치유자라면 근원적인 원인을 판정할 것이고, 감정적인 증세에 따라 하나님의 은혜에 대한 믿음을 권장할 것이다. 한 인간의 영은 그 자신의 영의 객관적 죄책에 의해서뿐만 아니라 다른 영들에 의해서도 병들게 될 수 있다. 우리의 영들이 악한 영들과 접촉하게 되면 그 영들은 우리의 생각을 왜곡시키고 감정적인 고통을 일으킨다.

● **영신**(spirit-body): 하나님과 영적으로 단절된 것은 종종 마음에 염려를 일으키고, 이것은 연달아서 몸에 상처를 입힌다. 다윗은 병을 일으키게 될 때의 영과 몸의 상호작용에 대한 통찰력을 그의 시에서 너무나 잘 보여 주고 있다. "내가 토설치 아니할 때에 종일 신음하므로 내 뼈가 쇠하였도다. 주의 손이 주야로 나를 누르시오니 내 진액이 화하여 여름 가물에 마름같이 되었나이다"(시 32:3-4).

● **신심**(body-mind): 대부분의 의학자들은 뇌종양이나 신장의 고장이 갑상선 기능 이상의 원인이 됨을 알고 있다. 이런 질병의 경우, 영적으로 탁월한 상담이라도 그 문제를 해결할 수 없다. 질병 치유에 대해 과학적이며 합리적인 접근이 선행되어야 한다. 하지만 염려로 가득 차 있는 사람은 먹거나 잘 수 없다. 마음의 근심은 뼈의 진액을

마르게 하기 때문에 신체의 면역 기능을 현저히 저하시킨다. 이런 경우, 사랑과 내적 치유를 통해서 마음에 힘을 불어넣어 주어야 한다. 그리고 육체 회복을 위해 적절한 운동과 식이요법을 병행해야 한다.

●**신영**(body-spirit): 우리의 몸도 영적인 상태에 영향을 준다. 몸의 이상으로 아드레날린 공급이 부족하면 침울해지고 영적인 활동이 여의치 않게 된다. 기도가 고통스럽고 성경을 읽고 믿는 것도 어렵게 된다. 성경 교리를 잘 알고 있지만 확신 가운데 신앙생활을 하지 못하는 이들에게 발견된다. 영적인 문제처럼 느껴지는 것이라 할지라도 경우에 따라 몸의 화학작용과 불균형을 이루기 때문에 일어날 수 있다.

앞에서 영성치유를 위한 영혼과 육체의 여섯 가지 상관성을 살펴보았는데, 사실 이들 중에 여러 가지가 한꺼번에 진행될 수도 있다. 예를 들어 마가복음 9장 14-29절에서 '귀신 들린' 한 소년을 보게 되는데, 그는 영적으로 병들어 있었다. 또 신체적으로도 병들어 있었다. 만약 그 소년이 지금의 정밀검사를 받았다면 '간질'이라는 진단이 나왔을 것이다. 우리는 그 소년이 감정적으로 고통 받고 있었고, 마음도 병들어 있었음을 무리 없이 가정할 수 있다. 그는 심리학적으로 검사를 받고 상담을 했을 것이며, 이로써 어느 정도 감정적인 구제를 받았을 것이다. 그러나 영적인 근원을 판별하고 귀신을 내쫓지 않는다면 실제적인 치유가 되지 못할 것이다.

치유기도는 치유과정에서 신체 의학적인 돌봄이나 심리학적인 상담의 필요성을 부정하지 않는다. 전인치유에서는 영적 치유와 신체적인 치유와 더불어 상담을 하게 되는데, 때때로 우리는 이들의 상호 의존적이고 보완적인 형태를 발견할 수 있었다. 그러므로 치유사역자들은 성경적 인간에 대해 폭넓게 이해하지 못하여 인간 내면의 상처를 다소 소홀히 다루고 있는 한계를 극복해야 한다. 즉, 최근 심리학적으로 밝혀진 마음에 대한 정보들을 성경의 틀 안에서 받아들여 건전한 치유사역을 이루고 전문성을 추구해야 한다. 이를 토대로 무분별한 은사주의와 신비주의를 경계하고 건강한 영성 갱신운동을 승화시켜 나가야 한다.

전인치유의 영역

●**영적 치유:** 치유사역의 바탕이 되는 것은 영적 치유이다. 영의 문제는 인간 삶의 바탕을 이루며 모든 문제의 출발점이기 때문이다. 인간의 가장 건강할 때는 하나님의 영으로 충만할 때이다. 이것은 바른 언약 관계의 회복으로서 하나님 앞에서의 삶을 유지하도록 하기 때문이다.

영적 질병이란 하나님과의 관계가 단절·이탈·분리되어 적대 관계에 놓인 상태를 말한다. 즉 악령의 지배로 인해 자기 의지와 정욕대로 살아가는 상태이다(롬 1:21-32). 이러한 상황은 바로 죽음의 상태인데, 바울은 '죄와 허물로 죽은' 인간으로 묘사하였다(엡 2:1). 영적 죽음이 영적 질병의 뿌리인 것이다.

영적 죽음이 영적 질병이라면 영적 부활은 영적 치유이다. 그것은 하나님과의 관게 회복이요, 화해와 조화이며, 구원의 은혜이다. 이리한 영적 치유는 하나님의 은혜로만 가능하다. 하나님의 주권적인 역사를 통해 전인격적인 변화를 도모해야 하며, 이것은 하나님 중심의 삶을 영위할 때 가능하다.

영적 치유의 방법은 사람들에 따라서 여러 가지로 제시되지만 크게 두 가지로 나눌 수 있다. 첫째, 중생이다. 하나님 앞에서 물과 성령으로 거듭나는 역사가 무엇보다 필요하다. 아담스가 말한 대로 "옛 사람을 벗어 버리고 새 사람을 입는" 과정이 필요하다. 중생은 하나님의 특별하신 은혜이며, 죄인인 인간들에게 주시는 축복이다. 둘째, 성화이다. 인간의 영적 질병의 요인이 되는 죄의 문제를 직시해야 한다. 하나님 앞에서 자신의 죄를 바로 보아야 하며 죄의 용서를 기도해야 한다. 그래서 죄의 사슬에서 벗어나 하나님의 자녀로서의 삶을 유지하는 역사를 이루어야 한다. 영적 치유를 위해서는 끊임없는 신앙적 노력이 있어야 하고, 하나님의 말씀에 따라 자신을 조명하는 자기 성찰과 헌신이 있어야 한다. 따라서 영적 치유의 목표는 단순한 행동의 변화가 아니라 전인격적인 변화이다. 이것은 완전히 변화된 삶, 하나님 중심의 세계관을 갖는 삶을 의미한다.

●**내적 치유**: 내적 치유는 '기억의 치유' '과거 상처의 치유' '상한 마음의 치유'라고 부르기도 한다. 내적 질병은 죄가 들어와 깨어진 원마음이 치유되지 않음으로 겪게 되는 내적인 갈등과, 외적인 세계로부터 경험되는 스트레스에 대한 심리적 반응의 정도가 정상 수준을 넘어 병리 상태로 와전된 결과이다. 우리는 삶의 현장에서 내적 치유를 필요로 하는 마음의 상처를 자주 받는데 이 요인들은 세 영역으로 나눌 수 있다.

첫째, 우리 자신이 범한 개인의 죄의 결과이다. 예를 들면, 강간, 근친상간, 부모의 학대, 알코올 중독자 부모에게서 받은 상처 등이다. 둘째, 우리가 죄악 된 세상에서 태어났고 그곳에서 살고 있다는 사실로서 자신의 힘으로 통제할 수 없는 경우이다. 사고, 가난, 유전적 질병 등이 여기에 속한다. 셋째, 사랑에 대한 욕구를 거절당한 경우이다. 그 결과는 분노, 거부감, 적개심, 정신적 고통, 불안, 죄책감 등으로 나타난다. 그러나 이 모든 것은 하나님 중심의 삶에서 이탈된

데서 온다.

내적 치유란 우리에게 상처를 주었던 과거의 고통스러운 기억의 현장으로 예수 그리스도와 함께 돌아가서 현재에까지 미치는 그 상처의 영향력으로부터 자유롭게 되는 것을 말한다. 이러한 치유를 위해서 네 가지 과정이 필요한데, 첫째는 자기 문제에 대한 직면, 둘째는 문제에 대한 인정, 셋째는 자기 노출, 넷째는 치유를 위한 기도이다. 정신과 의사나 목회자 또는 상담자에게 마음을 열고 자신의 상처를 내어 놓는 것이 중요하다. 이것은 자기 노출인 동시에 자신의 실체를 바르게 보는 하나의 길이도 하다. 더 나아가 내적 치유란 단순한 심리학적 상담이나 정신의학적 진료가 아니라 치유하시는 하나님의 역사를 통해 마음의 상처를 치유하는 것이다.

그러므로 내적 치유를 필요로 하는 사람에게는 가장 기본적으로 용서를 구하고 용서를 하는 철저한 회개를 통해서 하나님과의 사랑의 관계를 회복시켜 주어야 한다. 내적 치유는 예배와 교육, 상담, 찬양, 말씀 묵상으로 가능하지만, 전적으로 하나님의 역사하심이 있어야만 온전케 된다.

과거에는 기독교 신앙을 갖게 하기 위해 죄의식을 무조건 강조하고 죄책감 해결을 위해 예수 그리스도의 십자가를 바라보도록 했다. 요즘 시대에는 '내가 벌어서 나 먹고 산다'는 식의 신념이 강해 죄의식을 강조하면 접족 자체가 불가능해진다. 이제는 하나님의 사랑을 먼저 느끼게 해야 한다. 먼저 인간은 하나님의 형상을 닮은 존재임을 깨닫도록 도와주어야 한다. 즉 창조주의 사랑을 깊이 깨닫게 한 다음, 죄로 인해 깨어진 자신의 모습을 발견할 수 있도록 해야 한다.

상처를 치유하시는 사랑의 하나님을 만나면 반응하고 싶어진다. 준비된 옥토에 생명의 씨를 뿌리면 소출을 보장받을 수 있다. 더 나아가 치유은사를 체험하면 믿음이 흔들리지 않는 장성한 분량에 이르게 된다. 결국에는 자신뿐만 아니라 다른 이들을 사랑으로 섬김으로써 치유의 은총을 나눌 수 있게 되어 성숙한 공동체로 세워 갈 수 있게 된다.

●**질병의 치유:** 대개의 경우 '치유'라고 하면 육체적 질병의 치유만을 생각한다. 그러나 질병은 매우 다양하고 총체적인 요인으로 형성되는 경우가 많다. 총체적인 질병을 신체적인 것과 정신적인 것으로 나눌 수 있는데, 그 특성을 보면 다음과 같다.

첫째, 신체적 질병은 신체 기관의 이상과 신체 기능의 장애로 나눌 수 있다. 신체 기관의 이상은 신체 조직이나 그 구조에 손상이 있을 경우 의사가 관찰 혹은 진단해 내는 것들이다. 열병(마 8:14), 절단된 상처(눅 22:50), 중풍병 같은 신경계통의 질환(마 9:2; 행 8:7, 9:32-35), 소경(막 8:22; 행 9:8, 9), 귀먹은 벙어리(막 7:22) 등 성경에 나타난 치유사역의 대상이 바로 여기에 속한다. 신체 기능의 장애는 신체의 어떤 기관이 구조적으로는 정상인데 기능 면에서 분명한 장애를 일으키는 것들로서 두통, 요통, 혈압, 격심한 통증 등을 예로 들 수 있다. 즉 유기체적인 신체 기능의 부조화로 생기는 것으로, 이들은 주로 심리적 요인에서 비롯된 것이어서 내적 치유와 영적 치유와 관련이 있다.

둘째, 정신적 질환에는 뇌의 질병, 사회로부터의 분리, 정서적 요인들과 귀신들림에 의한 성격 파탄이나 정서 불안 등이 있다. 질병을 치유하는 방법은 그 요인에 따라 다양하다. 하나님께서는 의약품이나 의술을 통해서 치료 역사를 펼치신다. 이것은 자연을 통치하시는 하나님의 섭리를 보여 주는 한 방법이며 하나님의 초자연적인 치유 역사이다.

'믿음의 기도'로써 치유의 역사를 낳은 사례를 히스기야에게서 찾을 수 있다(왕하 20:1-11). 히스기야의 치유과정을 살펴보면, 히스기야의 기도와 맞물려 이사야가 무화과 반죽을 히스기야의 상처에 바른다. 이것은 하나님께서 치유의 기도와 치유의 의료 행위를 모두 활용하심을 보여 주는 예이다. 예수님은 치유의 선포, 치유의 안수, 축사 등 다양한 방법으로 병자를 치료하셨다. 이러한 치유의 역사는 오늘날도 일어나고 있으며, 병든 자를 위해 기도할 때에 하나님의 능력이 임하는 것을 체험한다. 하나님은 시적과 의술을 통히어서 인간들의 고통을 치유하신다.

성경은 육체의 질병 치유에 대해 교훈하면서 예방의학을 말한다(레 11장; 신 14장). 음식문제, 할례, 환경문제 등에 대한 다양한 교훈이 나오는데, 이 모든 것은 지속적인 건강유지를 위해 예방의학적 차원에서 노력할 것을 가르친다. 또 하나님이 만드신 자연법칙에 따라 사는 것이 건강 유지의 기본 입장임을 제시한다. 인간은 하나님의 말씀의 빛 아래서 하나님의 능력을 힘입어 살아가야 한다. 더 나아가 일상생활에서 예방의학적 특성을 바로 지키는 것이 성령의 전(殿)인 사람의 육체를 바로 유지하는 길이다.

●**전환경적인 치유**: 교회는 예수님의 긍휼과 사랑과 소망으로 연약한 자들을 돌보는 치유 공동체이다. 이 같은 교회의 역할은 병든 세상을 치유하기 위해 꼭 필요하다. 이 고통 하는 세상 속에서 교회는 어떤 모습을 가져야 할까? 교회는 어떤 방향으로 나아가야 할까?

지금 우리에게 필요한 것은 하나님의 새 힘과 활력으로 넘쳐야 할 개인과 교회의 영적 갱신이다. 교회의 갱신은 돌이 호수에 던져졌을 때 동심원을 그리며 나아가듯이 고통당하고 있는 세상에 하나님의 사랑과 능력에 찬 돌보심이라는 새로운 소망을 줄 수 있다. 교회의 치유사역을 재발견하여 시행하는 일은 직접적으로 교회갱신과 관련되어 있음이 분명하다. 치유공동체로서의 교회는 세상의 다른 곳에서 갖지 못하고 있는 독특한 요소를 가지고 있다. 이 요소는 은혜의 복음 선포(눅 4:18, 19), 성도의 성숙을 위한 가르침, 하나님과 성도 간의 성령 안에서의 교제(엡 2:18-22), 사역을 위한 성령의 은사(고전 12장)를 포함한다.

이 모든 활동을 통해서 교회는 성령에 의해서 인도되며 성령에 의해서 능력을 입는다(요 14:26). 이 속에서 회중들은 고통당하는 세상을 향하여 치유사역을 제공할 수 있는 독특한 은혜를 받는다. 교회는 내부지향적인 자기만족에 머무를 때 역동성을 상실한다. 교회는 성령 충만함을 입고, 이것이 넘쳐흘러서 세상을 돕고 돌보는 치유사역을 해야 한다. 하나님 나라는 쉼 없이 전진하는 것이다. 누룩과 같이 스며드는 것이며, 가장 작은 겨자씨가 큰 나무 숲을 이루듯이 확장되는 것이다.

치유는 표적과 기사를 추구하는 성공주의나 자기 과신주의가 아니다. 치유는 순수한 믿음과 하나님의 영광에 대한 간절한 소망을 불러일으키기 위한 것이다. 그래서 하나님의 임재를 개인과 교회가 더욱 풍성하게 느끼는 것이며, 영적인 삶의 깊이가 더해지고, 하나님을 더욱 가까이서 우리를 돌보시는 분으로 새롭게 인식하는 것이다. 교회가 이와 같은 인식을 할 때, 치유는 교회 안에만 머무르지 않는다. 개인의 병을 고치시는 하나님은 이 사회의 병도 고치신다.

우리는 현대 사회의 부조리 현상을 '총체적 위기'라는 말로 표현하고 있다. 오늘의 시대는 심각한 문제들을 안고 있으며, 이것을 치유하는 노력이 있어야 한다. 사회적 질병의 요인은 다양한 각도에서 조명할 수 있으나 가장 핵심적인 것은 하나님에게서 떠난 데 있다.

모든 것의 핵인 하나님과의 바른 관계의 단절은 인간관계, 나아가 자연과의 관계를 붕괴시켰고, 그 결과 사회적 질병과 환경적 오염이 생기게 되었다.

전환경적인 치유사역은 단순한 정의구현이 아니라 하나님 나라의 확장에 그 목적이 있다. 그래서 하늘의 뜻이 이 땅에도 임하여서 하나님께서 통치하는 나라로 만들어 가는 데 있다. 우리는 전환경적인 치유를 위해 다음과 같은 중요한 방법들을 생각해 볼 수 있다.

첫째, 하나님 중심의 세계관 확립이다. 하나님과의 관계 단절은 하나님 중심 세계관에서 떠나 인간 중심의 세계관으로 변절되었기 때문에 생겼다. 그러므로 사회문제의 치유는 우리의 삶의 자세를 하나님 중심으로 바꾸는 세계관의 변혁을 통해서 가능하다. 둘째, 기독교적 문화사명의 수행이다. 하나님께서는 "생육하고 번성하여 땅에 충만하라, 땅을 정복하라"(창 1:28)고 명령하셨다. 이러한 문화명령을 이루기 위하여 우리 삶의 전 영역에 하나님의 뜻을 실현하는 역사가 있어야 한다. 셋째, 삶을 통한 전도이다. 그리스도의 지상명령(마 28:18-20)에 따라 오늘의 사회에 복음을 선포해야 한다. 이기적이며 자기 추구적인 세상을 향해 그리스도인들이 자기를 비우고 봉사와 나눔의 삶으로써 복음 정신을 구현해야 한다.

독일의 많은 신학자들에게 지대한 영향을 미친 크리스토프 블룸하르트는 치유사역이 빠지기 쉬운 '기독교 에고이즘'을 경고하였다. 그는 육신의 병 고침만을 위해 배드볼 요양원에 모여드는 사람들이 자기를 위해서만 하나님의 은혜를 구하는 이기주의에 빠져 있는 사실을 발견하고는, 건강하기를 원하여 그에게 찾아오는 사람들 가운데서 발견되는 태도, 즉 지상의 행복을 최대의 것으로 삼는 태도, 의학 보완의 역할을 하나님께 기대하는 태도, 하나님을 자기들의 심부름꾼 정도로 생각하는 태도에 대해 준엄한 꾸중을 하였다. "우리 마음에 불타는 바는 하나님의 영광을 위함이지 우리의 건강을 위함이 아니다." 치유는 인간에게 궁극적인 구원을 알려 주기 위해서 존재하는 징표요, 하나님의 사랑과 능력이 들어 있는 복음을 나타내 주는 징표이다.

전인치유와 미래목회

《목회신학》의 저자 토마스 오덴은 "육체적 질병과 영혼의 불안 사이의 깊은 내적 관계는 목회의 지혜로써 끊임없이 관심 가져야 하며, 모든 목회자는 육신의 불편을 제거하여 영적 성장의 가능성을 증진시키도록 부름 받았다"고 말했다. 치유목회를 통해서 불완전한 존재를 원상으로 회복시켜 줄 뿐만 아니라, 이전 상태보다 더 높은 전인적 차원의 영성적 사람으로 성장시키는 것이 목회자의 책무이다. 시대와 교회가 새롭게 요구하는 치유선교에 헌신하려면 다음과 같이 생각의 전환이 필요하다.

첫째, 치유의 대상을 바로 설정해야 한다. 이제까지 치유의 대상은 환자가 앓고 있는 질병에만 국한되어 있었다. 그러나 이제는 질병을 앓고 있는 인간을 전인적으로 치료해야겠다는 반성이 있어야겠다. 이를 위해서 인간에 대한 깊이 있는 전인적 이해가 선행되어야만 한다. 인간을 어떻게 보느냐에 따라서 그에 따른 치료방법은 다양할 것이기 때문이다.

둘째, 공동체에 대한 사고의 지평을 넓혀야 한다. 인간이 몸담고 살아가는 삶의 정황, 즉 공동체의 생명에 대해서도 폭넓은 관심을 가져야 한다. 다시 말하자면 한 인간에게 직간접으로 영향을 미치는 가정과 교회, 그리고 민족공동체, 더 나아가 세계공동체에 대한 인식의 지평을 넓혀야 한다. 인간은 개체적으로 살아가는 것이 아니요, 유기적으로 협력하며 살아야 하는 관계적인 존재이기 때문이다.

셋째, 자연의 생명에 대해서도 깊은 관심을 가져야 한다. 자연의 생명이 바로 나의 생명이요, 우리의 건강인 것을 절실히 동감하여야 한다. 피조물 역시 탄식하며 하나님의 아들들의 나타남을 고대하고 있다. 하나님의 피조물들이 평화로운 질서 가운데서 그 생명을 보존, 유지할 수 있도록 노력을 기울여야 한다.

넷째, 다른 영역에 대해 겸손히 배우려는 자세가 필요하다. 현재의 목회자가 대중들과 고립된 전문가 집단으로 전락할 수도 있음을 알아야 한다. 따라서 환자들의 치유에 필요한 팀워크로서 심리학자, 영양학자, 사회학자, 사회복지사, 정치가 등과의 연결점을 가져야 한다. 또 환자들의 건강 회복을 돕고자 하는 여러 단체(전인건강연구회, 전인치유센터, 호스피스, 동서의학, 자연요법, 유기농업가, 예술가, 각종 전문가 모임 등)들과 겸손하게 협력해야 한다. 이를 통해 더욱 성숙한 치유문화를 정착시켜 가야 하는 책임이 목회자들에게 있다. 다음 몇 가지는 치유목회 철학을 정립하기 위해 필수적인 것들이다.

(1) 모든 병을 치유하시는 분은 하나님이시다.
(2) 우리를 향한 하나님의 뜻은 평강이다.
(3) 모든 치료방법은 성경의 권위 아래서 행해진다.
(4) 교회는 하나님이 임재하시는 영적 종합병원이다.
(5) 의사나 간호사 및 여러 은사자들은 치유하시는 하나님의 동역자들이다.
(6) 치유목회자는 겸손과 긍휼 그리고 사랑을 베푸는 마음을 가져야 한다.

(7) 치유의 결과는 즉각적일 수도 있고 지속적인 과정을 요할 수
도 있다.

(8) 완전한 치유는 하나님 나라 입성이다.

전인건강운동을 기대하며

지금 현대 사회는 과학문명으로 인해 편리를 누리는 대신에 그 대
가를 톡톡히 치러야 할 운명에 놓여 있다. 삭막한 인간관계, 물질주
의, 모든 환경의 심각한 오염 등으로 인해 심각한 저주 아래 있게 되
었다. 거리마다 즐비한 병원과 교회들이 황폐해져 가는 현대인들의
문제를 본질적으로 다루어 주지 못하기에 그 안타까움은 더하다. 앞
으로 인간의 이기심과 이로 인한 환경오염의 악순환으로 고통 받는
이들은 더해 갈 것이다.

전인건강운동의 최종 목표는 고통당하는 이웃을 진정으로 돌아보
는 사랑과 봉사의 삶을 살자는 데 있다. 마지막 때가 이를수록 사랑
이 식어져 가고 있기 때문이다. 또 마음과 몸을 병들게 하는 생활문
화를 개혁하고 사회와 환경의 건강 회복을 위해서도 관심을 넓혀 가
야 할 것이다. 이 일은 광범위하기 때문에 각 분야의 건강 관련 전문
가들이 겸손하게 연합하여 주님의 사랑을 실천할 때에만 가능하다.

전인치유목회의 가능성을 놓고 준비하는 분들에게 도움이 될 것
같아 현재 내가 회원으로 몸담고 있는 '전인건강연구회'의 비전을
나누고자 한다. 전인건강연구회는 세속문화를 막고 건전한 시민문화
를 형성하기 위해 다음과 같은 일을 단계적으로 추진하려고 한다. 이
일에 한국 교회와 기독단체들의 동참을 바란다.

●**바른 건강을 위한 전인건강학교:** 첫째, 성경적인 전인건강의 관점

에서 기존의 잘못된 건강 개념을 바로잡고 성인병을 비롯한 질병의 예방과 치료에 관해 강의, 세미나, 상담을 한다. 둘째, 난치병이나 불치병으로 고통을 겪는 환자들과 가족들에게 성경적인 투병생활을 위한 상담교실과 세미나를 열고 호스피스를 지원한다. 셋째, 전인건강을 위한 각종 산업의 보호육성에 대한 강연과 정책 토론회 및 건강산업박람회를 개최하고 인격을 함양하는 놀이문화 발전을 위한 토론회와 강습회를 한다. 넷째, 전국순회강연을 통해 기독인들을 비롯한 국민들에게 전인건강의 중요성을 일깨운다. 다섯째, 지역 사회의 소외계층을 위해 의료봉사활동을 지원한다. 여섯째, 전인건강을 위한 각종 출판물을 간행한다.

●**전인건강센터 모델 개발과 건립**: 첫째, 연구센터로서 성경적 전인건강의 개념을 정립하고 각 관련 영역에 이러한 개념을 적용한다. 둘째, 교육센터로서 기독인들을 비롯한 국민들에게 건강에 대한 종합적인 교육프로그램을 제공한다. 셋째, 예수 공동체 훈련센터로서 기독인들이 영·정신·신체·사회·환경적 건강을 영위하기 위한 실제 훈련프로그램을 전국적 단위로 운영한다. 넷째, 잘못된 건강개념을 고치고 바른 건강을 위한 종합적 정책 대안을 연구, 개발하고 실천하는 데에 힘쓴다. 다섯째, 삶과 죽음의 의미와 진정한 행복을 찾도록 예수의 제자도를 충실히 배우고 적용한다. 여섯째, 요양 및 건강증진을 위한 생활공동체를 구축, 지원한다.

●**전인치유센터 모델 개발과 건립**: 첫째, 연구센터로서 성경적 전인치유와 전인건강의 개념을 바로 세워 성경 의학을 정립하고 자료축적과 연구모임 및 학술대회를 개최한다. 둘째, 교육센터로서 목회자들과 의료인들에게 성경 의학을 가르치며 건전한 의료문화를 심기 위해 기독의료인 및 호스피스를 훈련한다. 셋째, 난치병을 비롯한 각

종 질병의 치료센터로서 전인치유의 모델이 되는 선교병원을 건립하고, 전인치유문화 형성을 통한 복음 전파를 위해 전인치료 프로그램을 확산한다. 넷째, 선교센터로서 해외선교사를 훈련하고 팀 사역을 지원한다. 다섯째, 난치병을 비롯한 질병을 퇴치하기 위해 보건정책을 연구하며 정책 대안을 제시한다.

●**기독교 암센터 모델 개발과 건립:** 첫째, 성경적 인간관에 기초하여 암 예방과 치료를 위해 정보를 축적하고 관련 분야를 공동 연구함으로써 노하우를 축적시킨다. 둘째, 기독인들을 비롯한 국민들에게 암 예방 및 암 퇴치, 암 환자를 위한 교육과 홍보를 한다. 셋째, 암 환자들에게 생리적 차원뿐만 아니라 영·정신·환경·예술 등을 통한 전인치료를 하며, 환자나 환자 가족에게 삶의 궁극적 의미를 찾도록 복음을 전한다.

복음적 신앙운동으로서의 전인치유사역

전인치유운동은 몇 차례의 세미나로 고무되는 인본주의적 사랑 실천 운동이 아니다. 더욱이 도덕적인 운동, 선한 이웃이 되고자 하는 운동도 아니다. 전인치유운동은 예수님에 대한 사랑이 죽은 내 영혼을 살릴 뿐만 아니라 고통당하는 환우들에게도 그 동일한 생명이 역사하기를 간절히 바라는 신앙고백이다. 나아가 공동체 운동을 통해 예수 그리스도의 주 되심을 인정하고 실천하는 복음적인 신앙운동이다.

우리 자신에게 생명을 살릴 수 있는 사랑이 있는가? 전인치유의 근본적인 힘, 그것은 사랑에서 말미암는다. 그런데 하나님만이 사랑의 근본이시다. 하나님의 참사랑을 가슴에 소유한 자는 생명의 열매를 맺지 않고는 견딜 수 없다. 이를 위해서 예수의 생명을 날마다 체험하고 사랑을 공급받아야 한다. 예수의 생명과 연합될 때에 위로부터 내려오는 사랑을 힘입을 수 있다. 말씀과 기도와 찬양으로 하나님과 깊은 교제를 하며, 사랑과 봉사의 실천을 통해서 예수의 생명이 왕성하게 드러나도록 해야 한다. 그것은 바로 성령 충만을 통해서 이루어진다. 왜냐하면 성령은 모든 것, 곧 하나님의 깊은 것이라도 통달하시기 때문이다.

하나님이 가지고 계신 가장 깊은 뜻이 무엇일까? 그것은 찢어진 지성소의 휘장 사이로 쏟아져 내려오는 십자가의 사랑이다. 이 하나님의 사랑이 아니고서는 죽음의 공포에 신음하는 환자들의 행렬을 감당할 수 없다. 사랑은 죽음을 이기게 하는 하나님의 능력이다. 오직 하나님의 사랑을 덧입을 때만 전인치유사역자가 될 수 있다. 날마다 꿈틀거리는 옛사람의 욕망과 거짓과 이기심이 우리를 괴롭게 한다. 그때마다 옛 자아를 십자가에 못박아야 한다. 내가 죽어야만 비로소 예수의 생명과 사랑이 나타나게 된다. 그래서 사도 바울은 사람을 살리는 영적인 신비를 다음과 같이 고백하고 있다.

"우리 산 자가 항상 예수를 위하여 죽음에 넘기움은 예수의 생명이 또한 우리 죽을 육체에 나타나게 하려 함이니라. 그런즉 사망은 우리 안에서 역사하고 생명은 너희 안에서 하느니라"(고후 4:11-12).

사랑의 나눔이 있는 곳에 생명의 현상이 나타난다. 사랑은 빛이 되어 어둠을 몰아낸다. 사랑은 불이 되어 죄악과 질병을 태운다. 관계의 장애가 제거되어 하나님과 인간 그리고 자연이 사랑 안에서 하나가 된다. 사랑으로 막힌 담이 허물어져 하나 되면 거룩함이 충만하게 된다. 영적인 것과 물질적인 것, 영혼과 몸의 분리는 죽음이다. 그러나 연합은 생명이다. 예수님은 영혼과 몸, 영적인 것과 물질적인 것이 분리되지 않는 새로운 나라에 대한 메시지를 전하셨다. 이 새로운 나라에서 창조주 하나님은 피조물과 더불어 하나가 되실 것이다. 탄식하던 피조물이 구원을 받고 우주는 기쁨으로 가득할 것이다. 순전한 기쁨과 사랑과 화합과 정의가 거기에 있을 것이다. 하나님이 모든 눈물을 닦아 주시는 그곳에는 사망과 슬픔과 고통이 없을 것이다. 이때를 바라보는 간절한 열망이 모든 존재의 마음에 불타오르기를 바란다.

사람도 살리고 교회도 살리는 전인치유목회 이야기

3 복내전인치유선교센터 현장 리포트

내가 사역하고 있는 복내전인치유선교센터는 전남 보성에 위치한 전인건강교육 및 요양 기관이다. 넓은 임야, 깨끗한 공기, 맑은 물, 우거진 산림 등 천혜의 자연조건이 있는 이곳에서 질병으로 고통당하는 이웃을 위해 진실한 사랑의 의술을 펼치고 있다. 이로써 창조주 하나님을 인식케 하여 마음을 새롭게 하고 변화를 받아 스스로 일어설 수 있도록 돕고 있다. 또 공허와 혼돈 가운데 놓인 사람들의 생각을 진리로 바로잡아 세계와 민족의 평안과 안녕에 기여하게끔 다시 설 수 있도록 돕고 있다.

질병의 원인을 무엇으로 규정하느냐에 따라 치료는 달라지며 질병의 원인에 대한 질문은 시대마다 그 답을 달리해 왔다. 동양 의학은 질병의 원인을 몸의 불균형 상태로 판단했고 현대 병리학은 몸 안의 불필요한 노폐물 때문인 것으로 보았다. 서양 의학은 병균의 침투로 보아 오다가 최근에는 그릇된 생활습관을 가장 큰 원인으로 꼽고 있다. 만성 퇴행성 질환의 대부분이 생활습관에서 오는 병이기 때문이다. 이제 의학은 약이나 수술 등 증상을 다루는 치료의학에서 근본적인 원인을 제거하고 생활습관을 개선하는 예방의학으로 나아가고 있다.

만성 퇴행성 질환은 수 개의 유전자와 생활습관, 환경적인 요인 등의 복합적인 상호작용으로 결정된다. 어느 한쪽의 요인만으로는 만성 질환 발생은 어렵다. 그러므로 효과 자체도 극히 미약할 뿐만 아니라 아직 효과 여부도 확실하지 않은 유전자 치료보다는 개인의 생활습관과 마음을 잘 관리하는 것이 우선되어야 한다.

이를 위해 복내전인치유선교센터는 '복내전인치유교실' 을 기획하여 전인적인 건강에 대한 강의, 찬양과 기도와 명상, 즐거운 놀이와 노래, 우리 입맛에 맞는 자연 건강 식사, 성인들에게 맞게 고안된 규칙적인 체조와 산책, 개별적인 상담으로 환자들의 건강 회복에 도움을 주고 있다. 또 이곳에서 봉사하는 기독의료인들은 성경 진리에 기초한 첨단 의학 강의와 상담을 통하여, 목회자는 내적·영적 치유를 통하여 환우들에게 새 희망을 열어 주고 있다.

복내전인치유교실은 '광주기독병원'과 기독의료인들의 모임인 '한국누가회'의 협력으로 진행되고 있으며, 1996년 개설된 이래 지금껏 꾸준히 지속되었다. 복내전인치유교실의 내용을 살펴보면 이렇다.

아침예배와 건강체조

오전 6시, 기상을 한다. 맑은 공기 때문에 짧은 수면을 취하고도 피로가 풀린다. 예배당에 모여 말씀 묵상과 기도를 드리면서 하루를 연다. 이어 환우들을 위해 특별히 고안한 체조를 한다. 근육의 긴장과 이완, 호흡능력 강화, 정신집중 원리에 따라 신체의 면역력을 활성화시켜 주는 과학적인 체조이다. 특히 깊은 호흡은 치료에 중요한 영향을 미친다.

호흡이 옅으면 그 횟수가 빨라지고, 그 결과 산소와 이산화탄소의 교환율이 떨어져 몸속에 가스가 축적될 수밖에 없다. 이렇게 되면 혈액 산도(PH)가 7 이하로 떨어져 산성화되고 피로물질인 젖산이 쌓이게 된다. 이 결과 세포막과 DNA를 파괴하는 활성산소가 증가하고 면역력이 떨어져 노화의 속도가 빨라진다. 분당 7-8회를 목표로 복식호흡을 하면 세포에 신선한 산소를 공급할 수 있을 뿐 아니라 정신집중에도 도움이 된다.

움직이는 명상(walking meditation)을 하는 자세로 체조를 하면 뇌파는 알파 파장을 발산한다. 이 파장은 회복에 도움이 되는 신경전도 물질을 분비케 하여 심신을 안정되게 한다. 이른 아침 체조는 땅에 집중적으로 깔려 있는 음이온을 온몸으로 체감하게 한다. 대개 3-4일 정도 규칙적으로 하게 되면 몸에서 새로운 기운이 북돋는 것을 느낄 수 있다.

자연건강식

7시 30분, 우리 입맛에 맞는 자연 건강 식사를 한다. 오랜 투병생활로 입맛이 떨어진 환우들이 매끼마다 다양한 음식을 섭취해 체력을 보완하고 있다. 환자의 증상에 따라 적절한 음식을 제공하며, 올바른 식사법을 지도한다. 환자들에게 좋은 식단을 만들기 위해 일체의 화학조미료 대신 천연재료로 음식을 만들고 있다. 그리고 가급적 자체 생산한 농산물이나 저공해 건강식품, 고품질 재료를 구입해서 제공하고 있다.

암을 이겨 낼 수 있도록 면역을 증강시키기 위해서는 우선 지나친 육식을 피해야 한다. 하와이의 일본인 이민자들의 암 발병률은 본토인들에 비해 대장암 5배, 전립선암 11배, 자궁암 12배, 유방암 3.5배, 난소암 3배 등으로 매우 높았다. 식사를 할 때는 비타민 A, C, E 등 항산화제가 들어 있는 과일, 채소, 통곡류, 견과류, 씨앗 등을 충분히 섭취해야 한다. 특히 브로콜리와 양배추는 인돌이라는 성분이 있어 유방암 위험률을 감소시켜 준다. 하루에 브로콜리 3컵, 양배추 4분의 1개를 꼭 식단에 포함시키기 바란다. 브로콜리와 양배추는 끓일수록 항암물질이 파열된다.

각종 콩과 견과류는 사포닌이라는 항암물질이 함유되어 있어 암세포 증식을 억제한다. 마늘과 양파에 있는 알리닌이라는 물질은 발암물질의 작용을 막는다. 딸기, 산딸기, 토마토, 당근, 견과류 등은 페놀산(phenolic acid)이 함유되어 담배 연기나 매연 때문에 생기는 DNA 손상을 감소시킨다. 한국인들이 좋아하는 메주콩과 두부는 이소플라본(isoflovone)이라는 보약 성분이 있어 암세포의 끊임없는 분열을 막아 준다. 체리나 오렌지과 과일들 속에 있는 테르펜(terpene)이라는 항암물질은 췌장암과 유방암 덩어리를 사그라지게 하는 효과가 있다.

채식과 육식에 대한 논쟁은 아주 오래된 주제로서 양쪽의 주장이 나름대로 일리가 있다. 하지만 영양은 단순히 신체에 영양소와 무기질을 공급하는 동물사료와 같은 차원이 아니다. 채식과 육식을 조화 있게 먹되 반드시 감사하는 마음으로 섭취해야 한다. 에모토 마사루가 《물은 답을 알고 있다》에서 밝힌 것처럼 마음의 상태에 따라 물분자 구조가 바뀐다. 우리의 몸은 70퍼센트가 수분으로 이루어져 있으므로 마음의 상태는 건강에 절대적인 영향을 미치게 된다.

그러므로 감사는 인체에 위대한 변화를 가져온다. 먼저 뇌파를 안정시켜 깊은 호흡을 유도한다. 이 때문에 소화기능이 강해지고 내분비계의 호르몬 분비가 정상을 유지하게 된다. 그로 인해 각종 장기는 음식물이 마지막으로 배설될 때까지 원활한 기능을 수행하게 되는 것이다.

정상적인 식사가 여의치 않은 환자에게는 죽이나 미음 등의 대용 식사를 제공하고 있다.

노래와 건강교육

오전 9시, 즐거운 노래 부르기에 이어 기독의료인들이 실시하는 전인건강교육을 받게 된다. 육체적인 건강을 위해 생명의 시작, 세포의 구조, 유전자 발현기전, 생명체와 면역계, 현대인의 질병, 몸과 마음의 관계, 창조와 진화, 환경, 간염, 당뇨, 고혈압, 암을 비롯한 다양한 주제로 교육한다. 최신 의학 이론뿐만 아니라 한방, 자연요법에 이르기까지 폭넓은 임상경험들을 환우들에게 알기 쉽게 전달하고 있다.

건강교육의 목적은 병에 대한 바른 정보를 제공하고 투병의지를 강화하여 희망찬 생활을 할 수 있도록 격려하는 데 있다. 환우들은 이 교육을 통해서 육체에 대한 바른 이해와 투병생활의 방향을 잡게 된다. 신앙적으로는 우리의 몸을 지으신 창조주 하나님의 사랑에 대한 흔들리지 않는 믿음을 갖게 된다. 그래서 병든 몸을 창조수 하나님께 맡겨야겠다는 결심이 자연스럽게 일어나게 된다. 이 교육은 신앙이 없거나 믿음이 연약한 분들에게 더욱 좋은 결과로 나타난다.

산책과 산림욕

푸른 소나무가 반기는 다양한 산책로를 따라 단체 산책을 한다. 복내는 청정지역으로서 도시의 혼탁한 공기와는 비교할 수 없는 좋은 공기를 마실 수 있다. 생동하는 자연의 생명력을 눈으로 보면서 빠른 걸음으로 몸을 움직인다. 얼마 정도를 걷다 보면 체내 에너지가 활성화되고 약간의 땀이 나면서 노폐물을 배출하게 된다. 운동 강도가 최고치에 도달한 최대운동능력을 100으로 잡으면 고강도 운동은 그것의 90, 중강도 운동은 70, 저강도 운동은 45 상태다. 강하고 짧게 하는 운동보다 약하고 길게 하는 운동이 체력의 7요소(근력, 근지구력, 심폐지구력, 평형감각, 유연성, 순발력, 민첩성)를 기르는 데 효과적이다. 뿐만 아니라 고강도 운동은 활성산소를 다량 생성시켜 오히려 건강을 해치는 것으로 나타났다. 그러므로 걷는 것이야말로 최상의 운동요법이다.

운동의 혜택은 이루 말할 수 없이 많다. 첫째는 뇌 속에서 쾌감 호르몬들을 분비하게 하여 기분을 좋게 한다. 둘째는 혈관벽에 붙어 대기하고 있는 면역체들을 활발하게 한다. 아무리 좋은 음식을 먹어도 운동을 안 하면 면역체가 활발해질 수 없다. 면역체가 활발할 때, 면역체 T-림프구가 암세포를 송곳 단백질로 터트릴 수 있다. 셋째, 에너지 공급이 활성화되기 때문에 체력이 강해져 암과 싸우는 데 훨씬 수월해진다. 넷째, 걷기를 하면 우뇌가 활성화되어 좌뇌 중심의 긴장된 생각이 풀어진다. 이때 응어리진 가슴의 언어가 쏟아지면서 효과적인 상담이 이루어진다. 거기에는 자원봉사자들의 수고와 동료 환우들의 세밀한 산책 지도가 뒷받침되고 있다.

천천히 걸어 산등성이에 오르면 휴식과 더불어 암반에서 흐르는 생수를 마신다. 하버드 보건학 연구소는 4만 9천 명을 대상으로 물에 관해 실험, 다음과 같은 연구 보고를 했다. 하루에 여섯 컵 이상 물을 마실 때 방광암 발병률이 51퍼센트 감소되며, 같은 양의 주스를 마실 경우 36퍼센트 정도 감소했다고 한다. 물이 주스보다 더 효과적이고 아무것도 안 마시는 것보다는 주스를 마시는 것이 더 좋다는 결론이다. 로마린다 의대에서는 물과 혈액응고 연구 자료를 발표했는데, 물을 여덟 컵 이상 마시면 혈액 응고를 감소시키고 혈액순환을 촉진시켜 특히 심장병에 큰 도움이 된다고 한다.

환우들의 상태에 따라 산책 거리가 정해지지만, 며칠이 지나면서 대부분의 환우들이 1시간가량의 산책로를 완주하게 된다. 얼마 전까지 병원이나 집에서 무기력하게 자신의 운명을 기다리던 이들에게 꿈과 같은 일이 일어나는 것이다.

마음 다스리기

명상을 하면서 마음 다스리는 시간을 갖는다. 현대병의 약 80퍼센트가 심인성 질환인 점을 감안한다면, 명상을 통해서 얻는 유익이 매우 크다고 하겠다. 병의 원인인 마음을 다스리는 일은 치료뿐만 아니라 재발 방지에도 효과가 있다. 명상을 깊이 할 때 약 스물일곱 가지 신체 변화가 뒤따른다는 보고가 있다.

대자연 속에서 모든 긴장을 풀고 푸른 나뭇잎, 맑은 물줄기, 지저귀는 새소리, 스쳐 지나가는 바람 소리를 통해서 전해 오는 하나님의 사랑을 묵상한다. 이내 모든 근심과 염려는 사라지고 마음에는 평화가 깃든다. 영적인 치유를 위해서 자신의 죄와 질병을 내신 담당하신 십자가에 달리신 예수님을 상상한다. 그리고 주기도문이나 사도신경 등을 반복하여 암송하도록 한다. 명상을 마치고서 홀가분한 마음으로 손에 손을 잡고 하늘을 향해 '아버지! 내가 여기에 왔어요' 라고 외친다. 모두의 영혼의 눈이 열리고, 우리 가운데에 사랑으로 함께하시는 하나님을 만나게 된다. 이때 마음과 마음이 이어지면서 공동체

적인 치유가 일어난다. 사랑의 안마와 포옹을 통해서 긴장되었던 몸
과 마음을 모두 녹인다.

상담 및 소그룹 치유

건강 상담과 신앙 상담을 통해서 환우 개개인의 영육의 질병을 진
단한다. 이 시간을 통해서 기존 치료가 적절했는지 여부, 양·한방을
비롯한 자연요법의 적절한 치료 계획, 음식 처방, 가족 치료, 영적 치
유의 유익을 얻게 된다. 의료진과 충분한 시간을 갖고 자신의 마음의
고충을 내어 놓는 것만으로도 환우들은 심리적인 안정을 회복하게
된다. 뿐만 아니라 질병의 근본 원인에 대한 심층적인 분석을 통해서
병의 뿌리를 캘 수 있도록 도움 받는다. 그리고 새로운 치료방법에
대한 소망을 갖게 됨으로써 활기를 얻게 된다.

무엇보다 중요한 것은 질병을 통한 하나님의 뜻을 발견하여 믿음
의 새 출발을 하게 되는 것이다. 각 분야의 상담을 마친 후에 환우의
상태에 따라 종합적으로 평가하여 적절한 처방을 내린다. 때로는 소
그룹으로 모여서 자신들의 고통이나 상처를 나누기도 하는데, 동병
상련의 마음으로 서로 고통을 나누다가 치유를 경험하기도 한다.

가벼운 노동과 오후 산책

가벼운 노동이나 오후 산책은 환우들의 상태에 따라 자율적으로
이루어진다. 노동으로는 표고버섯 따기, 화단과 채소 가꾸기 등을 하
게 된다. 인간은 삶에 대한 의미를 느꼈을 때 생에 대한 애정을 갖게
된다. 노동은 자신의 가치에 대해 긍정적인 생각을 하도록 돕는 중요
한 치료이다. 꺼져 가는 생명의 심지를 불태워 또 다른 생명의 씨앗
을 뿌리는 것은 아름다운 일이다.

햇빛과 정신건강 사이에도 밀접한 관계가 있다. 햇빛을 45분 이상 쬐면 세라토닌이 분비되어 마음이 즐거워진다. 마음이 즐거워질 뿐만 아니라 밤에 잠도 잘 오는데 그 이유는 낮에 햇빛을 통해 증가된 세라토닌이 밤에는 멜라토닌으로 변형되기 때문이다. 멜라토닌은 잠을 잘 오게 할 뿐 아니라 병든 세포를 수리해 주는 역할도 한다. 망가진 면역체를 활발하게 하는 것이 바로 휴식이다. 밤에 일하는 간호사들은 멜라토닌 분비가 억제되어 유방암 발병률이 약 2배에 달한다.

소풍

요양 기간 중에 월 1회 정도 즐거운 소풍을 가기도 한다. 주로 전국적으로 유명한 보성 녹차밭, 녹차해수온천탕, 주암호수, 남해안 바닷가 등을 방문하고 있다. 소풍날이면 암이나 불치병으로 투병하고 있다는 사실을 모를 정도로 환자들이 즐거워한다. 항암치료 등으로 머리가 다 빠져서 모자를 둘러쓰고 외출을 삼갔던 환우들에게 이보다 더 즐거운 일은 없을 것이다.

찬양과 오락

아무리 명곡이라고 해도 쉼표가 없으면 연주가 불가능하다. 쉼을 통해서 새로운 것을 창조할 수 있다. 배꼽이 빠질 정도로 한바탕 웃고 나면 환우들 얼굴에 홍조가 돈다. 웃음은 뇌에 유익한 화학물질을 다량으로 발생시켜 우울증으로 인하여 고갈된 화학물질을 원상 회복시켜 주는 작용을 한다. 또 에어로빅을 하는 것처럼 심장 박동수와 혈압을 낮춰 주고 가슴과 복구와 어깨 근육을 수축시키는 원인을 제공하여 스트레스를 경감시킨다. 그리고 뇌의 대사에 직접 관여하여 비통한 생각이 전달되는 경로를 대부분 차단시켜 주기 때문에 정신

적으로 고통스러운 일이 있을 때 웃게 되면 의식이 환기되어 순간적
으로 기분이 풀어지는 효과가 있다.

치유 특강

부부생활, 대인관계, 내적 치유, 성경적인 영성훈련, 치유사례 등
을 강의한다. 체질과 음식, 정신건강, 재활치료, 음악치료 분야의 전
문가를 초빙하여 환우들에게 실제적인 도움을 준다. 이론 강의를 마
친 뒤에는 성령의 기름 부으심을 실제로 경험하는 워크숍을 실시한
다. 환우 한 분 한 분을 위한 사랑의 중보기도를 하는데, 이때 보호자
와 봉사자는 물론 환우들까지 마음을 합하여 눈물로 기도한다. 합심
기도는 믿음의 역사를 배가하여 치료를 한 걸음 더 나아가도록 돕는
다.

소망의 밤

모든 일정이 끝나는 날이면 환우들과 봉사자 그리고 진행자들은
한 가족처럼 깊은 사랑을 느끼게 된다. 그래서 치유교실 마지막 날
밤에는 '소망의 밤'이라는 특별 행사를 갖는다. 영육 간에 회복된 체
험을 간증하고, 장기자랑, 사랑의 애찬식, 눈물의 중보기도 등으로
진행된다. 누구에게도 말할 수 없었던 혼자만의 아픔과 비밀을 나누
면서 영혼의 카타르시스를 경험하게 된다. 사랑의 나눔을 통해서 자
신에 대한 생의 의미를 알게 되고, 영적인 소망으로 두려움을 극복해
야겠다는 굳은 의지를 갖게 된다.

계속적인 중보기도

프로그램 기간 중 봉사자들과 직원들은 환우들의 기도제목을 가지

고서 중보기도를 한다. 그들이 믿음으로 승리하며 하나님 앞에서 지속적으로 헌신자의 삶을 살 수 있도록 말이다. 또 치유교실을 마치고 퇴소한 후에도 일정 기간 기도로 후원하고 있다. 아울러 반드시 지역 교회 공동체의 일원으로 소속하여 지속적인 신앙 성장을 도모하도록 권면하고 있다. 사랑의 교제를 통해서 건강 유지가 더 원활해지기 때문이다.

장기 요양

치유교실이 끝난 후에 장기 요양을 원하는 환우들은 실비만으로 프로그램을 계속할 수 있다. 천연치료, 규칙적인 운동과 산책, 맛스러운 건강 식단, 정규적인 예배와 신앙지도 등의 혜택이 있다. 특별히 매일 열리는 저녁 기도회를 통해서 성령의 기름 부으심을 통한 기적적인 회복을 경험하게 될 것이다. 현대 의료의 도움이 필요할 경우에는 광주기독병원과 한국누가회의 협조를 받아 도움을 주고 있다.

복내전인치유교실 프로그램의 중심 메시지는 현실에 근거한 희망이다. 일상에서 겪게 되는 상실과 위기, 실패와 한계에도 불구하고 더 큰 사랑의 힘으로 전인성을 발전시키고 즐길 수 있다는 희망 말이다. 산책로의 소나무에 걸려 있는 표어가 오늘도 환우들에게 희망을 불어넣어 주고 있다.

"사랑받는 세포는 암을 이긴다."

부록

의학적 관점에서 바라본 전인건강

박상은(안양병원장, 전 한국누가회 회장)

전인건강이란?

우리는 막연히 건강을 질병이 없는 상태로 생각하지만, 세계보건기구(WHO)는 건강은 질병이 없는 상태를 넘어서 육체적·정신적·사회적으로 안녕한 상태라고 정의하고 있다. 따라서 치유 역시 질병을 치료하는 개념에서 개인의 다양한 필요를 충족시켜 주는 쪽으로 발전되고 있다. 인간이 갖고 있는 생리적 필요, 정신적 필요, 사회적 필요, 나아가 영적인 필요까지도 만족시키는 것이 온전한 치유인 것이다. 왜냐하면 인간은 단지 육체적인 존재일 뿐 아니라 정신적이고도 영적인 존재이며, 이러한 각 부분이 분리되지 않고 긴밀히 연결되어 상호작용하는 한 개체이기 때문이다.

가령, 과거에는 위궤양이나 위염을 단순히 위장점막 질환으로 생각해 왔다. 그러나 최근 의학의 발달로 정신적인 스트레스가 얼마든지 위궤양을 일으킬 수 있음이 입증되었으며, 영적인 상태 또한 정신과 육체에 지대한 영향을 끼친다는 사실이 속속 밝혀지고 있다. 남편의 잦은 외박으로 부부관계가 깨어진 아내는 정신적으로 우울증에 빠지게 되고, 곧이어 육체는 무기력감과 위궤양, 두통 등의 다양한 신경성 질환으로 고통 받게 된다. 현대의 수많은 질병은 병원균에 의해서가 아니라 그 사람의 잘못된 습관과 삶의 태도에서 기인하는 경우가 흔하다.

전인건강을 생각하면 나의 뼈아픈 기억이 떠오른다. 내가 막 내과 전문의가 되어 종합병원에 근무하던 어느 날, 알코올성 간염 환자가 내원하였다. 3주간의 입원 기간 동안 열심히 치료한 결과, 간 기능 수치가 정상으로 회복되어 나는 자신만만하게 큰소리치며 환자를 퇴원시켰다. 그날 오후, 다급히 나를 찾는 방송에 응급실로 달려가 보니, 아뿔싸, 아니 어찌된 일인가? 아침까지도 멀쩡한 모습으로 퇴원했던 그 환자가 채 여덟 시간도 안 되어 주검이 된 채 내 앞에 놓여 있는 것이 아닌가? 그는 다 나았다는 의사의 말에 기분이 좋아 끊었던 약주를 한 잔 마시고 운전을 하다가 고속도로 난간을 들이박은 것이었다. 무엇이 다 나았단 말인가? 도대체 나는 그 기나긴 3주 동안 무엇을 치료했단 말인가? 내가 그동안 치료한 것은 단지 간 기능 수치였지 환자가 아니었다. 나는 그 환자의 삶을 변화시키지 못하였고, 그의 내면의 질병을 지나쳤다. 그러기에 그의 삶의 방식은 변화될 수 없었고 결국 온전한 치유는 이루어질 수 없었다.

생각은 행동을 낳고, 행동은 습관을 만들며, 습관은 성격을 만들고, 성격은 인격을 만든다. 삶의 방식이 변화되지 않고서는 온전한 치유는 결코 일어나지 않는다. 뼈아픈 나의 실수와 교만을 돌아보며 이제는 검사 수치만을 치료하지 않고 육체와 정신, 영혼까지의 전인적 치유를 시도해 보려 한다. 나는 단지 돌볼 따름이며 온전한 치유자는 하나님이심을 기억하며 그분께 나의 연약함을 다시금 아뢴다.

올바른 생명관

진료실에서 환자를 대하며 때론 회의에 빠지기도 한다. 의학적인 노력을 기울여 환자가 병에서 회복될 때는 한없이 기쁘지만 그 환자가 다시 질병에 걸려 나를 찾아올 때, 또한 늘 다니던 환자의 사망진단서를 써야 할 때 나는 의사라는 내 직업에 회의를 갖는다. 왜냐하면 아무리 잘 치료하고 병을 낫게 해 준다 할지라도 잠시 잠깐뿐, 궁극적으로 죽음의 문제를 해결하지 못하며 그저 몇 년의 삶을 연장시켜 줄 따름이기 때문이다.

학자들은 생명을 여러 가지로 분류하지만 나는 간략히 '생명1'과 '생명2'로 나누고 싶다. 세상에서 살 동안의 유한적 '생명1'과 영원히 누릴 '생명2'가 그것이다. 우리는 '생명1'에 집착하지만 '생명1'은 '생명2'를 탄생시키기 위해 벗어 버려야 할 허물 같은 것일는지 모른다.

요즈음 나는 헨리 나웬의 생애에 깊이 심취되어 있다. 인간의 의지적인 노력으로 사랑하는 '사랑1'과 예수님의 이름으로 행하는 '사랑2' 사이에서 방황하다가 그는 하버드 대학 교수로서의 '인생1'을 마감하고, 정신지체 장애인 공동체인 라르슈에서의 '인생2'를 살다가 그곳에서 심장마비로 생애를 마쳤다.

'생명1'은 그 자체로 보잘것없어 보이지만 '사랑2'를 통해 더 약한 자들, 병든 자들을 '생명2'로 인도할 수 있기에 존귀하다. 고급 공무원이던 어느 환자는 한 번도 실패한 적 없고 남에게 뒤진 경험이 없는 도도한 사람이었지만 자신도 모르게 퍼져 버린 폐암 앞에서는 교만을 내려놓을 수밖에 없었다. 며칠간은 암이 아니라고 고함치고 울부짖으며 가족들에게조차 원망하며 분노하였지만, 3주가 지나고 서 그는 자신이 죄인임을 고백하며 주님 앞에 무릎을 꿇었다. 어쩌면 암이라는 불치의 병을 통해 그 형제는 비로소 하나님을 바라볼 수 있게 되지 않았나 생각한다. 질병은 사면이 막힌 어둠 가운데 하나님을 향한 열린 창이 아닐까?

영원히 누릴 '생명2'는 오직 이 땅에서 '생명1'로 살아갈 동안만 준비할 수 있기에 여생이 얼마 남지 않은 환우들을 대할 때면 왠지 마음이 조급해진다. 북한의 동족을 생각할 때 그들의 헐벗고 굶주린 현재의 '생명1'이 안타깝지만, 더욱 서글픈 것은 영원한 '생명2'를 소유하지 못한 채 오늘도 수백 명이 삶을 마치고 있다는 현실이다. 우리 모든 그리스도인들은 생명을 파수하는 생명지기로서 '생명1'을 지키고 아울러 '생명2'를 확산시키는 주님의 지상명령에 자신을 드려야 할 것이다.

스트레스와 전인건강

만일 IMF시대가 몇 년간 계속되었다면 스트레스로 인한 암이나 성인병의 증가로 우리의 평균 수명이 오히려 줄어들었을 것으로 생각된다. 당뇨병이나 고혈압, 동맥경화증과 같은 대부분의 성인병들은 스트레스로 인해 유발되거나 악화되기 때문이다. 하지만 그보다 더 심각한 것은 아무런 희망도 없이 절망 가운데 모든 의욕을 상실한 소진 상태일 것이다.

하루에도 수많은 중년 남성들과 여성들이 삶의 의미를 잃어버린 채 지친 몸과 마음을 이끌고 진료실을 찾아온다. 성경에서도 사면초가의 암담한 상황 속에 갇혀 오로지 죽기만을 구하는 사람들이 여러 명 등장한다. 마지막 밀가루 한 움큼과 기름 몇 방울로 아들과 함께 음식을 만들어 먹고 죽으려 한 사르밧 과부, 남편은 이미 죽고 빚쟁이가 두 아들을 종으로 데리고 가려는 상황에 처한 여인, 다섯 번씩이나 남편으로부터 버림받아 남몰래 물 길으러 우물에 나와야만 하는 사마리아 여인. 모두가 죽음 외에는 길이 없어 보이는 극한 위기 상황이다. 아무 잘못 없는 대선지자 엘리야마저 도망 다니다 지친 나머지 어느 한 로뎀나무 아래 앉아서 하나님께 당장 죽기를 구하였다. 자살 외에는 다른 아무런 방도가 없어 보이는 막다른 상황에서 하나님께서는 천사를 보내 엘리야를 어루만져 주셨다. 우선 숯불에 구운 떡을 먹이우시고 물을 마시우시고 누워 편히 잠을 자게 하셨다. 지친 상황일수록 잘 먹고 숙면을 취하는 것이 필수적이다. 하나님께서는 먼저 지친 육체를 돌보시며 쉼을 주셨다. 그 후에 엘리야의 존재 의미를 깨닫게 하시고 새로운 인생의 목표를 알려 주셨다. 또한 새로운 동역자인 엘리사를 허락하시며 함께 일하게 하셨다.

하나님은 이와 같이 육체적 치료뿐 아니라 영적 치료, 사회적 치료를 통해 우리를 전인적으로 온전히 치유해 주시는 분이다. 우리는 우리에게 사면이 막힌 듯한 이러한 막다른 상황이 닥칠 때, 위에 계신 하나님을 바라보며 오히려 시련을 통해 연단하시며 궁극적으로는 가장 좋은 것을 주시는 하나님을 의지해야 할 것이다. 또 주위의 지친 이웃에게 떡 한 덩이를 나누고 주님의 사랑으로 어루만질 때 하나님은 우리를 통해 그들을 온전히 치유하시며, 그들을 통해 우리를 지료하실 것이다.

성경적 질병관

성경에는 건강한 사람들도 많이 등장하지만 병든 자들도 그에 못지않게 나타난다. 하나님께서 힘 있고 건장한 사람들을 사용하기도

하시지만 나약한 자들을 들어서 강한 자들을 부끄럽게도 하신다. 구약을 읽노라면 장수의 축복을 누린 신앙의 위인들을 만나게 되지만 신약에 와서는 위대한 사도들이 천수를 누리지 못하는 듯한 안타까움이 있는 것이 사실이다. 사도 요한을 제외한 주님의 열두 제자는 복음을 전하다가 순교하였으며 세례 요한과 스데반도 단명하였다. 사도 바울은 시력장애가 있었을 뿐 아니라 소화장애와 근골격 손상으로 오래 고생하다가 결국 순교를 당하였다고 전해진다.

만일 건강하고 오래 사는 사람만 하나님의 복을 누리는 것으로 생각한다면 우리는 성경에서 말씀하는 궁극적인 축복을 오해하고 있는 셈이다. 이 땅에 복음이 들어오는 과정에서, 또한 한국의 선교사들이 해외에서 복음을 전하다가 순교당하며 짧은 생을 마감하는 소식을 접하면서 복음으로 축복을 누리는 삶이 어떤 것인지 다시금 사색하지 않을 수 없다.

주님께 헌신하는 삶을 사는데도 왜 하나님께서는 질병으로 고통받게 하시며 사별의 슬픔을 맛보게 하시는가? 불의한 자가 세상에서 부귀영화를 누리고 의로운 자가 핍박받는 이 세상의 왜곡된 모습으로 인해 불신자들은 과연 하나님이 살아 계신가라는 의문을 제기한다. 하지만 그럴수록 더욱 분명해지는 것은 이 땅에서 '인과응보'가 모두 해결되지 않는다는 사실이다. 의로운 자가 억울한 누명을 쓰고 죽임을 당한다면 이 억울함은 어디선가 해결받아야 할 당위성이 있기에 더더욱 천국과 지옥은 존재할 수밖에 없다고 생각한다.

우리의 건강 개념도 '질병이 없는 상태'가 아니라 '하나님의 뜻에 순종하는 삶'으로 바뀌어야 한다. 비록 스데반이 일찍 죽임을 당하였으나 그의 삶은 영원으로 이어지는 장수를 누렸으며, 사도 바울도 겉사람은 많은 질병으로 괴로움을 당했으나 그의 삶은 하나님 앞에서 건강함을 유지하고 있었다.

즉, 건강의 기준은 인간에 의해 규정되는 것이 아니라 참 건강의 원천이신 하나님께서 평가해 주시는 것이어야 한다. 몸에 좋다면 벌레든 날짐승이든 닥치는 대로 먹어 치우는 오늘의 세태를 깊이 반성하면서, 오히려 우리의 영과 육을 그분께 의탁함으로써 건강한 삶을 누려야 할 것이다.

성령 충만과 전인건강

우리 몸은 일정한 리듬에 따라 움직인다. 호르몬을 예로 들면, 활동에 필요한 부신피질 호르몬은 오전 중에 증가하여 오후에 정점에 이른 후 수면을 취하는 밤에는 최소한으로 분비되며, 음식을 소화시키는 위산과 소화효소는 식사시간에 맞추어 자연적으로 분비된다. 먼 나라를 여행하는 경우 시차가 달라지면 우리 몸이 큰 혼란에 빠지게 되고 2주 정도의 적응 기간을 필요로 하게 되는 것도 이 때문이다.

사회가 복잡해지면서 다양한 직업이 생겨나고 때로는 24시간 근무하고 하루 쉬는 경우도 있고 낮밤을 자주 바꾸어야 하는 직종도 점점 늘어나는 추세이다. 유흥업소들로 밤거리는 불야성을 이루며 상점과 음식점들 역시 24시간 영업하는 경우가 많아지면서 시차로 인한 증상을 호소하는 환자들이 부쩍 증가하고 있다. 대부분 소화기계통의 질환이지만 불면증과 우울증도 있으며 심혈관계 질환을 유발하기노 한나. 이런 경우 일차적으로 약을 사용하여 치료해 보지만 다시 불규칙한 생활로 돌아가면 병이 재발하기 일쑤다. 심한 경우 직업을 바꾸고 결국 삶을 송두리째 바꾸어서야 비로소 회복되는 경우가 허다하다.

우리가 신앙생활을 할 때도 리듬에 따라 움직이는 것이 영적 건강에 무척 도움이 되리라 생각된다. 아침에 눈을 뜨면 오늘도 새 날을 허락하신 하나님을 찬양하며 그날 주시는 말씀을 묵상하고 오늘 하루를 계획해 본다. 출근하는 지하철 안에서 성경을 서너 장 읽고 한 구절 말씀을 암송하며 역시 꿀맛보다 더 단 말씀의 맛을 음미한다. 점심시간, 신앙의 동료들과 찬양하고 중보기도를 나누면 오후 일과는 너무 빨리 지나가 버린다. 가족들과 함께 앉은 저녁 식탁은 하루의 삶을 나누는 이야기 잔치, 이어서 드리는 가정예배는 하나님의 따스한 손길을 느끼는 체험의 시간이다. 아이들을 축복하고 잠자리에 들기 전 하루를 돌아보며 반성과 감사의 기도를 드리고 깊은 안식의 잠으로 빠져든다.

건강을 지키는 최상의 비결은 병원균이 침입하지 못하게 자주 손을 씻고 청결하게 하는 것이다. 마찬가지로 영적인 건강을 지키기 위해서는 성령 충만한 삶을 살아가야 한다. 죄가 우리의 건강을 위협하지 못하도록 시간을 떼어 말씀과 기도로 무장하며 어디서나 하나님의 임재를 느낌으로 우리의 호흡 가운데 성령께서 살아 숨쉬도록 하자.

온전한 치유자

하나님께서는 다양한 방법으로 우리를 치료하신다. 가장 즐겨 사용하시는 하나님의 치료법은 '자연치유'이다. 우리 몸에는 스스로 건강을 지켜 내는 생리적 반응이 스물네 시간 가동된다. 그것을 의학적으로 '항상성의 원칙'이라고 부른다. 가령 수분이 부족하면 갈증을 느끼고 물을 찾게 된다. 또한 추운 곳에서는 몸을 떨어 열을 발생시키고 더운 곳에서는 땀을 흘리게 하여 체온을 자동으로 조절한다. 뿐만 아니라 면역계가 있어 병원균들을 막아 내고 암세포까지도 부서뜨리는 능력이 실재한다. 그래서 대부분의 질병은 약을 먹거나 수술해서 낫기보다는 환자 자신이 가지고 있는 자연치유력에 힘입어 저절로 낫게 되는 것이다.

감기가 자연히 낫거나 상처가 저절로 아물 때 우리는 신비롭게 창조하신 하나님을 찬양해야 할 것이다. 하나님께서는 사람들을 사용하여 치료하기를 기뻐하신다. 하나님께서는 병원에서 수고하는 의사나 간호사들을 사용하여 많은 환자들을 치료하시며 약초와 정제된 약들을 이용하여 질병을 다스리신다.

페니실린을 인간이 발명한 것 같으나 이미 하나님께서 만드신 피조물 속에 존재해 있었으며 과학자는 하나님이 주신 명철한 지혜로 이를 발견할 따름이다. 때로 환자들이 나에게 자신의 생명을 살려 준 은인이라고 말할 때면 나는 몸 둘 바를 알지 못한다. 왜냐하면 나는 그저 환자 곁에서 치유하시는 하나님의 손길을 함께 지켜본 것밖에 없기 때문이다. 그러기에 우리는 '의사는 단지 환자를 돌볼 뿐 치료자는 오직 하나님이시다' 라고 고백할 수밖에 없다.

뿐만 아니라 하나님께서는 기도를 통해 치유하신다. 고통 받는 하나님 자녀의 외침에 귀를 기울이시며 사랑하는 자의 침상 곁에서 눈물로 기도드리는 간구를 외면치 않으신다. 또한 차라리 자신이 고통의 자리에 들어가길 원하시며 대신 중보 드리는 사역자의 기도를 기쁘게 흠향하시는 인자하신 우리 아버지이시다. 오늘도 분명 신유의 역사는 계속되고 있다. 한 가지 분명한 사실은 이 모든 치료는 하나님의 은혜의 결과인 것이다.

항생제로 병이 나았건 저절로 치료되었건 혹은 신유의 기적으로 병이 나았건, 이 모든 치유는 하나님께서 역사하신 증거이므로 우리는 모든 영광을 하나님께 돌리고 감사드려야 할 것이다. 약과 의술로 치료한 경우라도 궁극적인 치료자는 하나님이셨음을 인정하며 기적을 경험한 사람 못지않은 감격과 감사가 있어야 할 것이다.

2 전인치유의 신학적 이해

이신건(현풍제일교회 담임목사, 전 서울신학대학 교수)

"이는 만물이 주에게서 나오고 주로 말미암고 주에게로 돌아감이라. 영광이 그에게 세세에 있으리로다"(롬 11:36).

요즘 들어서 전인치유에 대한 관심이 점점 더 커지고 있는 듯하다. 그 이유가 무엇일까? 아마도 눈부신 과학의 발달에 대한 인간의 신뢰와 함께 그에 대한 불신도 더욱 커지고 있기 때문일 것이다. 과학이 발달하면 할수록 인간에 대한 지식과 더불어 무지도 점점 더 늘어간다. 우주를 깊이 알면 알수록 그와 함께 인간의 한계성도 더 극명하게 드러난다. "우주의 질서가 증가할수록 그와 비례하여 무질서도 증대한다"는 엔트로피의 법칙(열역학 제2법칙)처럼 인간에 대한 정보가 커질수록 신비도 더욱 커지는 것 같다.

더욱이 오늘날 학문의 지나친 세분화는 인간에 대한 통합적 이해를 가로막고 있는 듯하다. 학문은 가치판단과 이해관계와 동떨어져 있지 않다. 즉 점점 더 막강해지는 자본의 위세 앞에서 학문도 인간의 존엄성보다는 실용 가치, 경제 가치에 더 깊이 예속되어 가고 있다. 첨단 과학은 인간을 살리고 이롭게 하기보다는 인간을 파괴하는 데 더 유용하다는 사실이 9·11테러와 이라크 전쟁을 통해서도 한 번 더 극명하게 드러났다. 특히 무기산업과 연결된 과학은 인간을 보호하기보다는 미국의 경제 이익을 위해 더 많이 봉사한다는 사실을 깨닫게 되었다.

그렇기 때문에 현대인은 과학의 힘을 점점 더 빌리면서도 다른 한편으로는 과학의 힘에만 무조건 의존하려는 자세를 버리고 있다. 특히 의술에서 현대인은 점점 더 대체의학에 의존하려는 경향을 뚜렷하게 드러내며, 이와 더불어 인간에 대한 통합적 이해도 증가하고 있다. 대체의학의 위험성에도 불구하고 그에 대한 신뢰가 더욱 커져 가고 있음을 본다. 그러므로 자연과학과 정신과학, 과학과 신학은 더욱 더 긴밀하게 협력해야 한다. 증대하는 생명파괴 현상과 대처하기 어려운 새로운 질병의 확산 앞에서 양자는 서로를 계속 불신하고 배제하기보다는 자신의 한계성과 상대방의 장점을 인정하는 가운데서, 서로 손을 맞잡고 인류를 위한 공동선의 길을 추구해야 한다.

엄밀하게 말하면, 신학도 하나의 학문이다. 단지 신학은 과학과는 다른 방법을 따르면서 하나의 진리를 추구할 뿐이다. 그리고 신학도 인간과 무관한 학문일 수 없다. "인간을 말하지 않고 하나님을 말할 수 없다"는 실존주의적 신학이 상당한 타격을 받았음에도 불구하고 오늘날 이 명제가 오히려 더욱 큰 설득력을 얻고 있는 이유는 무엇일까? 하나님을 말하면서 동시에 인간을 말하지 않는 신학은 현실적 적합성을 잃을 뿐만 아니라 그 타당성조차 잃어버리기 때문이다. 인간을 위해 하나님을 왜곡하지 않는 것도 중요하지만, 인간을 위한 신학의 기능을 포기해서도 안 된다. 왜냐하면 인간이 없는 하나님은 의미가 없기 때문이다. 더욱이 인간이 바라보는 하나님은 항상 인간을 바라보고 계시기 때문이다.

그러므로 신학은 인간을 점점 더 잘 살게 해 준다는 약속 아래 인간을 오히려 병들게 하는 죽임의 문화에 맞서 싸워야 하며, 점점 더 상처를 받고 신음하는 인간의 생명을 치유하는 일에도 앞장서야 한다. 그런 점에서 전인치유를 위한 교회와 신학의 관심과 공헌은 큰 의미를 갖는다고 할 수 있다. 다만 여기서 나는 전인치유를 위한 신학적 방법을 구체적으로 제시하기보다는 전인치유를 뒷받침하는 강력한 신학적 근거를 세 가지 명제를 통해 간단히 제시하고 싶다.

명제 1. 하나님은 만물을 창조하셨다

기독교인들은 사도신경을 외울 때마다 "전능하사 천지를 만드신 [창조하신] 하나님 아버지를 내가 믿사오며……"라고 고백한다. 이처럼 창조주 하나님에 대한 신앙은 기독교 신앙의 출발점과 근본을 이룬다. 태초에 하나님은 만물, 즉 하늘과 땅을 창조하셨다(창 1:1). 이 말은 하나님이 하늘과 땅에 속한 모든 것들을 창조하셨다는 것과, 하나님이 보이는 것과 보이지 않는 것을 창조하셨다는 의미를 갖는다. 그러므로 모든 창조는 선하고 좋은 것이다. 왜냐하면 하나님은 선한 분이시기 때문이다. 창조는 하나님의 선한 의지에 따른 것이며, 하나님의 창조 능력이 미치지 않는 영역은 없다. 이러한 신앙은 창조자와 구원자를 서로 다른 존재로 믿는 영지주의(靈智主義)의 세계상과, 보이는 세계가 보이지 않는 세계에 비해 열등하거나 악한 것이라는 헬레니즘의 이원론적 세계상을 거부한다.

초대 교회의 존립 기반을 심각하게 위협한 여러 이단들 중에서 가장 큰 이단은 영지주의였다. 영지주의는 근본적으로 이원론적이다. 그들이 볼 때 이 세계는 저급한 신(데미우르고스)의 작품으로 악한 것이다. 그래서 영지주의는 구약성경의 하나님을 저급한 데미우르고스, 악한 세계의 창조자로 여겼으며, 예수를 영혼의 구원자로 여겼다. 영혼은 물질적인 세계 안으로 떨어졌고, 영혼을 구원하려고 구원자가 하늘에서 내려왔다. 그러므로 영지주의에서 구원은 본질적으로 물질로부터의 해방으로 이해된다. 심지어 구원자 예수도 진정한 육체를 지니고 내려온 것이 아니라 다만 가상적인 육체를 뒤집어썼을 따름이다. 이를 우리는 가현론이라고 부른다.

이런 이원론적인 체계는 오랫동안 기독교인의 이원론적 심성을 지배해 왔다. 특히 헬레니즘의 이원론적 세계관은 실로 기독교에 막강한 영향력을 행사해 왔다. 초대교회 교부들에 의해 예수 이전의 진실한 기독교인으로 인정되었던 플라톤은 기독교 신학에 지속적인 영향을 미쳤으며, 오늘날에도 여러 형태로 잔존하고 있다. 플라톤에 의하면 우리의 일상적 존재는 한낱 감옥과 같은 것이다. 감각을 통해 우리에게 보여지는 세계는 실로 환영(幻影)과 같은 것이다. 이로부터 벗어나기 위해서 영혼은 이데아(Idea)의 세계로 비약해야 한다. 오직 이데아만이 완벽하고 유일한 실재성을 지니며, 소멸하는 세계와 달리 끊임없이 존재하는 불멸의 실재이다. 이 세계는 이데아의 보상(模像) 혹은 그 현상일 뿐이다.

이와 같은 헬라적 이원론은 고대 교회에 상당한 영향력을 떨쳤으며, 유감스럽게도 종교개혁자들에게 이르기까지, 아니 지금까지도 완전히 극복되지 못하고 있다. 한국 교회에서 이런 현상은 무속신앙 등을 통해 한층 더 강화되어 온 것 같다. 구체적인 실례를 들라면, 세속적 진보와 육체적 구원을 위해 헌신하는 사람들을 비판하기 위해 흔히 사용되어 온 성경 구절들 중에서 '하나님의 나라는 이 세상에 속한 것이 아니다' (요 18:36)라는 구절을 들 수 있다. 이처럼 잘못 번역된 성경 구절과 잘못된 하나님 나라 이해는 기독교인의 이원론적이고 위선적인 태도를 상당히 부추겼을 것으로 생각된다. 앞의 구절은 "하나님의 나라는 이 세상으로부터 나오는 것이 아니다"라고 번역해야 한다. 예수의 가르침에 의하면, 하나님의 나라는 이 세상으로부터 나오는 것이 아니라, 이 세상 안으로 들어오는 것이다. 하나님의 나라는 여기 혹은 저기 있지 않고, 바로 우리 가운데 있다(눅 17:21). 그렇다면 오히려 하나님의 나라는 이 세상에 속해 있다고 말해야 한다.

사소한 오해는 종종 큰 착각을 낳는다. 그 가장 분명한 실례는 "죽어서 천당에 간다"는 생각일 것이다. 하나님을 만물의 창조자라고 고백하는 신앙은 하나님이 창조의 능력을 통해 이 세계를 통치하신다는 신앙을 고백한다. 그러므로 원래 하나님의 나라는 현세적이고 현실적인 개념이었다. 진정한 기독교인은 이 세계가 악한 신의 창조물이라고 여기지 않으며, 그래서 이 세계와 그에 속한 것들, 특히 물질적이고 육체적인 것들을 죄악시하지 않는다. 이것들도 창조주 하나님의 선한 작품이다. 그러므로 우리는 이 선물을 감사히 받고, 잘 관리해야 한다.

그리고 진정한 기독교인은 이 세계가 언젠가 완전히 망하거나 사라질 것이라고 믿지 않는다. 왜냐하면 하나님은 자신의 창조에 대해 신실하시며, 이를 끝까지 보호하시기 때문이다. 비록 이 세계가 파괴되고 혼돈에 처하는 일은 있을지라도, 완전히 사라지지는 않는다. 왜냐하면 하나님은 이 세계를 끝없이 통치하시고 새롭게 하시기 때문이다. 비록 이 세계가 암울한 악의 지배 아래 있기 때문에 미래의 완전한 구원을 열망한다고 하더라도, 이 세계가 여전히 하나님의 통치 아래 있는 하나님의 나라임을 부인해서는 안 된다. 우리는 이 세계를 떠난 구원이나 이 세계가 아닌 다른 곳의 구원을 바라지 않는다.

바로 여기에 전인구원 혹은 전인치유의 중요한 신학적 출발점이 놓여 있다. 우리가 육체적으로 병들게 되면, 탄식 속에서 내세만을 열망하거나 영혼만의 안식을 구하지 않고 지금 여기서 전적인 치유를 갈망한다. 우리는 하나님의 피조물로서 하나님의 선한 통치가 우리에게 이루어지기를 갈망한다. 그러므로 우리는 하나님의 통치 아래 있는 세계의 한 부분으로서 이 세계의 지혜도 구한다. 왜냐하면 하나님의 통치는 인간의 협동을 배제하지 않고, 이를 포함하고 격려하기 때문이다.

명제 2. 인간은 전인(全人)이다

전인치유의 가장 중요한 신학적 근거는 전인적 인간 이해일 것이다. 왜 단순히 인간을 말하지 않고 구태여 '전인'(全人)을 말하는가? 그것은 인간에 대한 이해가 상당히 파편화되었고, 그래서 심하게 왜곡되었기 때문이다. 그러므로 인간 치유의 문제는 진정한 인간 이해로부터 출발한다. "인간이 무엇인가?"라는 물음은 또한 인간을 어떤 측면에서 바라보느냐에 따라서 크게 달라진다. 인간을 다른 사물이나 동물과 같이 보느냐 혹은 개인의 측면에서 보느냐, 다른 사람과의 관계에서 보느냐 아니면 하나님과 관련된 존재에서 보느냐에 따라서 인간은 다르게 이해되어 왔다. 그래서 인간은 때로는 물질로, 때로는 영혼 혹은 정신으로 이해되어 왔다. 그리고 물질, 영혼과 정신의 기능과 그 상호관계에 대해서도 다양하게 설명되어 왔다. 인간 존재의 신비를 풀려는 인간의 철학적 노력은 "인간이 어떻게 구성되어 있는가?"의 문제와 관련되어 다양한 답변을 내어 놓았다.

플라톤의 인간 이해

아마도 가장 오래되고 널리 퍼진 견해를 들라면, 영혼의 불멸성과 우월성에 입각한 이원론적 인간관이라고 할 수 있다. 앞에서도 잠깐 언급하였다시피, 플라톤은 정신적인 것을 물질적인 것보다 우월하다고 본 전형적인 철학자였다. 더욱이 그는 영혼을 몸과 반대되는 그 어떤 독특한 것으로 보았을 뿐만 아니라, 심지어는 몸이 영혼을 방해하고 오염하기까지 한다고 보았다. 그러므로 인간은 몸으로부터 분리되어야 깨끗해진다. 감각적 지각은 영혼을 제한하며 영혼이 진리와 접촉하는 것을 막는다.

영혼은 욕망으로 생긴 몸이라는 감옥 속에 갇혀 있다. 그래서 플라톤은 죽음조차도 영혼이 몸으로부터 벗어나는 행복한 탈출 과정으로 보았다. 영혼은 몸과 전혀 다른 세계에 속해 있기 때문에 다른 세계를 향해 항해해야 한다. 영혼은 이 지상의 현실보다 먼저 존재해 있었기 때문에 지상의 몰락 과정에 편승되지 않는다. 몸은 사라질 수 있으나 영혼은 계속 존재한다. 영혼은 영원한 이데아의 세계, 정신적인 세계, 신적인 세계와 관련을 맺고 있다. 그래서 플라톤에게서는 영혼의 윤회와 재탄생의 사상도 발견된다. 이러한 사상에 근거한 삶의 태도는 스토아의 삶의 철학 속에 나타난다. 행복과 고난, 건강과 질병, 삶과 죽음에서 흔들리지 않는 감정과 의연한 태도, 영혼의 무감정 속에 흔들릴 수 없는 힘이 있다.

플라톤은 몸을 영혼과 무관한 껍질로 하락시킨다. 몸은 마치 땅의 찌꺼기와 같은 것으로 탈정신화되며, 인간은 이 찌꺼기를 가지고 있는 것을 부끄럽게 생각한다. 이런 사상은 인간의 존재를 매우 좁게 한정시키며, 몸이나 이 세계를 죄악시하거나 경시하는 사고를 조장한다. 그리고 영혼이 몸속으로 들어온 것을 종종 타락의 결과로 보게 한다. 몸과 영혼의 이원론은 오랫동안 서구사상, 특히 기독교 교리에 큰 영향을 미쳤다. 영혼불멸의 교리, 구원을 몸으로부터의 해방으로 보거나 몸이나 이 세계와 무관한, 순전히 정신적이고도 내세적인 것으로 보는 견해, 몸이나 세상적인 것과 관련된 모든 것에 대한 금욕적 태도, 그리고 성(性)을 비하하고 억압하거나 죄악시한 것 등은 의심할 나위도 없이 플라톤 사상의 영향에서 유래한 것이다.

아리스토텔레스의 인간 이해

몸과 영혼의 통일성을 강조하는 사람이 없었던 것은 아니다. 그 중에서도 가장 대표적인 철학자는 아리스토텔레스라고 할 수 있다. 초기 시절의 그는 플라톤과 마찬가지로 영혼을 독립적인 실체로 보는 입장을 보였지만, 후기에는 영혼과 몸을 따로 분리할 수 없다는 점을 강조했다. 도장과 도장에 새겨진 무늬가 하나이듯이, 몸과 영혼도 하나이다. 몸과 영혼의 관계는 질료와 형상의 관계이다. 질료는 일정한 형상이 없이 생각할 수 없고, 형상이 독립해서 존재할 수 없듯이 영혼과 몸도 하나로밖에는 이해될 수 없다. 아리스토텔레스는 영혼을 생명의 가능성을 가진 자연적인 몸의 형상이나 몸의 잠재성을 실현하는 힘으로 보았다. 이런 점에서 인간은 다른 모든 생명들과 같은 평면 위에 서 있다. 그래서 아리스토텔레스는 식물적인 혼, 동물적인 혼, 이성적인 인간의 혼을 구분했다. 이성적인 혼은 지상에서 가장 뛰어난 형태의 영혼이다.

아리스토텔레스에 의하면 몸과 영혼은 상관관계 속에 존재하며,

그 어느 것도 그 자체로서는 존재할 수 없다. 영혼은 몸이 없이 그 자체로서는 아무것도 아니다. 영혼은 몸의 실현이다. 영혼은 몸이 아니지만, 몸을 떠나 따로 존재할 수 없다. 몸도 영혼을 통해서만 비로소 몸으로 존재할 수 있다. 이로써 아리스토텔레스는 생명체를 인과론적인 기계로 설명하는 입장에 반대되는 생기론(生氣論)의 전통을 따르고 있다. 이처럼 그는 확실히 인간의 통일성을 강조한다.

그러나 놀랍게도 아리스토텔레스는 일반적인 영혼과 정신을 구분하고, 정신을 인간에게만 있는 고유한 관조능력으로 이해하였다. 정신은 영혼이 아니면서도 영혼과 뗄 수 없는 관계를 이루면서 활동한다. 정신의 활동은 영혼에 의해 이루어지는 내적인 생활의 일부이지만, 이 가운데서도 정신은 더 고귀하고 신적인 힘으로 나타난다. 정신은 죽음에 종속되기도 하고, 영원히 존재하기도 한다. 개인적인 삶의 차원에서 볼 때 정신은 결국 죽는다. 그러나 개인의 생활을 영위하는 정신은 초개인적인 정신의 작용에 의해 비로소 잠재되어 있는 가능성을 발전시킬 수 있다. 현실적으로 인간 안에 침투하여 사유와 반성을 가능케 하는 정신(수용적인 정신)은 죽음과 함께 없어지지만, 원리적으로 초월해 있는 초개인적인 신적인 정신은 불멸한다. 그러나 이 초개인적인 신적인 정신이야말로 인간의 불멸성을 보여 준다.

아리스토텔레스의 전인적 인간 이해의 배후에는 새로운 이원론이 감추어져 있다. 이 이원론은 영혼과 몸의 반대편에 정신을 설정한다. 이것은 결국 플라톤의 인간 이해의 영향이다. 정신에 대한 이론은 결국 그의 경험적인 관찰로부터 형성된 전인적 인간 이해와 조화할 수 없는 것이 되고 말았다. 그리고 그에게서 영혼과 정신의 관계는 항상 모호하고 불확실한 것으로 남아 있다.

사람도 살리고 교회도 살리는 전인치유목회 이야기

데카르트의 인간 이해

근대에 이르러서 몸과 영혼의 분리를 주장한 철학자는 데카르트였
다. 그는 영혼을 정신적인 것, 생각하는 본체로 보았고, 몸을 물질적
인 것, 연장할 수 있는 것으로 보았다. 정신은 분할될 수 없으나, 몸
은 분할될 수 있다. 영혼이 없는 몸은 복잡하고 생동력이 있는 기계
인 반면에 영혼은 의지와 오성, 의심과 상상력 등을 포함하는 사유작
용이다. 그래서 데카르트가 이해하는 인간은 마치 기계 속에 들어 있
는 유령과 흡사하다고 할 수 있다.

그럼에도 불구하고 데카르트는 플라톤과 달리 영혼과 몸의 결합도
강조하였다. 인간은 통일체이며, 영혼은 인간의 몸속에 자리 잡고 있
다. 영혼과 몸의 결합은 부수적인 것이 아니라 인간에게 본질적인 것
이다. 인간은 영혼과 몸의 통일체로서 자기 충족적인 전체, 하나의
본체를 형성한다. 그렇다고 영혼과 몸이 본체의 절반인 것은 아니다.
영혼과 몸은 각각 완전한 본체이지만, 인간의 전체성에서 볼 때는 불
완전한 본체이다. 그렇다면 이 두 본체가 어떻게 결합되어 하나의 완
전한 본체를 이루는가? 데카르트는 몸과 영혼이 송과선(松果腺)이라
는 기관을 통하여 상호작용한다고 보았다.

그러나 데카르트의 견해는 철학자들의 논쟁의 중심이 되었다. 비
물질적인 영혼이 어떻게 몸에 작용할 수 있는가? 영혼이 위치한 자
리를 지적할 수 있는가? 만약 그렇게 할 수 있다면, 영혼은 비공간적
이고 몸의 어느 곳에도 자리 잡고 있지 않다고 말한 데카르트의 견해
와 모순되는 것 아닌가? 또 몸을 따로 떼어서 자동적인 기계로 보는
이원론적 인간관은 구체적인 현실 전체를 포괄하기에는 너무나 부족
한 하나의 견해일 수밖에 없다. 비록 그가 인간을 일체적으로 보려고
하는 강한 흔적을 남겼다 하더라도, 그는 우리가 일상생활에서 늘 체

험하는 영혼과 몸의 일체성을 철학적으로 허용하려고 하지 않았고, 그렇게 할 수도 없었다.

만약 사람의 주체성이 연장되지 않는 사유 속에 자리 잡고 있다면, 사람의 몸은 자동기계로 전락한다. 구체적이고 사유하는 나와 몸의 결합은 완전히 우연한 것이며, 나에게 중요하지 않게 된다. 더욱이 데카르트에게서 영혼과 몸의 관계는 일방적인 지배와 소유의 관계로 묘사된다. 나는 사유하는 주체이며, 나는 나의 육체를 소유하고 있다. 나는 명령하고 이용하는 입장에서 나의 소유물인 나의 육체와 대립해 있다.

포이어바흐의 인간 이해

포이어바흐는 몸의 실체만을 일방적으로 강조하였다. 그는 다른 유물론자들과 마찬가지로 몸의 배후에 신비로운 다른 존재(영혼)가 도사리고 있는 것이 아니라고 가르쳤다. 그에 의하면 신학은 곧 인간학이다. 왜냐하면 신의 이념은 인간성의 투영에 불과하기 때문이다. 그는 영혼이나 정신의 존재를 부인한다. 이런 의미에서 그는 틀림없는 유물론자이다. 그러나 그는 인간을 마치 기계에 불과한 것으로 보기 쉬운 '유물론'이라는 말보다는 '유기론'이라는 말을 더 애호했다. 왜냐하면 그는 인간을 살아 움직이는 유기적 존재로 보았기 때문이다.

그에 의하면 오관(五官)과 연결될 수 있는 것만이 현실적이다. 몸과 영혼, 이 두 본체는 인간 오성이 고립시킨 추상물에 불과하다. 따라서 이 둘이 어떻게 상호작용하느냐는 물음은 공허한 질문이다. 왜냐하면 감각적인 상상 속에서 그려진 사물들 간에는 상호작용이 불가능하기 때문이다. 그것은 오직 감각적인 존재에게만 가능하다. 포이어바흐에 의하면 몸이 곧 영혼이다. 몸은 타인 앞에서, 타인과 더

불어 자기 자신을 표현하는 구체적이고 감각적인 인간이다. 영혼이라고 부르는 것은 여기서 하나의 부대 현상이요, 자기 존재의 개인적인 체험에서 생긴 주관적인 착각에 불과하다. 인간은 타인과의 상호 관계 가운데서도 순전히 물질적인 존재요, 유기적인 존재이다. 주관성의 차원에서는 비물질적이고 정신적인 것도 객관성의 차원에서는 물질적이고 감각적인 것이다. 이처럼 포이어바흐는 영혼을 궁극적으로 육체적인 범주로 환원한다.

유물론적인 인간관은 인간을 특정한 관점에서 볼 때 가능하다. 인간을 대상으로 고정시켜 버릴 때, 개인의 산 경험의 세계를 무시해 버릴 때, 인간이 타인과의 관계에서 여러 가지 모양으로 나타날 수 있다는 것을 묵과해 버릴 때, 유물론적인 인간관이 가능하게 된다. 그러므로 유물론적 인간관은 인간을 연구하기 전에 미리 자리 잡고 있던 전제에 사로잡혀서 선택한 결과이다. 여기서 채용한 방법은 물질적인 대상을 파악하기에 알맞도록 설계되어 있기 때문에 정신적인 요소를 모두 부정하는 결과만을 낳는다. 주체적 상황을 무시해 버리면, 몸은 곧 물질적이고 유기적인 연구 대상으로밖에는 시야에 들어오지 않는다. 하지만 인간의 불가사의한 면은 유물론의 결론만으로는 답변될 수 없다.

버클리의 인간 이해

포이어바흐와는 정반대로 버클리는 정신만을 일방적으로 강조하였다. 버클리의 사상은 현실 전체를 정신적인 측면에서 설명하려는 여러 입장들 중에서 매우 흥미롭다. 왜냐하면 그는 결국 물질의 존재를 부인하고 인간의 정신을 가시적인 세계의 중심으로 보기에 이르기까지 극단적으로 흘렀기 때문이다. 버클리에 의하면 물질이란 존재하지 않고, 정신(특히 하나님과 인간의 정신)만이 존재한다. 존재란 무엇이 인간에 의해 지각된다는 뜻이다. 버클리는 먼저 나의 밖에 존재한다고 하는 소위 '외재성'(外在性)의 관념이 허구에 불과한 것임을 보여 주려고 한다. 그리고 그는 외부 세계를 듣고 보는 행위를 촉감이나 촉감의 예측으로 환원해 버린다. 그에 의하면 처음 보기에는 인간을 떠나 독립적으로 존재하는 것 같은 사물은 실제로 인간 자신의 경험에 불과하다는 것이다. 이런 의미에서 몸의 현상은 곧 정신에 의존해 있다. 모든 감각적인 사물은 관념이다. 이 관념은 오직 정신 안에 존재한다. 그러므로 사물의 존재는 자각되는 데 있다. 지각된 현상의 배후에 본체가 있을 수 없다.

물론 사물은 나 개인을 떠나 존재하지만, 그때에도 궁극적으로는 다른 정신(하나님의 정신) 안에서 존재한다. 존재는 다같이 스스로 존재하는 것이 아니라 정신적인 현존의 상징이기 때문에 현실적인 것은 무엇이나 만물 안에 있는 하나님의 표현이어야 한다. 이와 같이 자연은 보편적인 상징의 성격을 띤다. 이것을 버클리는 유물론과 무신론의 반증(反證)으로 보았다. 버클리는 몸의 존재도 부인하지는 않았으나, 단지 그에게는 몸이 정신의 현존을 상징하는 것에 지나지 않는 것으로 여겨졌다.

버클리는 인간이 위치해 있는 세계는 결코 대상적으로 만들 수 없는 지평선을 갖고 있다는 것을 보여 주었다. 그는 물질적인 세계에 정신적인 성격을 제공해 주었다는 점에서 값진 결론을 안겨 주었다. 그러나 물질을 정신으로 환원할 수 있는가? 그는 몸을 너무나 정신적인 것의 측면으로 보게 되어, 이를 대상이나 본체로 생각하는 위험을 안고 있다. 그리고 그의 사상의 배후에는 사물과 사물의 관계가 임의적인 관계에 불과하다는 유명론(唯名論)이 깔려 있다. 인간의 존재가 눈앞에 있는 물질적인 대상으로 완전히 환원될 수 없는 측면을 숨길 수 없는 것처럼 사물도 완전히 정신(언어와 기호)으로만 환원할 수 없다. 언어와 기호는 우연적이거나 임의적인 것이 아니라 그것이 표시하는 사물에 본질적으로 속해 있다. 그러므로 몸은 정신적인 영역 안에서 증발될 수 없다. 유물론과 마찬가지로 유심론도 먼저 이원성을 전제하고 그 후에 한 측면을 다른 측면으로 환원하려고 한 오류를 범하고 있다.

성경의 인간 이해

성경은 전반적으로 인간을 통일체, 즉 전인으로 이해한다. 구약성경에서 영혼을 일컫는 히브리어 네페쉬는 원래 호흡과 관련된 말이다(창 2:7). 영혼은 생명력과 동일시되었다. 그러나 영혼은 생명력에만 국한되지 않고, 감정과 정서의 소재이기도 하다. 구약성경에서 영혼이 순전히 정신적으로만 이해된 적은 한 번도 없었다. 인간은 영혼을 가지고 있는 것이 아니라 그 자신이 곧 영혼이다. 영혼은 전 인격을 뜻하기도 하고, 시체를 뜻하기도 한다. 인간은 영혼으로 인하여 하나의 통일체를 이룬다. 육체적인 것과 정신적인 것의 구별은 존재하지 않는다. 인간은 영혼이고 동시에 몸(바사르)이다. 인간은 정신적인 것과 육체적인 것의 합성물이 아니다. 몸은 하나님과 마주하는 인간의 존재, 인간과 모든 생명을 가진 존재의 일시성을 의미한다. 그러나 몸도 하나님을 갈망하는 의미에서 영혼이기도 하다(시 63:1, 84:3).

신약성경에서도 특히 바울이 몸(소마)을 말할 때, 그것은 전인을 뜻한다. 인간은 몸을 가지고 있을 뿐만 아니라 인간 자신이 곧 몸이다. 육(사르크스)은 인간의 육체성에 매여 있는 죄성을 말한다. 그러므로 죄에서의 해방은 육에서의 해방을 뜻한다. 그러나 바울은 헬레니즘의 이원론보다는 구약성경의 노선에 더 가까이 서 있다. 육은 하나님의 영원성에 비추어 본 인간의 허무성을 말한다. 육은 영혼이나 몸과 대칭되는 악한 죄성을 갖는 존재가 아니다.

사람의 본질을 표시할 때에 신약성경이 사용하는 단어는 프뉴마(영)인데, 이것은 인간 자신의 특징적인 면을 나타내기보다는 단순히 인간의 영 혹은 인간을 뜻한다. 영혼(푸시케)이라는 단어도 몸과 대립되는 의미를 갖지 않고, 히브리어의 네페쉬처럼 전인을 가리키는 말로 사용되었다. 이처럼 성경은 전반적으로 헬레니즘의 인간 이해와는 달리 인간을 전인으로 이해하고 있다. 인간은 전인으로 창조되었다. 인간은 전적으로 살고, 전적으로 죽으며, 전적으로 부활한다.

현대 사상에서도 이원론의 모델(영혼과 몸, 정신과학과 자연과학, 주체성과 객관성)은 문제시되고 있다. 영혼과 몸은 모델로 인정되지만, 독립적인 실체로 간주되지 않는다. 두 측면은 어떤 객관화의 방법을 택하는가, 즉 안에서 밖으로 접근하는가 아니면 안에서 밖으로 접근하는가에 달려 있다. 그러나 이 두 측면은 서로 의존해 있다. 영혼은 인간의 육체성에 깊이 뿌리를 두고 있고, 인간의 몸도 죽은 육체가 아니라 그 모든 생활양상에서 영혼의 작용을 받고 있다. 정신은 곧 전형적인 인간 행동의 장(場)이요, 항상 변하며 상징을 통하여 가능한 인간과 주변 세계 사이의 상호작용이다. 영혼은 몸에 매여 있고, 몸은 영혼에 매여 있다. 영혼과 몸은 서로 관통하고 침투하며 일체를 이룬다.

명제 3. 구원은 총체적(總體的)이다

　성경에서 구원은 치유로도 이해된다. 구원은 치유와 같은 뜻을 지닌다. 왜냐하면 치유는 구원의 구체적인 결과이기 때문이다. 예수께서는 개인적 질병만이 아니라 사회적 질병도 치유하셨다. 예수께서는 치유 행위, 즉 혼돈과 분열에 휩싸인 삶을 다시 완전하게 만드는 행위를 통하여 구원을 베푸셨다. 야훼의 종 예수께서는 귀신에 들린 자를 해방함으로써 치유할 뿐만 아니라, 자신의 상처를 통해 상처를 치유하셨다(사 53:5). 복음서에 의하면 예수만이 병자들에게 다가간 것이 아니라 병자들도 예수께 다가갔다. 그들은 사람들에 의해 밀려들어 갔던 구석진 곳과 그늘진 곳으로부터 나와 예수께 접근하였다. 해가 지고 날이 저물었을 때에, 사람들이 병자들과 마귀 들린 사람들을 모두 예수께 데려왔으며, 온 동네 사람들이 문 앞에 모여들었다. 예수께서는 온갖 병자들을 고쳐 주시고 많은 마귀들을 쫓아내셨다(막 1:32 이하).

　예수의 치유는 특별한 지평 안에 자리 잡고 있다. 그것은 하나님 나라의 도래에 속한다. 모든 치유는 하나님 나라의 기적이다. 살아 계신 하나님이 창조세계로 오면, 고통의 세력들은 물러가고 고통을 당하던 피조물들은 건강해진다. 하나님의 나라는 죽음의 세균을 몰아내며, 생명의 씨앗을 퍼뜨린다. 하나님의 나라는 종교적 구원만이 아니라 육체적 건강도 가져온다. 병자 치유 속에서 하나님의 나라는 육체적 현상으로 나타난다.

　이와 같이 육체의 치유 현상으로 나타나는 하나님의 나라가 영혼의 나라 혹은 하늘나라로 위축된 것은 무엇 때문인가? 그것은 분명히 영혼불멸을 가르치는 헬레니즘의 이원론 때문이다. 하지만 영혼불멸 사상이 교회 안으로 광범위하게 파급되고 확장되었음에도 불구하고 교회가 끝까지 몸의 부활 신앙을 관철할 수 있었던 것은 바로 예수의 부활 때문이었다. 사도신경은 몸의 부활을 고백함으로써 영혼불멸 사상을 분명하게 배격한다. 여기서 영생은 몸의 부활을 통해 보증되는 것이지 결코 영혼불멸을 통해 보증되지 않는다. 기독교인은 몸을 벗어난 영혼의 구원을 바라지 않고 몸의 구원, 즉 몸의 부활을 희망한다. 하나님의 구원 활동의 마지막 목표는 신체성(신령한 몸)이다.

비록 장차 우리의 신체적 구성은 완전히 달라질지라도, 구원의 신체적 특성을 완전히 잃지는 않을 것이다. 우리가 입을 새 몸은 분명히 지금의 몸과 다를 것이다. 하지만 지금의 몸이 멸절되지 않고 새 몸을 덧입을 것이다. 그러므로 우리가 이 땅에서 몸으로 행한 모든 것도 완전히 사라지지 않고 새로운 몸 안으로 수용되고 변화될 것이라고 믿어야 한다. 그렇기 때문에 우리는 몸을 열등한 것으로 비하하거나 언젠가 완전히 벗어 버릴 일시적인 껍데기로 여기지 않는다. 오히려 우리는 몸으로 산제사를 드리려고 애쓰며, 몸을 통해서 하나님께 영광을 돌리려고 애쓴다. 왜냐하면 몸은 성령의 전(殿)이기 때문이다(고전 16:9).

만약 몸의 치유가 없다면, 우리는 하나님의 나라를 경험할 수 없을 것이다. 치유는 하나님 나라의 전령(傳令)이기 때문이다. 치유를 통해 우리는 부활의 열매를 미리 맛본다. 치유를 통해 우리는 새롭게 태어난 것처럼 느끼며, 생명을 다시 선물로 받았음을 느낀다. 하지만 이 세상에서 우리가 경험하는 치유는 부분적이고 제한적이다. 우리가 미리 맛보는 부활의 생명은 마지막 날에 가서야 비로소 완성될 것이다. 그때가 되면, 우리는 더 이상 다치지도 않고 병들지도 않을 것이다.

"내가 들으니 보좌에서 큰 음성이 나서 가로되, '보라, 하나님의 장막이 사람들과 함께 있으매 하나님이 저희와 함께 거하시리니 저희는 하나님의 백성이 되고 하나님은 친히 저희와 함께 계셔서 모든 눈물을 그 눈에서 씻기시매 다시 사망이 없고 애통하는 것이나 곡하는 것이나 아픈 것이 다시 있지 아니하리니 처음 것들이 다 지나갔음이러라'"(계 21:3-4).

감사의 말

이 책을 쓰면서 미숙하고 연약한 중에도 귀한 분들을 만나게 하신 하나님께 더욱 감사를 드리게 되었다. 지금까지 광야 같은 빈들에서 헌신해 준 동역자들과 기도를 모아 주신 후원자들의 격려에 힘입은 바 크다. 특히 팔순에 가까운 노구(老軀)로 하나님의 소명인 전인치유의 길을 개척하기 위해 자신의 생을 순종의 제물로 불살라 드리신 김영준 장로님께 존경의 마음을 드린다.

실의에 빠졌을 때마다 눈물어린 사랑으로 제자의 허물을 덮어 주신 은사님이자 복내전인치유선교센터 이사장이신 최영관 장로님과 여러 이사님들께 감사드린다. 주의 사역을 위해 복내 천봉산 골짜기를 예비하신 양영태 장로님께 감사드린다. 옳고 바른 뜻을 품고 살아가도록 격려와 사랑을 아끼지 않으시는 두레교회 김진홍 목사님과 복음 정신으로 개혁적인 삶을 살도록 모범을 보여 주신 분당두레교회 박철수 목사님께 사랑의 마음을 드린다. 선교센터 고문으로 수고하시는 광주 벧엘교회 손성현 목사님과 전인건강운동을 위해 끊임없이 수고하시는 고려대학교 조무성 교수님의 격려에도 빚진 미음이다.

내가 영적 치유사역자로 설 수 있도록 기도로 도와주신 학원복음화협의회 이승장 목사님 내외분, 사랑의교회 호스피스 박남규 목사님, 일산의 김문호·이천자 목사님 내외분, 중국선교회 백평기 목사님, 광주 동산교회 황영준 목사님, 순천 나누는교회 남기종 목사님,

화순 주님의교회 김진호 목사님·송재영 장로님께 감사드린다. 효과적인 전인치유사역을 위해 의료적인 협력을 해 주신 광주기독병원(송경의 원장), 벌교 주사랑의원(김동만 원장), 순천 오병이어한의원(이우영 원장)과 성경적인 의료를 함께 꿈꾸며 기도해 왔던 전남·광주지역 한국누가회(서강석 이사장)에 감사드린다. 음악과 영상치료를 위해 오랫동안 자료를 협조해 주신 명음사의 이선호 집사님, 암 환자의 재활 및 전이 방지를 위해 경험을 나눠 주신 호서대학교 최옥병 교수님께도 감사드린다. 나의 전인치유신학의 기본은 아세아연합신학대학 전인치유선교학과 이명수 교수님과 박행렬 교수님 연구 업적에 힘입은 바 크다. 치유사역자들을 위해 옥고를 써 주신 박상은 박사님과 이신건 박사님께도 감사드린다.

거친 글을 다듬어 주신 이광우, 김경렬 목사님과 이지은 자매님 그리고 이대훈 형제님에게 고마운 마음을 전한다. 부족한 모습을 사진으로 담아 주신 사진작가 윤종근 장로님께 감사드린다. 산골짜기에 묻혀 있는 목사의 글을 출판하여 세상에 알리기로 결정하신 홍성사 식구들께 감사드린다. 부모님들의 관심과 격려를 잊을 수 없으며, 소명을 감당하기 위해 고난의 세월을 함께 걸어 온 나의 사랑하는 아내와 어린 두 딸 다희와 사랑이에게 하나님의 위로가 있기를 소망한다.

마지막으로 사랑의 길잡이가 되어 준 작은 예수들, 암을 비롯한 불·난치 환우들과 상처로 고통 받는 영혼들께 감사드린다.

사람도 살리고 교회도 살리는
전인치유목회 이야기
A Story of Healing
the Whole Man Ministry

2004. 4. 20. 초판 발행
2017. 8. 15. 9쇄 발행

지은이 이박행
펴낸이 정애주
국효숙 김기민 김의연 김준표 김진원 박세정
송승호 오민택 오형탁 윤진숙 이한별 임승철
임진아 정성혜 차길환 최선경 한미영 허은
펴낸곳 주식회사 홍성사
등록번호 제1-499호 1977. 8. 1.
주소 (04084) 서울시 마포구 양화진4길 3
전화 02) 333-5161
팩스 02) 333-5165
홈페이지 www.hsbooks.com
이메일 hsbooks@hsbooks.com
페이스북 facebook.com/hongsungsa
양화진책방 02) 333-5163

ⓒ 이박행, 2004

• 잘못된 책은 바꿔 드립니다.
• 책값은 뒤표지에 있습니다.

ISBN 978-89-365-0210-2 (03230)

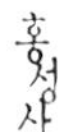